Daniel Pautrat

MÉMOIRES OLYMPIQUES

Mareuil
Éditions

Du même auteur :

Le roman de Poulidor (Mareuil Éditions)
Les plus belles histoires du Tour de France (Mareuil Éditions)
Mémoires du Tour de France (Mareuil Éditions)
JO Munich 72 (Arthaud)
JO Mexico 68 (Arthaud)
Guide du Tour de France (Aurore)

Remerciements :

Merci à toutes celles et à tous ceux qui ont ravivé et enrichi mes souvenirs :
Kiki Caron, Pascale-Olympe Mimoun, Dany Rigoulot, Kate Delbarre-d'Oriola, Renate et Laurence Jonquères d'Oriola, Brigitte Lapébie, Charles et Yvette Coste, Michel Jazy, Daniel Morelon, Pierre Trentin, Marcel Rozier, Jean Claude Magnan, André Bourreau, Lucien Bailly, Martin Leprince, Jean Claude Perrin, Sacha Genot, Henri Boério, Alain Calmat, Didier Gailhaguet, Daniel Ducreux, Jacques Marinelli, Jean-Paul Noguès, Pierre Fulla, Alain Billouin, Gérard Ernault, Tony Valente, Claude Louis, Daniel Bélier, Marin et Cosme de Jarnac, Catherine Bels.

Pour vous tenir informé des prochaines publications de Mareuil Éditions, rendez-vous sur : www.mareuil-editions.com

À mes parents, à ma femme et mes enfants.
À Georges Briquet
qui m'a mis le pied à l'étrier à la radio.
À Jacqueline Baudrier
qui m'a fait passer de la radio à la télé.
À Juan Antonio Samaranch et Jacques Rogge
qui m'ont remis l'ordre olympique.
Je leur dois d'avoir vécu ces belles aventures olympiques.

« La vie n'est pas ce que l'on a vécu mais
ce dont on se souvient, et comment on s'en souvient »
Gabriel Garcia Marquez.

SOMMAIRE

INTRODUCTION

Mon Olympe à moi…

Aéroport d'Orly, samedi 3 octobre 1964, 18 h 20, à l'extrémité de la piste 26-4, le Boeing Jet Intercontinental d'Air France s'apprête à décoller pour Tokyo avec trois heures de retard. La tombée de la nuit vient enfin de dissiper l'épais brouillard de l'automne. Une semaine avant l'ouverture des Jeux de la XVIIIe olympiade, l'aventure commence. Le Japon c'est l'Extrême-Orient, c'est un voyage de vingt longues heures par le pôle, avec escale à Anchorage en Alaska, la guerre froide avec l'URSS ne permet pas d'emprunter la route la plus directe au-dessus de la Sibérie.

L'aéroport d'Orly est tout neuf, il vient d'être inauguré par le chef de l'État, le général de Gaulle. C'est le plus beau, le plus grand, le plus moderne d'Europe, et tous les dimanches des milliers de Parisiens viennent le visiter et s'installent sur les terrasses pour voir décoller la petite merveille de l'aéronautique française, Air France en a acheté 40, la Caravelle, vous savez celle dont la silhouette est si parfaite que dans le Tour de France 63, le directeur sportif de Raymond Poulidor, Antonin Magne, avait dit à son coureur sur le point d'être rejoint dans une étape contre la montre par la petite merveille du cyclisme français, le plus beau styliste du peloton, Jacques Anquetil : « Regardez Raymond vous allez voir passer la Caravelle ! » Notre Boeing est récent lui aussi et s'impose comme le premier avion intercontinental avec son rayon d'action de

10 000 km à 950 km/h, nous fait moins rêver : deux ans plus tôt, sur cette même piste d'Orly, un 707 s'est écrasé au décollage. Sur les 122 passagers il n'y a eu que 2 rescapées, deux hôtesses assises à l'arrière de l'appareil. Les envoyés spéciaux de l'ORTF, qui avait succédé à la RTF trois mois plus tôt, aux Jeux olympiques ont laissé leur chef Raymond Marcillac en 1re classe et ils se sont installés, en classe éco, au dernier rang. Robert Chapatte, Thierry Roland, François Janin et le cameraman Adolphe Dhrey pour la télévision, Jean Raynal, Claude Maydieu et… Daniel Pautrat pour la radio. Il se disait que ce Boeing devait décoller au bout de trente-quatre à trente-cinq secondes, sinon… Et nous comptions en chœur 7, 8, 9, allègrement, avec le sourire, 26, 27, 28, plus doucement, plus sérieusement, et nous ralentissions les secondes en même temps que notre rythme cardiaque s'accélérait, 32… 33… 34, ouf ! Ça y est, il décolle !

C'était mon premier grand voyage en dehors de l'Europe, mais ce n'étaient pas mes premiers JO. J'avais réalisé mon rêve olympique quatre ans plus tôt. Étudiant à la faculté des sciences de Paris, j'étais allé de Paris à Rome en scooter avec l'un de mes voisins de chambre de la résidence universitaire d'Antony, Jean-Paul Raulet, chambre 506, pavillon B, footballeur junior au stade de Reims. Mon autre voisin, de l'autre côté, chambre 508, excellent tennisman, se prénommait aussi Jean-Paul… Brouchon que j'ai fait entrer à la radio deux ans plus tard. Son nom a marqué à jamais l'histoire du sport sur France Info. Moi, au milieu, je faisais du vélo à l'AS Romainville, le club de Paul Gardais, directeur sportif adjoint de Gaston Plaud dans l'équipe professionnelle Peugeot.

J'ai fait, à Rome, mes débuts de journaliste presque « à l'insu de mon plein gré ». Quand je courais à l'Union Cycliste du Berry et que j'avais gagné quelques courses, quand j'avais terminé sur le podium d'un championnat de France universitaire, j'avais été interviewé par Jean Séret le chef du service des sports du Berry Républicain. Avant de partir pour l'Italie, je lui avais proposé de lui envoyer quelques échos, les JO vus par un sportif berruyer en « vacances romaines ». Il les a publiés et ce sont ces deux papiers, mes premiers pas dans le journalisme, que j'ai pu adresser à Georges Briquet un mois plus tard pour étoffer ma candidature au service des sports de la radio publique.

Avec un appareil photo en bandoulière et l'assurance de mes 20 ans, en disant d'un air décidé *Stampa* (« Presse » en italien), les policiers me laissaient passer. *Altri tempi*... ce ne sera plus la même chose à Tokyo, la rigueur japonaise succédera au romantisme italien. Raymond Marcillac en a fait l'amère expérience. Avec le directeur des sports de la télévision et Robert Chapatte nous revenions de l'escrime où Jean-Claude Magnan venait de décrocher au fleuret une médaille d'argent qui aurait dû être d'or, et arrivions à la piscine pour la finale du 100 m dos où Kiki Caron partait favorite. Mais nous n'avions pas de laissez-passer pour cet événement. Marcillac s'est présenté, le pas rapide, la tête haute, à l'entrée, sûr de lui, pensant que, comme en France, tout le monde s'écarterait, heureux de l'accueillir, et le laisserait passer. Il a vite été ceinturé par les contrôleurs, emmené *manu militari* dans un bureau voisin... pendant que Chapatte et moi en avons profité pour nous faufiler et aller applaudir la médaille de Kiki, d'argent encore, qui aurait pu être d'or, à dix petits centimètres près ! Mieux même, comme dans la délégation française j'avais de bons copains de régiment (les nageurs Gottvalles, Gropaiz, Luyce, les escrimeurs Magnan, Rodocanachi, Noël, les athlètes Duriez, Poirier, d'Encausse, les boxeurs Gonzalès, Thébault, Marty, les cyclistes Aimar, Wuillemin, Suire...) avec qui j'avais fait mon service militaire au Bataillon de Joinville, j'avais récupéré un survêtement tricolore (que je possède encore, en parfait état, tout comme le maillot de bain que la star des Jeux, « l'Ange blond », le nageur américain Don Schollander, m'avait offert) et j'ai pu aller sur la plage de la piscine et réaliser en exclusivité la première interview de la jeune et capricieuse adolescente de Montrouge vice-championne olympique.

À l'escale d'Anchorage, on avait été accueillis et impressionnés par un gros ours blanc naturalisé et on nous a offert une petite boîte de conserve contenant… de l'air pur du pôle ! Je l'ai toujours elle aussi et je me demande encore comment je pourrais bien faire pour en profiter. Belle opération de marketing touristique ! J'ai conservé aussi le menu servi à bord : consommé double en tasse, jambon d'York salade de crudités, noisette d'agneau grillée et sa bouquetière de petits légumes au beurre, cœurs de laitues, fromages, fruits de saison avec champagne et vins de France. Air France était alors la compagnie qui proposait les meilleurs repas aériens. Nous n'avons pas vu le jour pendant ce voyage, sauf une petite heure à Anchorage où le soleil s'est levé et recouché presque aussitôt après, d'abord parce qu'il… faisait nuit et aussi que les vins, apéritifs, champagne et digestifs coulaient à flots. Nous sommes arrivés le dimanche soir à 20 heures à Tokyo sous la pluie, une pluie qui ne nous a guère quittés pendant trois semaines.

Nous voici au « pays du Soleil-Levant » à l'heure où il s'est couché, avec huit heures de décalage avec la France, en versant des larmes, de joie sans doute du plaisir de nous accueillir, et de crainte aussi devant ce déferlement d'« Occidentaux » venus troubler des traditions séculaires. Les jours suivants, des pages entières des journaux mettaient en garde les jeunes filles et jeunes femmes japonaises : « Attention les Occidentaux débarquent, méfiez-vous en particulier des Italiens et des Français, beaux parleurs et séducteurs ! » Nous avions une vingtaine d'années, des rêves de geishas, et parmi les dizaines de journalistes francophones de Tokyo 64 qui échangeaient leurs expériences extra-sportives, un seul a réussi à découvrir les charmes cachés des kimonos... En fait, elles ne nous paraissaient pas terribles les Asiatiques, petites avec des jambes arquées, trottinant, les pieds rentrés. Les choses ont bien changé depuis et j'ai suivi cette évolution morphologique impressionnante dans les nombreux voyages que j'ai eu la chance de faire au Japon, ce pays si fascinant, que Jacques Chirac chérissait... contrairement à Carlos Ghosn ! Nous avons tous été séduits par ce Nouveau Monde que nous découvrions, fait de respect, de politesse, de gentillesse et de traditions, dès notre arrivée à l'aéroport d'Haneda avec des douaniers aux gants blancs impeccables et une myriade d'hôtesses en kimonos soyeux nous accompagnant à petits pas et multipliant les courbettes de bienvenue. Le monorail construit pour les JO nous a conduits de l'aéroport au centre de Tokyo *by night* au milieu d'un éblouissement de néons multicolores que nous ne connaissions pas encore en Europe et d'un enchevêtrement de fils électriques le long des rues, que nous ne connaissions plus en France où ils sont enterrés depuis longtemps. L'hôtel *New Otani*, 4 Kioi-cho, Chiyoda-ku, tout neuf, avec au dernier étage son restaurant tournant, une première mondiale, nous fait faire le tour de la ville en une heure, nous attendait et je me suis retrouvé dans la chambre 1246 au 12e étage. Pour me remettre des courbatures du voyage, à minuit, j'ai commandé un massage. Cinq minutes plus tard, et sans doute pour éviter tout éventuel problème type Nafissatou au *Sofitel* new-yorkais, ce sont deux jeunes femmes qui sont arrivées. J'étais allongé sur le ventre, l'une s'est assise sur mes reins et m'a décontracté le dos, les épaules et la nuque pendant que l'autre me massait les pieds et les jambes. Je ne sais pas combien de temps elles sont restées : je me suis endormi en moins de cinq minutes ! J'y avais pris goût mais trois soirs plus tard, surprise, la masseuse qui est venue, seule, était une aveugle d'un certain âge, aux méthodes et aux mains plutôt rudes, qui m'a fait renoncer à d'autres expériences. Avec elle je ne risquais pas de m'endormir et je me suis mis à penser à tous les masseurs que j'avais vus à l'œuvre, magiciens de la remise en jambes, auprès des champions cyclistes, Raymond Le Bert avec Louison, Gus et Michiels avec Eddy, Victor avec Pingeon, Vergani avec Anquetil, Leoni avec Poupou et surtout au plus célèbre masseur aveugle du monde du sport, Biagio Cavanna, qui a modelé les jambes du *campionissimo* Fausto Coppi durant sa prestigieuse carrière. Ses mains étaient magiques. Celles de Koto aussi que nous avions proclamée reine de Sapporo huit ans plus tard, toujours au Japon, à l'occasion des JO d'hiver 1972, quand ses massages dans des bains de mousse faisaient oublier aux envoyés spéciaux de la presse française les piètres résultats de nos skieurs…

Je n'en fais pas une obsession mais ces massages nous ont manqué à Nagano pour les JO d'hiver 1998 – vous savez ces Jeux… « Ici Nagano » qui ont fait de Pierre Fulla, pastiché par Nicolas Canteloup, la petite vedette de France télévisions – le sida était passé par là et à l'entrée des instituts de massage il était indiqué « *Japanese only* », « interdit aux étrangers ».

Les massages font vraiment partie de la culture japonaise. Chez le coiffeur, vous passez deux heures de détente avec massage du visage, du crâne, des épaules, en plus du rasage et de la coupe de cheveux. J'en avais fait l'expérience dans le salon du souriant Shilow Yoshida, le plus célèbre coiffeur de Tokyo, que j'avais connu quand il était venu chercher l'inspiration à Paris, auprès du président de la haute coiffure française, André Dulcet, un Catalan, installé Faubourg-Montmartre, à côté de l'*Équipe* et qui coupait les cheveux de tous les journalistes sportifs parisiens.

À 600 km au sud de Tokyo, même les vaches y ont droit à leur massage, et on leur fait aussi boire de la bière pour nous donner le caviar des viandes bovines, le bœuf de Kobe, une merveille à plus de 400 euros le kilo.

Pour aller y goûter j'ai pris le Shinkansen, le train nippon à grande vitesse qui fonçait à plus de 200 km/h, en nous laissant admirer sur la gauche le merveilleux Fuji Yama des cartes postales, et qui venait d'être inauguré pour les Jeux, vingt ans avant notre TGV. Je voulais surtout visiter les villes voisines de Kobe, les cités impériales de Kyoto et Nara avec leurs temples bordés de jardins… japonais, les parcs où se promènent des cerfs en liberté et où l'on peut s'imprégner de la culture et de l'art de vivre du pays du Soleil-Levant.

Paris est la plus belle ville du monde mais Tokyo 64 est beaucoup plus excitant avec le faubourg chic de Ginza, le quartier fou de Shibuya, les nuits de Roppongi, les geishas en kimono d'Akasaka et les sumotoris que l'on peut croiser dans les rues de Ryōgoku, les gratte-ciel et les bars à hôtesses de Shinjuku où les hommes japonais passent des heures à vider des verres de saké ou de cognac et ne rentrent pas chez eux avant 23 heures pour en repartir à 6 heures du matin, et surtout Akihabara avec ses centaines de boutiques d'électronique et de produits high-tech, comme on ne disait pas encore à l'époque, encore inconnus en France. Cela tombe bien, c'est tout près de notre hôtel. J'ai toujours les lunettes jumelles achetées ce jour-là, en même temps que Thierry Roland qui les a utilisées pendant sa longue carrière de commentateur du football. Et les cartes de visite en bois, de fines lamelles avec notre photo incrustée. Elles ont eu du succès à notre retour à Paris. Partout dans les rues, dans les magasins, tout est indiqué en anglais et en japonais et il est assez facile de se repérer dans un métro d'une propreté exemplaire que l'on aimerait bien retrouver aujourd'hui dans les métros et trains français. Et, nouvelle découverte, la plupart des gens portent un masque dès qu'ils sont légèrement enrhumés pour ne pas contaminer leurs voisins ou pour se protéger de la pollution. Les règles Covid ne les ont pas surpris. Pas plus que les gestes barrières : on ne se serre pas la main au Japon, on se salue à distance, respectueusement. Et quand on arrive chez quelqu'un on se déchausse à l'entrée, en plaçant ses chaussures dans le sens du départ !

Mais il y a aussi une face cachée d'une violence inouïe sur les tatamis d'entraînement de judo ou chez les kendotoris qui perpétuent la tradition des samouraïs. Le Japon est ainsi fait de contrastes, culture et modernité, sérénité et dureté…

J'ai vite compris qu'en 1964 les Jeux olympiques n'auraient pas pu se dérouler ailleurs qu'à Tokyo, que le Japon avait attendu son heure et saurait en profiter, et que l'olympisme allait se retrouver à partir de cette date au cœur de la modernité du monde, tout en préservant les traditions, le serment, la flamme.

Tokyo devait accueillir les Jeux en 1940 juste après Berlin, mais il a dû y renoncer en 1938 après le déclenchement de la guerre sino-japonaise. Helsinki avait accepté de prendre sa place, on sait ce qu'il ~~en~~ advint.

Tokyo 1964, pour la première fois l'Asie accueille les Jeux olympiques !

Et pour la première fois grâce aux satellites qui viennent d'être lancés, les images de la télévision vont pouvoir être diffusées dans le monde entier. Les JO ont joué un rôle prépondérant dans l'évolution de la télévision, et tous les quatre ans chaque pays a su innover pour faire mieux que son prédécesseur. Les frères Louis et Auguste Lumière ont inventé « l'image en mouvement », le cinéma et « sa fille » la télévision, au moment où le baron Pierre de Coubertin relançait les Jeux olympiques à la fin du XIXe siècle. Ils ont fait une démonstration de leur nouvelle invention en décembre 1895 dans le sous-sol du *Grand Café*, boulevard des Capucines à Paris, six mois avant le renouveau olympique d'Athènes. Il n'y a pas d'images des premiers Jeux de 1896, celles qui sont proposées datent de Jeux intermédiaires qui avaient été organisés en 1906. Quelques images d'actualités de Londres 1908 ont fait du marathonien Dorando Pietri la première vedette filmée des JO : entré en tête dans le stade en titubant, il a été soutenu charitablement par des officiels qui l'ont aidé à passer la ligne… avant de le disqualifier une heure après.

Le premier vrai film a été réalisé en 1912 à Stockholm, Coubertin l'a décrit comme un « enchantement ».

Les premiers ralentis sont apparus à Paris 1924, les caméras sous-marines à Amsterdam 28 (pour filmer la star du 100 m, le futur Tarzan du cinéma Johnny Weissmuller), le cinéma parlant pour Los Angeles 32 alors que Berlin 36 nous proposait *Les Dieux du stade*, le plus beau film olympique, réalisé par Leni Riefenstahl avec des moyens « colossaux ». L'Eurovision a pris son envol à Rome 60, les satellites ont universalisé Tokyo 64, la TV en couleur est arrivée à Grenoble et Mexico 68 et le magnétoscope – avec le décalage horaire – aux Jeux de Montréal 76, la vidéo a remplacé le film à Moscou 80, la haute définition s'est imposée à Séoul 88, la fibre optique à Barcelone et Albertville 92, le numérique et Internet à Atlanta 96… et les drones récemment !

Si Tokyo 64 restera une étape essentielle dans la mondialisation des images et de l'information, ces Jeux marqueront surtout le tournant économico-géopolitique de l'olympisme, la « JOpolitique ». Par leur ampleur, les Jeux qui étaient capables de transformer une ville, Barcelone, des régions, le Dauphiné puis la Savoie, et de leur faire gagner vingt ans dans leur développement, influencent désormais le rythme du monde. C'est toute la différence avec l'autre manifestation planétaire, la Coupe du monde de football, qui ne reste qu'un événement simplement sportif.

Le classement des nations aux JO selon le nombre de médailles est la plupart du temps le reflet de leur vitalité et de leur rang dans le monde.

Au cœur des « Trente Glorieuses », le miracle économique japonais a démarré sur la lancée des Jeux de Tokyo, avec ses nouvelles technologies qui ont révolutionné la télévision, la photo, l'électronique, l'informatique, l'horlogerie, l'auto, la moto, les jouets et fait du Japon la deuxième puissance économique mondiale.

Toutes les marques japonaises, Honda, Toyota, Nissan, Mitsubishi, Mazda, Kawasaki, Yamaha, Sony, Toshiba, JVC, Pioneer, TDK, Hitachi Seiko, Shiseido ont déferlé sur le monde, guidées par le géant de la publicité Dentsu qui fait la pluie et le beau temps dans l'archipel.

Tout cela a duré une vingtaine d'années, le temps pour les voisins et ennemis héréditaires, les Coréens du Sud, de copier, de bâtir ses « chaebols », de se préparer, et Seoul 88 a supplanté Tokyo 64 et permis à Samsung, LG, Hyundai, Kia, Daewoo, moins chers que leurs concurrents japonais, de prendre de belles parts de marché et, au « pays du Matin calme », de rejoindre le cercle des grands pays industrialisés, en succédant au « pays du Soleil-Levant ».

Et le même phénomène s'est reproduit vingt ans plus tard avec Pékin 2008 qui a sonné l'heure du « made in China » et de l'hégémonie de « l'empire du Milieu ».

Rio est arrivé trop tôt pour que le Brésil puisse en profiter. Un jour ce sera au tour de l'Afrique.

Mais les Jeux olympiques, dès que la flamme allumée à Olympie vient illuminer le stade, retirent leurs survêtements, chaussent leurs pointes, exhibent leurs muscles, dépassent leurs limites, battent des records, enthousiasment les foules et passionnent des milliards de téléspectateurs. Les JO, c'est « le rassemblement quadriennal du printemps humain », *mens sana in corpore sano*, qu'a voulu Pierre de Coubertin, *Citius, Altius, Fortius*, plus vite, plus haut, plus fort.

Plus vite, c'est la règle de tous les sports.

Plus haut, c'est le dépassement de soi physiquement et intellectuellement.

Plus fort, le sportif complet se montre plus fort dans toutes les activités de la vie.

Culte de l'effort, esprit chevaleresque, tête bien faite, amour de la patrie, aux valeurs de l'olympisme Coubertin ajoutait : « Le sport va chercher la peur pour la dominer, la fatigue pour en triompher, la difficulté pour la vaincre. »

Sa devise : voir loin, parler franc, agir ferme.

Il restera président du CIO de 1900 à 1925.

J'ai eu la chance depuis 1960 d'assister à la plupart des JO d'été et d'hiver, d'écrire les livres des Jeux de Grenoble, Mexico, Munich, de commenter une dizaine de cérémonies d'ouverture et de clôture sur France Inter et TF1 et les films des JO d'Albertville et Barcelone, et de réunir une impressionnante collection de timbres, d'affiches et de mascottes olympiques.

J'ai eu la chance de côtoyer Carl Lewis et Bob Beamon, Trentin et Morelon, Colette Besson et Marie-José Pérec, Anton Geesink et David Douillet, Christian d'Oriola et Jean-François Lamour, Jonquères d'Oriola et Pierre Durand, Laure Manaudou et Kiki Caron, Don Schollander et Mark Spitz, Usain Bolt et Sergueï Bubka, Nadia Comaneci et la « Dream team US » de basket, pour ne parler que des Jeux d'été, et même Emil Zatopek et Alain Mimoun, Guy Lapébie et Jean Boiteux, et encore Charles Rigoulot et Jules Ladoumègue… bien après la fin de leur carrière ! Chacun a marqué son époque.

J'ai connu le bonheur de croiser le regard envoûtant vert émeraude de la patineuse américaine Peggy Fleming à Grenoble et le sourire ensorceleur de l'athlète jamaïcaine Merlene Ottey, d'admirer les jambes interminables de Marie-Jo Pérec et les ongles multicolores tout aussi longs et fins de Flo-Jo, Florence Joyner-Smith, le charme timide de Janou Lefèbvre la cavalière et radieux, à la Brigitte Bardot, de Kiki Caron, la nageuse.

J'ai eu le privilège au sein du groupe TF1-Bouygues, le 22 mai 1991 à 19 h 30 dans un studio improvisé au 3e étage du fameux 15 rue Cognacq-Jay à Paris (« À vous Cognacq-Jay… »), de lancer Eurosport et d'en faire la chaîne de l'olympisme avec la bénédiction du président du CIO, le diplomate espagnol Juan Antonio Samaranch, qui avait succédé à l'austère Américain Avery Brundage et au jovial Irlandais Lord Killanin qui m'avait offert un whisky chez lui, à la veille d'un Irlande-France du tournoi des Cinq Nations, il habitait juste à côté de Lansdowne Road, le fameux stade de rugby de Dublin. J'ai créé le *Magazine olympique*, programmé une centaine de disciplines différentes pour ne pas laisser de côté les « petits sports » et surtout, pour la première fois dans l'histoire de la télévision, diffusé les JO vingt-quatre heures sur vingt-quatre pendant dix-sept jours, c'était à Barcelone en 1992.

J'ai eu l'honneur en 1999 de recevoir, des mains de Juan Antonio Samaranch et de son successeur, le chirurgien belge Jacques Rogge, le collier de l'Ordre olympique qui n'a été décerné qu'à une vingtaine de Français depuis sa création en 1974 et qui récompense « les apôtres » qui promeuvent et transmettent la bonne parole olympique.

J'ai eu la joie aussi avec Jean-Michel Leulliot et le réalisateur Gérard Van der Gucht de recevoir en 1984 l'Anneau d'Or du CIO décerné au meilleur reportage en direct de toutes les télévisions du monde entier, pour la course Paris-Roubaix.

C'est pour moi tout un symbole, « le cyclisme et l'olympisme » sont mes « labourage et pâturage », ils ont jalonné ma vie de sportif et de commentateur, il n'y a rien de plus beau qu'une ligne d'arrivée franchie en vainqueur, il n'y a rien de plus grand qu'un titre olympique.

Comme je m'étais promené dans mes *Mémoires du Tour de France* et *Les Plus Belles Histoires vécues de mes 60 Tours de France*, je me suis replongé dans le tourbillon multisport de mes *Mémoires de 60 ans de Jeux olympiques.* Et même un peu plus grâce aux témoignages de grands champions que j'ai connus et interviewés, et à mon amour de l'histoire, des traditions qui font de nous ce que nous sommes.

Cocorico ! Oui le sport français peut être fier d'avoir donné à l'olympisme des héros des Temps modernes dont j'ai partagé les souvenirs.

Mon grand copain, André Leducq, faisait partie de l'équipe de France championne olympique de la course sur route à Paris en 1924 avant de gagner deux fois le Tour de France. J'ai passé des heures à l'écouter me vanter, en se marrant, les charmes de « la belle Époque ». Il m'a légué sa collection de magazines sportifs, mine d'or de témoignages.

Je me régalais de ses aventures et mésaventures, que me racontait, dans les années 1960, le plus grand coureur français de demi-fond de tous les temps, Jules Ladoumègue, au 118 Champs-Élysées dans les studios du Poste parisien où je faisais mes débuts de radio-reporter et où l'élégant « Julot », souliers vernis et regard triste, on verra pourquoi, tenait sa chronique au vitriol tous les jours à midi et demi, sans cesser de regarder avec nostalgie la plus belle avenue du monde qu'il avait descendue de sa foulée légendaire le 10 novembre 1935, ovationné par plus de 500 000 personnes.

Je revois régulièrement dans le Var à Hyères, chez l'ancien maillot jaune et sélectionné olympique à Tokyo Lucien

Aimar, le merveilleux et modeste Daniel Morelon, l'un des plus beaux palmarès du sport français, un exemple pour tous, qui a dominé la vitesse sur piste avant de rendre à son cyclisme ce qu'il lui avait donné en devenant l'entraîneur de l'équipe de France pendant 28 ans puis des sprinteuses chinoises qu'il a propulsées au premier plan mondial.

Je me réjouissais de retrouver régulièrement le gentil sourire aux grands yeux étonnés de Christian d'Oriola, le d'Artagnan, le Petit Prince du fleuret que ses pairs ont couronné « plus grand escrimeur du XXe siècle ». De par son talent, son aura, l'amour de son sport, son élégance, sa simplicité, il demeure à jamais pour moi « le champion parfait » qui n'a jamais pris la grosse tête.

J'ai tremblé quand les barres des parcours de saut d'obstacles... tremblaient et ne tombaient pas pour finalement couronner Jonquères d'Oriola, le cousin de Christian, sur Lutteur B, et Jappeloup sous Pierre Durand mais aussi mes copains de Fontainebleau, les beaux-frères Marcel Rozier et Hubert Parot.

Elle n'a pas décroché la médaille d'or à Tokyo mais près de soixante ans plus tard elle est toujours aussi belle, « Clo-Clo » était follement amoureux d'elle, et les passants l'arrêtent encore dans la rue pour lui demander un selfie : Kiki Caron demeure la plus célèbre nageuse française de tous les temps. Elle avait choisi de nager sur le dos « pour mieux voir le monde ! ». Et si la natation n'avait été qu'un prétexte pour cette gamine de banlieue surdouée afin de s'ouvrir de nouveaux horizons et de visiter tous les continents ? Plus que de sa médaille d'argent, Kiki est fière d'avoir été la première femme porte-drapeau tricolore à Mexico en 1968. « Ah ! j'te dis pas, les mecs ils faisaient la gueule ! » Si, elle me l'a dit, et bien d'autres choses encore...

— Tu sais pourquoi les journalistes japonais s'intéressaient beaucoup à moi ?

— Parce que tu étais la plus belle…

— Bon, c'est vrai j'suis pas trop tartignolle mais ce n'était pas pour ça, c'est parce que j'ai des petits…

— Chut ! Ne nous dévoile pas toute ton anatomie maintenant, on va te retrouver en maillot de bain dans « Tokyo 64 ».

J'ai passé des heures riches d'histoires avec Alain Mimoun, né en Algérie et tout heureux de porter un vrai prénom français, Alain, et qui avait tellement de choses à raconter sur la guerre, sur la bataille de Cassino, sur ses duels avec son ami Zatopek, sur Melbourne et sur ses idoles : de Gaulle et Chirac. J'animais au micro une série de courses sur route créée par mon ami Sacha Genot à Antibes et joliment baptisée « Courir pour une fleur », une rose d'Antibes, offerte à tous les participants. Mimoun en était le parrain et à 65 ans il avait toujours la même petite foulée et les coureurs du dimanche étaient aussi fiers de courir aux côtés d'un champion olympique que lui, il avait toujours été fier de courir pour la France.

J'ai connu Charles Rigoulot, l'homme le plus fort du monde, qui était aussi populaire que Poulidor, et qui travaillait chez Ricard. Et Guy Lapébie, derrière le bar de sa brasserie-boîte de nuit, le *Z*, à Bordeaux, qui était aussi fier de sa troisième place au Tour 1948 que de ses médailles d'or et d'argent aux JO de Berlin.

J'avais commenté son premier titre de champion du monde de judo à Paris en 1961 et sa victoire à Tokyo en 1964 qui a ravagé le Japon, pire qu'un tremblement de terre : le Néerlandais Anton Geesink est devenu mon grand – 1,98 m – ami quand il était membre du CIO et que je fréquentais toutes les grandes manifestations de cette noble assemblée. Comme Johnny Weissmuller, Tarzan, il avait lui aussi fait du cinéma en prêtant son beau gabarit à Samson dans *Les*

Juges de la Bible et en faisant de la figuration dans des films japonais pour financer ses stages d'entraînement.

Je suis fier de mon « palmarès » olympique mais j'ai la chance de sympathiser depuis longtemps avec deux fringants nonagénaires, devant lesquels je m'incline : Kate Delbarre d'Oriola, la femme du champion olympique Christian d'Oriola, a participé aux Jeux de Melbourne en 1956 dans l'équipe de France d'escrime, et depuis elle a assisté à tous les Jeux en tant qu'officielle ou invitée d'honneur, et le coureur cycliste – j'y reviens toujours ! – Charles Coste, médaillé d'or en poursuite par équipes avec Serge Blusson, Fernand Decanali et Pierre Adam à Londres en 1948, qui est le plus ancien champion olympique encore vivant. Il aura 100 ans en 2024 pour les JO de Paris :

« Je ne sais pas pourquoi mais depuis que j'ai disputé mes premières courses et remporté mes premières victoires je n'avais qu'un rêve : devenir champion olympique ! Je ne pensais pas au Tour de France ni au championnat du monde, non j'étais obnubilé par une médaille d'or olympique. D'ailleurs au début de l'année 48 j'ai eu des propositions pour passer professionnel mais j'ai suivi les conseils de mon directeur sportif Paul Ruinart au VCL, le Vélo Club de Levallois, qui me répétait "qu'un champion du monde il y en a un tous les ans alors que toute ta vie tu seras champion olympique" ! Et puis ces Jeux devaient se dérouler à Tokyo et autant que la médaille incertaine, c'était le voyage qui m'excitait. Finalement on s'est retrouvés à Londres mais la médaille je l'ai eue ! »

Au début de l'ère chrétienne, le philosophe stoïcien grec Épictète posait une question épineuse aux jeunes gens qui s'entraînaient pour les Jeux olympiques : « Pourquoi allez-vous à Olympie, les tourments de la vie ne vous suffisent donc pas ? » Aussi attrayants que puissent être des voyages vers des terres lointaines, aujourd'hui encore la route qui mène à Olympie est longue et difficile. Si des jeunes gens acceptent encore cette épreuve, cela prouve combien cette idée demeure par-delà les siècles. Titre de champion, records spectaculaires… rien pour un athlète n'offre l'attrait d'une médaille olympique.

Dans sa préface de *La Fabuleuse Histoire des Jeux olympiques* de Guy Lagorce et Robert Parienté (éditions ODIL), le philosophe épicurien du XXe siècle, Antoine Blondin, confirme magnifiquement :

« Être champion du monde, ça n'est jamais qu'une manière un peu élargie d'être "le meilleur de sa rue". » De quel monde en effet, s'agit-il, sinon de cette planète aux dimensions essentiellement finies sur laquelle nous vivons passagèrement, ici et maintenant.

Un titre olympique rend un tout autre diapason. Il qualifie moins une supériorité dans l'espace qu'une suprématie dans le temps. Un parfum d'éternité l'accompagne. Derrière l'olympisme on voit, en filigrane, se profiler l'Olympe, dont l'antiquité grecque avait fait le séjour de ses divinités réputées immortelles, et ce n'est pas pour rien que les lauréats des épreuves destinées à commémorer leur célébration, jouissent de l'appellation délibérément emphatique de « dieux du stade ».

1

LES DIEUX DE L'OLYMPE

L'humanité n'a pas attendu l'ère du sponsoring et de la télévision pour se confronter au dépassement de soi dans une quête d'absolu. Bien avant que les Usain Bolt et Sergueï Bubka du monde entier ne défient les lois de la vitesse ou de la gravité sous le crépitement des flashs, de lointains ancêtres se sont affrontés durant plus d'un millier d'années sans chronomètre ni contrôle antidopage. Au VIIIe siècle av. J.-C., une civilisation qui allait inventer avec Platon, Pythagore, Aristote, Archimède, Hippocrate, la démocratie, la philosophie, la médecine, la géométrie, la catapulte… et le parapluie apporta d'abord sa contribution à la marche du monde en engendrant un événement qui exaltera à jamais les passions : les Jeux olympiques.

Comme toujours avec la Grèce antique, cette compétition trouve son origine dans la mythologie. Et ce sont toujours de belles histoires…

… Comme les aime Cosme, mon petit-fils de 9 ans, passionné par la mythologie grecque et qui connaît par cœur l'histoire de Milon de Crotone, le plus célèbre athlète des Jeux antiques :

« Milon de Crotone a été, sur une période de vingt ans, 6 ou 7 fois champion olympique, on ne sait pas très bien, il était imbattable et parfois il n'avait même pas à combattre, son adversaire déclarait forfait tellement il avait peur. On raconte qu'un jour il aurait tué d'un coup de poing un jeune taureau et qu'il l'aurait mangé dans la journée ! Teddy Riner aurait l'air d'un petit garçon à côté de lui ! Et il paraît qu'il est mort, dévoré par des loups, les doigts coincés dans le tronc d'un chêne qu'il voulait fendre de ses mains. Mais tout cela c'est la légende ! En revanche ce qui est vrai c'est qu'avec les Jeux olympiques, les Grecs ont inventé le sport et que Milon a été le premier grand athlète. Il a même sa statue au musée du Louvre alors que les champions actuels, j'en ai vu au musée Grévin ! Trois cents ans plus tard le coureur Léonidas a fait mieux que Milon avec 12 médailles d'or, il était comme Usain Bolt, il gagnait 3 médailles par olympiade et il en a disputé 4. »

Le record appartient aujourd'hui au nageur américain Michael Phelps qui de 2004 à 2016 a collectionné 23 médailles d'or, 3 d'argent et 2 de bronze.

S'ils ont acquis une telle notoriété qui a bouleversé leur vie, les Bolt et Lewis, Beamon et Bubka, Colette et Marie-Jo, Wilma et Kiki, Daniel et Pierrot, les Manaudou et les d'Oriola, Mimoun et Zatopek… et tous les autres… ils le doivent à leur talent bien sûr mais aussi à cette foi intérieure, à cette volonté de se surpasser et à cette communion avec le divin qui les rapproche des héros antiques qui cherchaient à s'attirer les bonnes grâces des dieux, Zeus, Héraclès ou Poséidon.

Oui, il y a quelque chose de surnaturel dans les Jeux olympiques et le sport, comme le rappelait en 2019 au départ de l'étape du Tour de France à Lourdes l'évêque de la cité mariale Mgr Nicolas Brouwet, que j'ai bien connu quand il était, au début des années 2000, curé de ma paroisse, à Sèvres, dans les Hauts-de-Seine :

« Le sport est une activité du corps et de l'âme, c'est un chemin de connaissance de soi, de ses dons, de ses potentialités. Il y a des valeurs communes entre le sport et cette course de fond qu'est la vie chrétienne. Le sport élève, la religion aussi, dans un autre domaine. »

Pierre de Coubertin ne cherchait pas autre chose quand il a relancé les Jeux, comme le rappelle Marie-Thérèse Eyquem dans le livre qu'elle lui a consacré :

« C'était pour le rénovateur une religion que l'olympisme, une religion qui ne souffrait aucune médiocrité. Coubertin prend le mot “religion” dans son sens le plus général, “non comme une croyance à une forme déterminée de réalité divine mais comme adhésion à un idéal de vie supérieure, d'aspiration au perfectionnement”. L'athlète olympique ne considère donc pas le sport comme une fin, mais comme un moyen d'acquérir une plus-value pour mieux servir son Dieu confondu avec son idéal, et un rayonnement pour éclairer et drainer les hommes. »

Œnomaos, roi de Pise et fils du dieu de la guerre Arès, avait pour habitude de se débarrasser des prétendants de sa fille, Hippodamie, en leur imposant une course de char : si le soupirant l'emportait il épousait la jeune fille, s'il échouait il était mis à mort. Il n'y avait eu que des morts jusqu'à ce qu'un jeune Grec du nom de Pélops, fils du fameux Tantale dont « le supplice » calme parfois nos ardeurs gourmandes, relevât à son tour le défi. Pour accentuer ses chances, il fit appel à Poséidon, dieu de la mer, qui était aussi… son amant et qui lui fabriqua un char en or doté de coursiers ailés, Scyphus et Arion. Hippodamie, sans doute lassée de reporter sans cesse ses noces, lui vint aussi en aide en soudoyant le cocher du roi, Myrtilos, qui était amoureux d'elle et à qui elle promit une torride nuit d'amour, pour qu'il sabote le char de son père. Durant la course une roue du char royal se détacha et Œnomaos périt dans l'accident. Pélops épousa la princesse mais les circonstances de sa victoire le firent tellement culpabiliser qu'il décida, devenu roi d'Elide, d'organiser une compétition entre les cités grecques pour rendre hommage au défunt. Quant à Myrtilos qui n'avait pas eu la récompense promise, il jeta un sort sur tous les descendants d'Hippodamie, malédiction à l'origine de la terrible destinée de la famille des Atrides.

Si d'autres légendes attribuent l'origine des Jeux à Héraclès ou même à Zeus lui-même, de façon plus prosaïque il semblerait qu'ils aient été tout simplement instaurés pour essayer d'unifier un monde hellénique divisé en de multiples cités qui passaient leur temps à se faire la guerre. Les traces qui nous restent de ces épreuves antiques proviennent de dessins sur des objets retrouvés lors de fouilles archéologiques ou d'œuvres des poètes comme l'*Illiade* d'Homère ou les *Olympiques* de Pindare.

Quelle que soit l'origine des Jeux olympiques, elle dépasse les limites du temps et du lieu où ils furent institués. Ces Jeux sont à l'origine de l'idéal grec de l'homme libre qui lutte avec ses semblables, nu et dépouillé de tout ce qui n'est pas son propre corps, et n'obéit qu'aux règles de la compétition pour gagner une couronne d'olivier, pure victoire morale qui lui vaut les éloges de ses concitoyens.

Bien qu'il existât aussi les Jeux de Delphes, de Némée et de l'Isthme de Corinthe, ceux d'Olympie, cité blottie dans la vallée de l'Alphée, à 300 km d'Athènes, au nord-ouest du Péloponnèse, région qui tire son nom de Pélops, étaient considérés comme les plus prestigieux. Organisé tous les quatre ans à partir de 776 av. J.-C. et pendant 1 168 années, 292 olympiades, l'événement rassemblait l'ensemble du monde grec. Dès que les dates étaient fixées, des hérauts allaient les annoncer dans toutes les cités et colonies. Une trêve générale était alors instaurée et les Achéens, Spartiates et Athéniens déposaient les armes. Seuls les « vrais Grecs » pouvaient participer aux Jeux : les femmes, les esclaves et les étrangers en étaient exclus. Tous s'entraînaient et concouraient nus pour éviter que sous des habits une femme ne vienne se mêler aux compétitions. Pour protéger leur peau, ils s'enduisaient d'huile d'olive, puis se recouvraient de sable. Cette précaution leur permettait de se préserver des coups de soleil mais pas des coups de bâton que leur administraient généreusement leurs « entraîneurs » pour les forcer à se surpasser. Les athlètes étaient aussi soumis à un régime alimentaire très strict à base de bouillie de froment et de pain d'orge. C'était une sorte de *Koh-Lanta* d'où les meilleurs, pour la plupart issus de riches familles, obtenaient leur qualification pour les Jeux après avoir prêté serment de s'engager à participer aux épreuves avec loyauté.

Olympie n'était pas une cité mais un sanctuaire qui abritait des temples dédiés aux différents dieux et en particulier à Zeus, divinité suprême de l'Olympe d'où elle tire son nom. En dehors de la période des Jeux, seuls des prêtres y demeuraient. Mais dès que la compétition commençait, des dizaines de milliers de personnes venues de toutes les provinces s'y installaient, un public essentiellement masculin, seules les femmes non mariées avaient le droit d'assister aux épreuves, sans doute pour choisir comme Hippodamie leur futur époux !

Au début il n'y avait qu'une course, celle du « stade », 192,27 m, 600 fois le pied d'Héraklès, Hercule en latin, fils de Zeus ou Jupiter, c'est la distance qu'il pouvait courir en retenant sa respiration. Koroïbos ou Corèbe en a été le premier lauréat, il a inauguré le palmarès des Jeux olympiques. Mais à l'apogée des Jeux, au ve siècle av. J.-C., le siècle de Périclès, les épreuves se déroulaient sur cinq jours. Le premier jour, les athlètes, « hommes libres et de pure race hellène, n'ayant jamais commis crime ou sacrilège », se présentaient au milieu de l'assistance pour prêter ce serment de participer loyalement. C'était un peu comme une cérémonie d'ouverture.

La matinée du deuxième jour était consacrée aux compétitions hippiques, trois courses, dans l'hippodrome qui jouxtait le stade : la première à chevaux montés, la deuxième en chars tirés par des poulains et la troisième, la plus prestigieuse, sur des quadriges tirés par quatre chevaux. Les victoires n'étaient pas attribuées aux concurrents eux-mêmes mais aux propriétaires de leurs montures. Et l'on assistait déjà, comme au football aujourd'hui, à des transferts et des surenchères pour recruter les meilleurs cavaliers. L'après-midi, les athlètes concouraient au pentathlon, composé comme son nom l'indique de cinq épreuves : lancer du disque et du javelot, saut en longueur, course et lutte.

Le troisième jour, cinq cents bœufs étaient sacrifiés en l'honneur de Zeus avant d'être servis à tous les participants pour leur redonner des forces, les épreuves les plus dures les attendaient !

Les courses meublaient la matinée du quatrième jour : la première se disputait sur une longueur de stade, 192,27 m ; la deuxième, le « diaulos », sur 2 stades ; la troisième, le « dolichos », sur 24 stades ; la dernière était la course en armes : casqués et équipés d'un bouclier, les participants nous rappelaient les origines guerrières des sports, l'entraînement au combat et à la compétition se ressemblent, la trêve olympique n'est qu'une parenthèse ! Dans le même esprit l'après-midi était dédié aux sports de combat. Pour le pugilat, l'ancêtre de la boxe, les athlètes enveloppaient leurs poings de lanières de cuir. Dans la lutte, ils s'affrontaient à mains nues jusqu'à ce que l'un des combattants touche trois fois le sol. Quant au pancrace, « que Thésée aurait inventé pour terrasser le Minotaure », me précise Cosme, tous les coups ou presque étaient permis, c'est l'ancêtre du MMA, il ne fallait quand même pas mordre ni arracher les yeux ou mettre les doigts dans les narines.

Le cinquième jour, on remettait les prix : les vainqueurs étaient décorés d'un ruban rouge et recevaient une couronne d'olivier sous les vivats de la foule. Aujourd'hui on leur donne aussi un ruban rouge, la Légion d'honneur. Chaque camp était alors convaincu que ses divinités étaient intervenues pour faire triompher ses athlètes. La messagère des dieux qui symbolisait cette intervention avait pour nom Niké, ce qui signifiait « victoire » en Grec, avant d'inspirer une célèbre marque d'articles de sport.

Les héros des Jeux étaient admirés, adulés, des statues étaient érigées en leur honneur, des pièces de monnaie portaient leur effigie et les poètes narraient leurs prouesses. La postérité a retenu les noms du lutteur Milon de Crotone, du coureur Léonidas de Rhodes ou encore du boxeur Théagène de Thasos.

Mais il y a surtout la belle et triste aventure du soldat de Marathon, cette cité qui a donné son nom à l'une des épreuves les plus populaires des Jeux modernes. C'était en 490 av. J.-C. Les Grecs venaient d'infliger une sévère défaite aux Perses dans la plaine de Marathon et l'un de leurs plus vaillants soldats, Phidippidès, a couru jusqu'à Athènes, distante de 8 lieues, environ 40 km, pour annoncer la victoire : « Réjouissez-vous, nous avons vaincu ! » Ce sont ses dernières paroles, il meurt d'épuisement. Il faudra attendre 2 386 ans pour qu'un hommage lui soit rendu, à Athènes, en 1896 avec le premier marathon olympique, sur une distance comparable, que remportera un digne descendant de Phidippidès, le berger grec, certains prétendent qu'il était aussi facteur, Spyridon Louys. Quant aux 42,195 km du marathon actuel, ils datent de 1908, c'est la distance qui séparait le château de Windsor de la loge royale au stade olympique londonien de White City.

Après l'annexion de la Grèce par Rome en 146 av. J.-C., avec des tricheries et la victoire truquée de Néron, les Jeux ont perdu de leur superbe, les combats de gladiateurs leur ont volé leur prestige et ils ont disparu en 393, par la volonté de l'empereur Théodose qui interdisait la pratique des cultes païens auxquels ils étaient assimilés. Le site d'Olympie sera laissé à l'abandon, ses édifices détruits par des tremblements de terre et des crues répétées, ses ruines recouvertes de sable.

Mais traditionnellement, lors de chaque olympiade – en fait tous les deux ans depuis l'alternance entre les Jeux d'été et d'hiver –, c'est à Olympie que des fouilles ont ressuscité à la fin du XIXe siècle, que la flamme olympique est allumée avant de faire un tour du monde, témoignage de paix, d'amitié et d'unité entre les peuples, voyage initié en 1936 pour les Jeux de Berlin par le ministre de la Communication, ou de la Propagande, hitlérienne, Goebbels. Arrivée dans la ville organisatrice, elle retrouve la même symbolique dans les anneaux entrelacés du drapeau olympique, dessiné en 1913 par Coubertin, dont les couleurs représentent les cinq continents, avec leurs caractéristiques, quoi qu'en pensent certains esprits chagrins « déconstructeurs » : bleu Europe, jaune Asie, noir Afrique, vert Océanie, rouge Amérique. J'espère qu'avoir associé la couleur noire à l'Afrique ou le jaune à l'Asie ne vaudra pas à Coubertin d'être déboulonné.

Dans l'Antiquité, une flamme brûlait en permanence sur l'autel du temple d'Héra à Olympie, flamme allumée par un miroir aux rayons du soleil. C'est le même rite aujourd'hui qui est suivi par de jeunes femmes en tunique blanche, symboles des prêtresses d'Héra, pour raviver cette flamme symbole de pureté et de régénération qui illumine les Jeux dès la cérémonie d'ouverture et fait verser une larme aux athlètes, et aux témoins dont j'ai fait partie vingt fois, quand elle s'éteint au soir de la cérémonie de clôture. Les plus émouvants de ces adieux resteront pour moi ceux de Séoul en 1988. Quand nous sommes entrés dans le stade en fin d'après-midi, toute la ville était pavoisée de banderoles avec les messages de bienvenue qui nous avaient accueillis quinze jours plus tôt. Quand nous sommes ressortis quatre ou cinq heures plus tard, les Coréens avaient remplacé toutes ces banderoles par d'autres messages touchants « Merci d'être venus », « Ce n'est qu'un au revoir », « Revenez vite nous voir ». C'était tout un pays qui pleurait, désolé de nous voir partir, et l'on avait été tellement bien accueillis que nous aussi nous avions envie de revenir au « pays du Matin calme ». J'y étais déjà venu en 1982, j'y suis revenu en 2002 pour la Coupe du monde de football avec le même plaisir. Mes amis coréens me le répétaient : « Nous aimons beaucoup les Français qui nous ressemblent, nous sommes les Latins de l'Orient, alors que les Japonais sont comparables aux Allemands, plus rigoureux. »

2

MERCI M. DE COUBERTIN

C'est tout naturellement un Grec, un homme politique, Ioannis Kolettis, qui a eu le premier l'idée en 1835, quand quelques compétitions sportives ont commencé à voir le jour, de ressusciter les Jeux olympiques. La Grèce qui venait de conquérir son indépendance après plusieurs siècles de domination de l'Empire ottoman se devait d'affirmer son nouveau statut d'État-nation en ravivant sa grandeur passée. Dans les décennies qui ont suivi, quatre manifestations du nom d'« Olympia » ont ainsi été organisées à Athènes, avec uniquement des athlètes grecs.

C'est finalement de France que viendra la lumière, par la volonté conquérante de Pierre de Fredi, baron de Coubertin, historien, humaniste, conférencier, journaliste, grand sportif et grand voyageur, né à Paris au 20 rue Oudinot le 1er janvier 1863, descendant par sa mère de Guillaume… le Conquérant. Il avait découvert, lorsqu'il poursuivait ses études en Angleterre, que le sport était à la base de l'éducation, qu'il formait des hommes forts et responsables selon les méthodes du Dr Thomas Arnold expérimentées au collège de Rugby, là où le football à la même époque s'est séparé du rugby, et il n'avait eu de cesse à son retour en France d'inciter nos écoles à en faire autant. Mais il voyait beaucoup plus loin :

« Je demeure convaincu que le sport est un des plus puissants éléments de paix et j'ai confiance en son action future.

Mais pour qu'il puisse exercer une telle action, il faut qu'il soit général, ardent, loyal et désintéressé.

Il ne doit pas être réservé à certaines catégories sociales plus riches ou moins occupées, mais étendu à tous et mis à la portée de tous, sans exception.

Il doit d'autre part être pratiqué avec ardeur, je dirai même avec violence. Le sport, ce n'est pas l'exercice physique bon pour tous au point de vue de l'hygiène à condition d'être sage et modéré. Le sport est le plaisir des forts ou de ceux qui veulent le devenir physiquement ou moralement. Il comporte donc la violence, l'excès, l'imprudence. Rien ne le tuerait plus sûrement que de le vouloir emprisonner dans une "modération" qui est contraire à son essence.

Il ne peut pas durer et progresser s'il ne comporte pas la passion de la loyauté, la haine du mensonge, de tout ce qui n'est pas brutalement franc et clair, précis et droit.

Ainsi appuyé sur ce que je considère comme les assises de sa grandeur, il peut et doit agir dans le monde moderne comme un splendide facteur de paix, d'entente et d'amélioration individuelle et sociale. »

Coubertin est loin de « l'essentiel c'est de participer » qu'on lui attribue parfois.

Son message figurait en 1964 en ouverture de la brochure remise à toute la délégation française en partance pour Tokyo, par le nouveau directeur des sports le colonel Marceau Crespin que le général de Gaulle avait mis en place pour faire oublier l'humiliation de Rome, on se souvient du fameux dessin de Faizant ! Le colonel au prénom... martial savait motiver ses troupes, on lui doit le renouveau du sport français.

Et à Coubertin celui des Jeux olympiques !

Il a dû se battre pour convaincre les Britanniques et les Américains qui ne se montraient guère enthousiastes et finalement le 23 juin 1894 il a réuni à la Sorbonne à Paris « le

Congrès pour le rétablissement des Jeux olympiques » avec 2 000 participants venus de 13 pays.

À cette occasion, les congressistes ont fait modifier les règlements de plusieurs fédérations qui excluaient des compétitions sportives les ouvriers et les artisans, se « desporter » demeurait encore l'apanage d'une élite qui avait des loisirs ! Mais les femmes, elles, restaient encore interdites… comme dans la Grèce antique ! Et c'est un homme d'affaires grec, Dimítrios Vikélas, qui est devenu le premier président du Comité international olympique, le CIO (1894-1896). Ses successeurs s'appelleront ensuite Pierre de Coubertin (1896-1925), le comte belge Henri de Baillet-Latour (1925-1946), le Suédois Johannes Sigfrid Edström (1946-1952), l'Américain Avery Brundage (1952-1972), l'Irlandais lord Killanin (1972-1980), l'Espagnol Juan Antonio Samaranch (1980-2001), le chirurgien belge Jacques Rogge (2001-2013) et depuis, l'escrimeur allemand, champion olympique en 1976, Thomas Bach.

À peu près à la même époque, encore en France, les frères Lumière inventaient le cinéma. L'image en mouvement et les Jeux olympiques vont vite célébrer un mariage d'amour qui, d'olympiade en olympiade, servira leur cause commune et dure encore aujourd'hui.

La première édition des Jeux modernes s'est tenue à Athènes du 6 au 15 avril lors de la Pâque chrétienne, après une interruption de 1 503 ans pour motif de paganisme !

Comme pour le Tour de France on peut cerner les différentes époques des JO modernes. Ces premières éditions assurent la transition avec l'Antiquité. Garin, Petit-Breton, Garrigou, Faber, Eugène Christophe d'un côté, Gravelotte, Spyridon Louys, Jean Bouin, Jim Thorpe, Dorando Pietri de l'autre. Entre les deux guerres, c'est le Moyen Âge, le temps des Leducq, Pélissier, Magne et des Ladoumègue, Rigoulot, Jesse Owens, Johnny Weissmuller. La Renaissance à partir de

Londres 48 et surtout Rome 60 sera pour moi la plus belle, comme dans la création artistique, c'est celle de mes débuts, où l'olympisme de Zatopek, Bob Beamon, Mark Spitz et Kiki Caron s'est emparé du monde, en même temps que Coppi, Bobet, Anquetil et Koblet donnaient au cyclisme ses lettres de noblesse… Et puis il y a eu la révolution industrielle, l'arrivée des professionnels à Los Angeles 84 qui a balayé toutes les hypocrisies mais fait entrer les Jeux olympiques dans le sport-business avec ses dérives, et la plus célèbre affaire de dopage, celle du vainqueur déclassé du 100 m de Séoul 88, le Canadien Ben Johnson. Le Tour de France a connu les mêmes problèmes avec l'affaire Festina et Lance Armstrong. Il a fallu aussi remettre de l'ordre dans l'institution elle-même, le CIO, suite aux pots-de-vin versés à certains de ses membres par les villes candidates à l'organisation des Jeux pour récupérer leurs votes ou pour « leur divertissement » ! Il y a eu des exclusions, des démissions, des suspensions, et de nouvelles règles mises en place avec « le principe de tolérance zéro dans la lutte contre la corruption ».

L'olympisme vivait avec son époque. Mais il ne fallait pas oublier la loi fondamentale de Coubertin :

« Pour que 100 se livrent à la culture physique, il faut que 50 fassent du sport. Pour que 50 fassent du sport il faut que 20 se spécialisent. Pour que 20 se spécialisent, il faut que 5 soient capables de prouesses étonnantes. »

Et il faisait bon y revenir…

En histoire, au collège comme au lycée Alain-Fournier à Bourges, j'ai toujours été parmi les premiers de la classe, j'ai une bonne mémoire, je jonglais avec les dates, les prouesses de Roland à Roncevaux, de Jeanne d'Arc ou de du Guesclin se racontaient comme d'excitantes aventures, et les *Miroir-Sprint*, couleur sépia, ~~et~~ ainsi que *But et Club*, gris-vert, étaient mes *Lagarde et Michard* de l'épopée du sport. Le Tour de France enrichissait mon histoire et ma géographie de l'hexagone, les Jeux olympiques m'ont fait découvrir le monde. *Miroir* comme *But* proposaient dans ces années 1950, des reportages sur les champions encore vivants qui avaient été les héros des Jeux trente ou quarante ans plus tôt. Un peu comme le fait *L'Équipe* aujourd'hui en revenant sur les exploits de Michel Platini, Michel Jazy ou Bernard Hinault. C'est ainsi que Paavo Nurmi, Jesse Owens ou Johnny Weissmuller me sont devenus presqu'aussi familiers que si je les avais connus. En revisitant mes collections de journaux et magazines je peux faire revivre ces héros qui n'ont pas d'âge ou ces événements qui sont encore à mi-chemin entre l'histoire et la légende.

« Ce siècle avait deux ans, Rome remplaçait Sparte » de la fameuse légende hugolienne devenait pour moi « Ce siècle en finissait et les Jeux repartaient » dans un modeste alexandrin…

En 1896, les intentions étaient pures quand 241 athlètes venus de 14 pays, États-Unis, Chili, Australie, France, Allemagne, Autriche, Bulgarie, Danemark, Grande-Bretagne, Hongrie, Italie, Suède, Suisse et Grèce se sont retrouvés pour la cérémonie d'ouverture dans le superbe stade panathénaïque rénové d'Athènes, tout en marbre blanc, financé par un mécène milliardaire Georges Averoff, devant 60 000 spectateurs fiers de vivre ce grand moment. Le dimanche 5 avril le roi Georges a été le premier à lancer cette phrase immuable qu'aucun chef d'État ne pourra transgresser, à laquelle Hitler se pliera en 1936 et que le général de Gaulle avait interprétée avec grandiloquence en 1968 à Grenoble :

« Je proclame l'ouverture des Jeux olympiques d'Athènes de 1896, célébrant la première olympiade. »

Et le roi s'était retourné vers son voisin, un jeune homme de 33 ans, habit noir et cravate nouée sur un col glacé, beaux yeux sombres et moustache effilée :

« Je sais ce que ces Jeux vous doivent, monsieur de Coubertin. »

Pierre de Coubertin a souri, il est heureux, son rêve se concrétise.

Neuf sports sont au programme : courses de vitesse et de demi-fond, sauts, lancers et marathon pour l'athlétisme qui tout de suite s'impose comme le sport-roi des Jeux, vélocipède, haltérophilie, lutte, natation, tennis, tir, gymnastique et escrime.

Les Grecs sont heureux, c'est un maître d'armes athénien Pyrgos qui remporte la première médaille qui n'est pas d'or mais d'argent, à l'effigie de Zeus et Niké. Hélas ! pour maître Pyrgos ce concours des maîtres d'armes, les seuls professionnels des Jeux, sera supprimé et les palmarès retiennent comme premier lauréat olympique le triple sauteur américain, un étudiant d'Harvard, James Connolly avec un triple bond de 13,71 m. Deux heures plus tard c'est encore un Américain Robert Garrett qui remporte le lancer du disque et qui récidive le lendemain au lancer du poids. Burke s'impose sur 100 et 400 m, Clark en hauteur et en longueur, et Hoyt à la perche, c'est une véritable razzia américaine qui n'est pas du goût du seul envoyé spécial de la presse française, Charles Maurras, qui n'avait pas encore lancé l'*Action française* et qui écrivait dans la *Gazette de France* :

« Venus en bandes, les Yankees paraissent trois fois plus nombreux qu'ils ne le sont. Toutes les fois qu'une victoire est proclamée, les drapeaux de l'Union claquent au vent, les chapeaux, les bérets s'envolent, cette Amérique ignore ce que le monde hellénisé a conçu de plus rare et de plus secret : la mesure…

Quant à M. Connolly vainqueur pour le triple saut, il a télégraphié à ses nationaux : "Les Hellènes ont vaincu l'Europe, moi j'ai vaincu le monde entier". J'ai toujours dit que Tarascon était une ville d'Amérique. »

Et Gravelotte est une commune de Lorraine, théâtre d'une célèbre bataille. Mais c'est aussi le nom du premier champion olympique français : le 7 avril 1896 le Dr Eugène Henri Gravelotte a remporté la médaille d'or du fleuret en battant son ami Henri Callot par 3 touches à 2. Il ne s'imaginait pas que son sport favori allait devenir l'un des principaux pourvoyeurs de médailles françaises qui, en escrime, sont souvent tombées… comme à Gravelotte ! Quarante-deux médailles d'or sur 212, 110 médailles en tout sur les 716 récoltées aux JO d'été.

Spyridon Louys était beaucoup plus modeste que James Connolly, mais aujourd'hui Connolly n'est qu'un nom parmi des milliers d'autres sur les palmarès des Jeux alors que Spyridon est entré dans la légende.

C'était au cinquième jour des Jeux le 29 mars.

La course de 40 km, qui deviendra le « Marathon » en hommage au petit village de Marathon d'où les 25 participants ont pris le départ, c'est le monument des Jeux, symbole de la Grèce millénaire. Il va enrichir la légende des JO d'olympiade en olympiade.

C'est un philologue français, Michel Bréal, qui a eu l'idée de relancer ce marathon. Alors que les joutes sportives commençaient à se développer à la fin du XIXe siècle chez les jeunes, le fils de M. Bréal dit un jour à son père qu'il « rêvait de battre des records ».

— C'est-à-dire ? demanda le linguiste surpris par ce nouveau mot.

— *To record*, « se souvenir » en anglais, un record, c'est quelque chose qui marque, qu'on n'oublie pas.

Et dans la renaissance des Jeux olympiques qui s'annonçait en Grèce Michel Bréal se souvint du soldat de Marathon et de la possibilité d'essayer de battre le record de Phidippidès sur le même parcours. Coubertin a tout de suite accepté.

C'est presque par hasard que le modeste berger (ou facteur ?), Spyridon Louys, a participé à l'épreuve. Le colonel Papadiamantopoulos qui avait été chargé de sélectionner les coureurs l'avait connu lors de son service militaire au 1er régiment d'infanterie et il se souvenait qu'il était très endurant. Il a dû user de toute son autorité pour le retenir car il y avait 16 places et Spyridon avait terminé 17e de la course de sélection.

Ils sont donc 25 au départ de ce 1er marathon de l'histoire des Jeux olympiques modernes, 25 dont 16 Grecs pour qui c'est l'aventure de leur vie. C'est du délire en Grèce, tout le monde se souvient du soldat de Marathon et de ses derniers mots « Nous avons vaincu » et ce sont plus de deux mille ans d'histoire qui ressurgissent.

Des restaurateurs s'étaient engagés à nourrir le vainqueur durant toute sa vie s'il était grec. Des tailleurs, des hôteliers, des coiffeurs, des négociants lui proposaient gratuitement leurs services, des primes, des cadeaux.

Le stade où sera jugée l'arrivée est archi plein, 70 000 spectateurs, et il y a un monde fou sur les 40 km du parcours. Le départ est donné à 2 heures de l'après-midi en pleine chaleur sur le pont à la sortie de la plaine de Marathon.

Les concurrents sont escortés par des amis cyclistes qui les encouragent et des médecins, infirmiers et officiels qui veillent à la régularité de la course et à la santé des coureurs, c'est la première fois qu'un tel… marathon est organisé.

Dès le départ, c'est le Français Alain Lermusiaux qui prend la tête, il s'envole littéralement et au 30e kilomètre il possède 3 km d'avance sur le 2e l'Australien Flack, la moitié des coureurs a abandonné, les rescapés grecs sont loin. Le jeune Spyridon Louys, 25 ans, court à son train, sans s'affoler, et il s'arrête dans une auberge pour boire… un grand verre de vin et rassurer ses supporters « ceux qui sont devant je vais les rattraper ». Il devait connaître la fable de La Fontaine ! Trois kilomètres plus loin, Lermusiaux-le lièvre s'écroule, victime d'une insolation et Spyridon-la tortue rejoint Flack, le dépasse, le colonel avait raison, c'est lui le plus endurant, il arrive en triomphateur dans le stade. Le roi Georges, en grand uniforme d'amiral, est fou de joie, le prince héritier et son frère portent Louys en triomphe, les drapeaux grecs sont déployés, et la joie est décuplée quand Vassilakos et Bélokas, Grecs comme leurs noms l'indiquent, viennent compléter le podium.

Et je relis le commentaire fort judicieux de Charles Maurras dans la *Gazette de France* :

« Rien n'était plus légitime ni plus sensé que le triomphe de cet Hellène aux pieds légers : monsieur Louys distançait de beaucoup ses autres concurrents, il a franchi en un temps fort court la distance fort longue de Marathon à Athènes. »

2 h 58'50". Il s'était préparé par le jeûne et la prière et avait passé une partie de sa dernière nuit dans une chapelle.

Après sa victoire, Spyridon est devenu une légende, on lui a offert une maison dans son village, Maroussi, et on lui a aussi trouvé un job à la mairie, payé un peu, à ne pas faire grand-chose, et il a fait ce qu'il aimait, avec son père, il remplissait sa carriole de tonneaux d'eau pour aller les vendre à Athènes. Cinquième et dernier enfant d'une famille de paysans modestes il avait été chouchouté par sa maman qui ne lui en voulait pas de n'être pas très doué pour les études. Il s'est marié, il a eu trois enfants, il est toujours resté aussi simple et il est mort en 1940 sans un sou.

Sa mémoire et son exemple restent à jamais dans le cœur des Grecs qui ont longtemps employé l'expression « faire un

Louys » pour « accomplir un exploit », une sorte de Louys... d'or ! tout comme « un Poulidor est un éternel second ».

Quand les Jeux olympiques ont été relancés, les Grecs ont trouvé tout à fait normal de les organiser, ce sont « leurs » Jeux, et il ne leur venait pas à l'esprit que d'autres pays puissent se les approprier. Mais Coubertin voulait internationaliser le sport et au soir de la clôture il a refroidi l'atmosphère : « Les Jeux n'appartiennent pas à un pays mais à tous... » Et ils ont commencé à voyager... Paris, Saint-Louis, Londres, Stockholm, en attendant Anvers, Paris encore, Amsterdam, Los Angeles, Berlin, Londres, une deuxième fois, Helsinki, Melbourne, Rome, Tokyo, Mexico, Munich, Montréal, Moscou, Los Angeles-*bis*, Séoul, Barcelone, Atlanta, Sydney... ouf ! avec enfin un retour en Grèce en 2004, après cent huit ans d'absence, 27 olympiades... Pénélope a su attendre Ulysse... mais elle ne l'a pas forcément reconnu ! Et il a encore filé vers Pékin, Londres-*ter*, Rio, Tokyo-*bis*, Paris-*ter*...

Dans leur odyssée, les Jeux ont résisté au chant des sirènes, évité les rochers du Cyclope, acquis l'immortalité auprès de la nymphe Calypso, affronté Circé la magicienne et toutes ces épreuves les ont renforcés. Ils avaient pourtant bien failli sombrer dès leur deuxième édition... tout comme le Tour de France avait failli ne pas se remettre d'un catastrophique Tour 1904.

En 1900, Paris accueille les Jeux en même temps que l'Exposition universelle au sein de laquelle ils se perdent un peu avec des épreuves disséminées de la Croix Catelan au parc des Princes, d'Asnières à Vincennes, du 14 mai au 20 octobre. On ne se lasse pas d'admirer la tour Eiffel, on teste les premières lignes de métro, on réserve un accueil chaleureux au tsar de toutes les Russies, Alexandre III venu inaugurer le pont qui porte son nom. Mais pas un mot sur Coubertin, nul n'est prophète en son pays. Il y avait si peu d'intérêt de la part des Parisiens que même Henri Desgrange, qui était le directeur du parc des Princes, a attendu la fin des Jeux pour lancer son journal, *L'Auto-Vélo*, l'ancêtre de *L'Équipe*. Malgré la farouche opposition de Pierre de Coubertin, des femmes ont fait une timide apparition dans les épreuves de tennis et de golf ainsi que dans certaines disciplines mixtes comme la voile, le cricket et l'équitation. Des épreuves improbables ont été programmées, la pêche à la ligne, le concours de ballon, le tir au canon ou encore le saut en longueur à cheval et la natation avec obstacles. Il y a bien aujourd'hui le breakdance et le skateboard au programme de Paris 2024.

Il y a eu en fait tout un tas d'épreuves disséminées dans Paris et sa banlieue pendant six mois, sans aucun lien entre elles, sans cérémonie d'ouverture, la honte pour Coubertin ! Les journaux n'en ont pratiquement pas parlé, beaucoup moins en tout cas que de la seule manifestation qui ait battu des records cette année-là : dans les jardins des Tuileries le 22 septembre, jour anniversaire de la proclamation de la République en 1792, le plus grand banquet jamais organisé a réuni 22 965 maires de France autour de 7 km de tables à l'initiative du président de la République Émile Loubet en symbole d'unité nationale après l'affaire Dreyfus et les grèves qui venaient de paralyser le pays. Six cent vingt cuisiniers et 3 000 serveurs ont proposé dans 125 000 assiettes et autant de verres 2 tonnes de saumon avec 1 200 litres de mayonnaise, 2 500 poulardes et 1 430 faisans, 20 000 pêches et 1 tonne de raisins, 38 000 bouteilles de vin et 1 500 de cognac, et 3 000 litres de café. Tout cela servi en 90 minutes, la durée d'un match de football.

Cela méritait bien une médaille.

Au tableau final, les tricolores en ont obtenu 101, des médailles dont 26 en or, et ils se sont montrés les meilleurs devant les Américains et les Britanniques, ce sera la seule fois dans toute l'histoire des Jeux.

Les JO auraient pu ne pas survivre à un tel fiasco mais Coubertin était têtu et de nouvelles éditions ont été organisées tous les quatre ans tant bien que mal.

Traverser l'Atlantique n'était pas une mince affaire et aucun Français n'est allé à Saint-Louis en 1904 où 70 étrangers seulement se sont mesurés aux 370 Américains. Les Jeux se sont encore retrouvés sur les bords du Mississippi au milieu d'une exposition internationale et l'on n'en retiendra guère que le gag du marathon. Le dénommé Fred Lorz était arrivé avec une belle avance sur ses poursuivants, il commençait à être célébré quand les juges se sont aperçus qu'il avait effectué la moitié du parcours en voiture. Il a quitté le stade sous une pluie de projectiles pendant que le vrai vainqueur Thomas Hicks, Mr X, sortait de l'anonymat et recevait sa médaille.

Coubertin commençait quand même à s'inquiéter !

Heureusement beaucoup de choses ont changé à Londres en 1908. Les Jeux étaient toujours liés à une autre manifestation, l'Exposition franco-britannique, mais pour la première fois un stade, avec une piste d'athlétisme de 500 m entourée d'une piste cycliste de 600 m, et avec une piscine au milieu, a été construit spécialement pour les Jeux qui accueillent 2 000 athlètes venus de 23 pays, salués par le roi Edouard VII lors de la cérémonie d'ouverture.

Malheureusement la fête a été gâchée par le mauvais temps, le chauvinisme du public et des juges britanniques. Le mot fair-play n'avait pas encore été inventé.

Et encore une fois le héros des Jeux est un marathonien. Il est Italien et il s'appelle Dorando Pietri, on n'a jamais su si Dorando était le prénom ou le patronyme. Ce petit bonhomme de 1,59 m et 59 kg tout mouillé, chauve, les jambes arquées, petites moustaches, grandes oreilles entre le premier dans le stade, il n'a plus que 200 m à parcourir mais il est épuisé, il tombe, il repart dans l'autre sens, on dirait Abdelkader Zaaf quarante-deux ans plus tard dans l'étape Perpignan-Nîmes du Tour de France, il titube, les bras en avant comme un aveugle, il n'a plus que 30 m à parcourir alors qu'entre dans le stade l'Américain John Hayes. Les officiels, inquiets pour sa santé, l'entourent, tendent les bras pour le retenir et l'aident, sans l'aider, à franchir la ligne d'arrivée. Pour « avoir accepté une aide étrangère », le petit Dorando, qui n'avait rien demandé à personne, sera déclassé par ceux-là mêmes qui avaient pris soin de lui vingt minutes plus tôt et la reine Alexandra qui ne comprend pas cette décision lui remet une superbe coupe en argent.

Tout a changé en 1912 et les Jeux ont vraiment pris leur essor et leur autonomie à Stockholm. Coubertin est enfin soulagé :

« Tout s'est fait sans bruit, sans délai, sans erreur aucune. On avait comme une vision de ce qu'avait dû être, aux temps antiques, l'atmosphère d'Olympie, mais une vision agrandie et embellie par toutes les facilités et les agréments modernes, en sorte que l'hellénisme et le progrès semblaient s'être associés pour recevoir ensemble… »

Coubertin est soulagé et fier car il a remporté la médaille d'or de littérature !

De 1912 à 1948, les Jeux olympiques ont en effet associé l'art au sport comme le voulait la tradition grecque, le corps et l'esprit, la tête et les jambes. Et notre baron s'est amusé à composer une ode au sport qui a été présentée sous le double pseudonyme de Georg Hohrod et Martin Eschbach et qui a remporté la médaille d'or, à la stupeur du jury quand il a découvert celui qui se cachait derrière ce pseudonyme ! En voici la deuxième strophe qui résume bien la philosophie olympique de Coubertin :

« Ô sport, tu es la Beauté ! C'est toi l'architecte de cet édifice qui est le corps humain et qui peut devenir abject ou sublime selon qu'il est dégradé par les passions viles ou sainement cultivé par l'effort. Nulle beauté n'existe sans équilibre et sans proportion et tu es le maître incomparable de l'un et de l'autre car tu engendres l'harmonie, tu rythmes les mouvements, tu rends la force gracieuse et tu mets de la puissance dans ce qui est souple. »

Coubertin était également heureux d'avoir pu imposer un autre symbole de l'olympisme, le pentathlon moderne qui couronne l'athlète parfait, on devrait dire le soldat complet capable de franchir des obstacles à cheval, de courir, de nager pour franchir une rivière, de tirer au pistolet et de se battre à l'épée.

Le nom du vainqueur suédois Gustave Lilliehook a été oublié mais l'Américain classé cinquième, un officier de 27 ans, est devenu célèbre à la tête de la IIIe armée US, spécialiste des chars d'assaut dans la bataille de Normandie, le général Patton.

Coubertin était heureux, lui qui voulait des jeux virils… même s'il a dû accepter une présence féminine en natation !

Deux champions ont enrichi la légende olympique à Stockholm, un Finlandais et un Indien américain.

Hannes Kolehmainen a pulvérisé de 30'' le record du monde du 5 000 m pour battre de moins d'un mètre le Marseillais Jean Bouin en 14'36'' 3/5. On considérait qu'il avait atteint la limite des possibilités humaines. Ce record a été amélioré de 2'en un siècle. L'Ougandais Joshua Cheptegei (12'35''36) aurait pris deux tours au Finlandais. Il ne faut pas comparer les époques.

« Monsieur vous êtes le meilleur athlète du monde ! » lui avait dit le roi Gustave V en lui posant une couronne de laurier sur le front. Jim Thorpe un descendant d'Indien, il en avait les traits, venait de remporter le décathlon. Super doué, « Chemin lumineux », son nom indien, 24 ans, 1,87 m, 85 kg, n'avait pas besoin de s'entraîner, il réussissait dans tous les sports, formé dans la tradition guerrière de son peuple, il était parmi les meilleurs joueurs de football américain et de base-ball. Il avait déjà reçu sa médaille d'or quand les officiels ont découvert qu'il avait touché de l'argent justement en jouant au base-ball, et ils l'ont disqualifié !

Burt Lancaster a incarné Jim Thorpe dans *Le Chevalier du stade* en 1951. Lui-même a tourné dans une cinquantaine de films, des petits rôles, souvent des rôles d'Indien. Il a terminé dans la pauvreté à 65 ans. Il sera réhabilité par Juan Antonio Samaranch, président du CIO, dans les années 1980, à titre posthume.

Les Jeux de 1916 avaient été prévus à Berlin… de drôles de jeux ont retrouvé leurs origines guerrières du côté de Verdun et glorifié d'une triste manière, morts au champ d'honneur, les François Faber, vainqueur du Tour de France 1909, Jean Bouin, médaillé d'argent à Stockholm, Charles Devendeville, premier médaillé olympique français en natation en 1900, Léon Flameng, le cycliste multimédaillé d'Athènes en 1896, Octave Lapize, maillot jaune en 1910 et médaillé olympique à Londres, l'escrimeur Gaston Alibert, médaillé d'or en 1908, le footballeur Louis Bach, médaillé d'argent avec l'équipe de France en 1900 à Paris.

Heureux Grecs anciens dont les Jeux arrêtaient les guerres !

3

PARIS 1924 – FORT COMME RIGOULOT !

Au mois de juillet 1924, Henri Desgrange, 59 ans, a battu au sprint Pierre de Coubertin, 61 ans. Les Jeux olympiques et le Tour de France se disputaient en même temps et l'abandon des frères Pélissier dans la 3e étape à Coutances, le reportage d'Albert Londres sur « les Forçats de la route », et la première victoire d'un Italien, Ottavio Bottecchia, dans le Tour monopolisent la une des journaux sans laisser beaucoup de place aux exploits de Paavo Nurmi, Johnny Weissmuller et Charles Rigoulot, les héros des Jeux. Trois sacrés personnages mais qui ont des relations différentes avec les « Cinq Anneaux » : Nurmi leur doit tout, Weissmuller a connu la gloire après, ailleurs, et Rigoulot les a traversés un peu par hasard et trop vite.

Les Jeux étaient repartis après la guerre de 14 grâce à des mécènes, diamantaires et armateurs d'Anvers, dans une Belgique qui avait beaucoup souffert, et à qui la démonstration de fraternité universelle de la cérémonie d'ouverture a fait chaud au cœur. Mais le temps maussade et le prix élevé des places n'ont pas déchaîné un grand enthousiasme populaire pour la suite des compétitions qui ont vu le grand Finlandais Paavo Nurmi se faire battre par le minuscule Français de 1,60 m, Joseph Guillemot sur 5 000 m, et le sprinter californien Paddock terminer son 100 m victorieux, comme à son habitude, par un curieux saut en longueur de 5 m !

Quatre ans plus tard, Paris voulait faire oublier sa triste première organisation de 1900 mais les mauvaises relations entre le gouvernement et la ville de Paris (tiens... tiens...) n'ont pas facilité les choses, on n'a jamais vu le grand stade de 100 000 places prévu et la plupart des compétitions se sont déroulées en banlieue, en particulier au stade de Colombes pour les grandes cérémonies et l'athlétisme, dans un environnement un peu tristounet. On a quand même construit une grande piscine de 50 m, qui existe toujours, les Tourelles, piscine Georges-Vallerey, à la porte des Lilas, avec pour la première fois des lignes d'eau bien délimitées par des bouchons flottants. Elle a été copiée partout dans le monde.

Pour situer l'ambiance, je passe le micro à mon pote Dédé Leducq que je n'ai pas quitté pendant six mois en 1976 quand il m'a aidé à réaliser *Les Étapes de la Gloire*, l'histoire du Tour de France racontée par ceux qui l'ont vécue, et qui a participé à ces Jeux :

« Oui c'est vrai les Jeux ont été éclipsés au début par le Tour et ensuite par le combat de Georges Carpentier, l'idole des foules, contre l'Américain Gene Tunney, les stades n'étaient pas pleins, mais il y avait quand même beaucoup de journalistes et on a fini par en parler. Je venais de remporter le championnat de France et Paul Ruinart, notre entraîneur, m'a sélectionné avec trois autres coureurs du Vélo Club de Levallois, Blanchonnet, Hamel et Wambst. La course partait et arrivait au stade de Colombes en passant par Saint-Ouen-l'Aumône, Gournay, Magny-en-Vexin, Pontoise. Il y avait 188 km et c'était contre la montre, 188 km tout seul, c'était pas de la tarte !

Armand Blanchonnet a gagné en 6 h 20'48", il était imbattable, 3e Hamel, 8e Wambst et 9e… "ma pomme". Je suis arrivé en fin d'après-midi dans un stade de Colombes complètement désert. J'aurais fait mieux si je n'avais pas crevé trois fois et j'ai été privé de la médaille d'or par équipes car le classement se faisait par addition des temps des trois meilleurs ! Dix jours plus tard je me suis vengé en devenant champion du monde dans la vallée de Chevreuse. »

Ils se nomment donc Blanchonnet, Hamel, Wambst, mais aussi Michard, Cugnot, Choury, Ducret, Cattiau, Coutrot, de Luget, Gaudin, Jobier, Labatut, Péroteaux, Buchard, Liottel, Lippmann, Tainturier, Seguin, Deglane, Coquelin de Lisle, Delberghe, Deborgies, Desmettre, Dujardin, Mayaud, Padou, Rigal, Decottignies, Rigoulot, en vélo, escrime, gymnastique, lutte, tir, water-polo et haltérophilie, individuellement ou par équipes, ils ont fait retentir 13 fois *La Marseillaise*. Un siècle plus tard, ils ont certainement des descendants heureux de constater que nos champions olympiques de 1924 ne sont pas oubliés. Avec en plus 15 médailles d'argent et 10 de bronze, la France a pris la 3e place du classement des nations derrière les États-Unis et la Finlande.

Pari tenu pour Paris 2024 ?

Pour la première fois les 3 000 athlètes venus de 44 pays se sont retrouvés dans un « Village olympique » rudimentaire, un ensemble de cabanes en bois, près du stade de Colombes, et pour la première fois aussi les Jeux étaient radiodiffusés.

Il y a eu des « premières » mais aussi des « dernières » en 1924.

Nos mousquetaires du tennis Cochet, Lacoste, Borotra, Brugnon qui venaient de s'imposer à Wimbledon, Borotra avait battu le « crocodile » Lacoste en finale, ont dû se contenter des accessits en simple, Cochet médaille d'argent, comme en double, Cochet-Brugnon en argent, Borotra-Lacoste en bronze. On ne reverra plus le tennis jusqu'en 1988, les tennismen étaient déjà professionnels donc ils étaient bannis des Jeux.

Et il faudra attendre encore plus longtemps, près d'un siècle, en 2016, pour retrouver le rugby. Il est vrai que son apparition en 1924 n'avait pas plaidé en sa faveur.

Il n'y avait que trois équipes à Paris : la France, les États-Unis et la Roumanie. Les Britanniques avaient refusé de venir car ils estimaient que le rugby était un sport d'hiver, et les pays de l'hémisphère Sud ne voyaient pas l'intérêt de participer à ces Jeux olympiques.

La finale, entre Français et Américains, s'est déroulée dans une ambiance électrique : alors que sur le terrain presque chaque action déclenchait une bagarre, dans les tribunes quelques supporters américains jugés un peu trop enthousiastes ont été roués de coups par la foule. Rendus fous furieux par la défaite des tricolores 17-3, les spectateurs ont déchiré le drapeau américain, envahi la pelouse avant de s'en prendre aux rugbymen US qui ont été contraints de quitter le stade sous protection policière. Ils étaient pourtant capables de se défendre tout seuls, ils venaient tous du football américain, et ils avaient appris les règles du rugby pendant la traversée de l'Atlantique. L'un des joueurs a parfaitement résumé cette rencontre agitée : « C'est ce qu'on peut faire de mieux sans couteaux ni revolvers. »

Ah ! si, il y avait quand même un rugbyman britannique aux Jeux, un seul, un Écossais, un trois-quarts aile qui courait vite, on l'appelait « l'Écossais volant », mais il n'était pas venu jouer au rugby. Eric Liddell partait favori du 100 m. Mais les séries se disputaient un dimanche et par conviction religieuse il a refusé d'y participer, fidèle à la parole biblique « j'honorerai ceux qui m'honorent ». Après avoir décroché la médaille de bronze du 200 m, il a dominé le 400 m, un vendredi, en menant de bout en bout, au couloir extérieur, dossard 451, tête haute, bras en avant et en battant le record olympique en 47" 6, un record qui tiendra douze ans.

Eric Liddell était né en Chine de parents missionnaires. Il y est retourné après les Jeux, a été ordonné pasteur en 1932, s'est marié et sera fait prisonnier au cours de la guerre sino-japonaise. Il mourra dans un camp japonais en 1945 d'une tumeur au cerveau. Sa vie bouleversante sera immortalisée dans le célèbre film de Hugh Hudson *Les Chariots de feu* en 1981.

« Ce sport de voyous pratiqué par des gentlemen », le rugby avait fait éclore un autre athlète remarquable, Georges dit Géo André, qui a donné son nom à un stade parisien. C'est lui qui avait eu l'honneur de prêter le serment olympique :

« Nous jurons que nous nous présentons aux Jeux olympiques en concurrents loyaux, respectueux des règlements qui les régissent et désireux d'y participer dans un esprit chevaleresque pour l'honneur de nos pays et la gloire du sport. »

Géo André est le parfait symbole de ces athlètes du début du xxe siècle qui découvraient le sport de compétition et qui, quand ils étaient doués, c'était son cas, pouvaient s'exprimer dans plusieurs disciplines. On l'avait surnommé « l'athlète complet ». À l'armée il était avant-centre de son équipe de football, il jouait trois-quarts aile gauche en rugby au Racing et dans l'équipe de France, il avait touché à la boxe, à la lutte, au tennis, il aurait pu devenir nageur de compétition, il faisait du vol à voile et il a passé son brevet de pilote de chasse juste avant la guerre de 14 où il s'est comporté en héros. Mais c'est en athlétisme qu'il s'est spécialisé… si l'on peut dire car il a choisi le décathlon, 10 spécialités en une ! Avec son 1,86 m, il pouvait courir, sauter, lancer et il a participé à 4 olympiades de 1908 à 1924. Son short, trop large, a fait tomber la barre de la victoire aux JO de 1908 au saut en hauteur, et il a dû, à 18 ans, se contenter de la médaille d'argent. Il a disputé le pentathlon, le décathlon, la longueur, la hauteur et le 110 m haies en 1912. Il s'est offert une médaille de bronze au relais 4 × 400 en 1920 et il a terminé 4e du 400 m haies en 1920 et 1924 à 35 ans. Dans le même temps il avait obtenu ses diplômes d'ingénieur de Supélec et Supaéro avant de choisir finalement… le journalisme sportif au *Miroir des sports* et à *L'Intransigeant*.

Géo André avait reçu la médaille militaire pendant la Première Guerre mondiale comme pilote de chasse dans l'escadrille « les Cigognes », il est reparti au combat en 40 et a trouvé la mort en Tunisie en 1943 à 53 ans.

Après une telle évocation il est difficile de revenir aux simples exploits sportifs…

Et pourtant il y en a eu à Paris 1924.

Notre escrimeur Roger Ducret a remporté 5 médailles (3 d'or et 2 d'argent) en fleuret, sabre et épée, on n'a jamais fait mieux en France.

Le Finlandais Paavo Nurmi, surnommé « la machine à courir », a disputé 7 courses en six jours et remporté 5 médailles d'or dont 3 individuelles : le 1 500 et le 5 000 le même jour, à deux heures d'intervalle, et le cross-country. Il s'était déjà offert 3 titres à Anvers, il en rajoutera 1 à Amsterdam. Avec un total de 9 médailles d'or, il devenait le sportif le plus titré du monde, il était invité partout, il se présentait en véritable ambassadeur de la Finlande, il en avait la stature, il était bien payé… et il sera disqualifié avant les JO de Los Angeles, comme notre Jules Ladoumègue. Il voulait remporter un dernier titre sur le mythique marathon.

L'autre grand sport olympique, la natation, qui profite des Jeux pour découvrir de nouveaux phénomènes tous les quatre ans, nous en a déniché un, exceptionnel, un Américain de 20 ans au sourire éclatant, Johnny Weissmuller. En trois jours, il décroche 3 médailles d'or sur 100 m, 400 m et au relais 4 × 200 m et 1 de bronze au water-polo. On le retrouvera dans toute sa splendeur quatre ans plus tard à Amsterdam.

Veni, vidi, vici… il est venu, il a vu, il a vaincu… C'est un garçon boucher du Vésinet. Il est venu un jour dans une salle de musculation, il a vu qu'il était capable de soulever des poids plus lourds que les autres, il a vaincu les meilleurs haltérophiles du monde… et il est aussitôt reparti.

Charles Rigoulot n'avait découvert l'haltérophilie qu'en 1922, à l'âge de 19 ans, en fréquentant la salle de musculation du stade Jean-Bouin. L'année suivante il est devenu champion de France et s'est qualifié pour les JO dans la catégorie des mi-lourds.

Ils sont trois pour la victoire, le Suisse Henneberger, l'Autrichien Friedrich et Rigoulot qui dispute sa première grande compétition internationale et n'occupe que la 3e place après 4 mouvements. Malgré son jeune âge et son manque d'expérience, il reste calme et joue le tout pour le tout dans le cinquième et dernier exercice, l'épaulé-jeté. Ses adversaires en restent à 120 kg, lui, il demande 135 kg pour son premier essai, et il soulève la barre : il est champion olympique à vingt ans et demi.

Pour les spécialistes, il a remporté la médaille d'or avec 87,5 kg arraché à droite, 92,5 kg jeté à gauche, 85 kg développé, 102,5 kg arraché et 135 kg épaulé-jeté. C'est un peu compliqué l'haltérophilie !

« Charlot, l'homme le plus fort du monde », comme il a vite été appelé, aurait pu en gagner d'autres des médailles mais à quoi bon, il était tellement plus fort que les autres, comme Milon de Crotone, il a préféré devenir professionnel, monnayer ses dons, se lancer dans des « one man shows », comme on ne disait pas en ce temps-là, et remplir des salles comme le gymnase Japy, la salle Wagram ou le Vel' d'Hiv', en prologue des Six Jours cyclistes de Paris, en s'attaquant à des records du monde. Je pense qu'il devait faire comme Sergueï Bubka le sauteur à la perche qui allait de meeting en meeting et ne battait à chaque fois son record que d'un seul centimètre… un centimètre à 100 000 dollars !

Rigoulot, c'est alors 100 kg de muscles, 1,73 m, 47 cm de tour de biceps et 132 cm de tour de poitrine, des cuisses de 68 cm, des mollets de 42. Un cœur énorme, une force de la nature, adulé des foules, charismatique, il n'a que des amis, il soulève 3 tonnes de fonte par jour, beaucoup moins que les autres haltérophiles :

« J'étais fort naturellement, je n'avais pas besoin de beaucoup m'entraîner. »

Il boit, il mange, il dort comme le plus commun des mortels et sa biographie dit « que le petit Charles était venu au monde admirablement constitué et que tout jeune il avait fait preuve d'une vigueur naturelle peu commune ! Apprenti lithographe, il émerveillait ses camarades de travail en soulevant de lourdes pierres que les ouvriers, ses amis, avaient grand-peine à déplacer ». Il avait commencé à faire du sport à 15 ans, de la course à pied et du football avant de trouver tout naturellement sa voie.

Son Olympe ? La barre d'Apollon, une sorte d'essieu épais dont les extrémités étaient soudées à deux roues de wagon pesant 166 kg. Il a été le premier à la soulever. Il n'y en a qu'une, trois ou quatre haltérophiles seulement ont pu la dompter, il fallait la prendre en pronation et supination, une main dans un sens l'autre dans l'autre sens. Elle « repose » à Nice au musée du Sport.

En 1931, Rigoulot s'est blessé en essayant de battre le record du monde de l'épaulé-jeté. Son public l'a attendu avec impatience et il est revenu l'année suivante avec quelques kilos de plus dans la catégorie des poids lourds comme le détaille le *Miroir des sports* :

« On a refusé du monde pour la rentrée du grand Rigoulot, le magicien de la force. Rentrée réussie avec un nouveau record du monde, en enlevant “à la volée” à droite un formidable haltère de 100 kg… qui n'en fera que 99,5 une fois repesé. Il faut insister sur cet exploit car cet engin monstre de 100 kg adorné d'une poignée de 84 mm, un homme robuste ne le déplace pas d'un cheveu d'une seule main. Autre attraction : Rigoulot a épaulé et jeté 150 kg… puis a cassé la barre en deux sur son genou en la reposant ! Une paille évidemment… mais de poids ! L'accident de l'an dernier a eu pour conséquence de l'obliger à changer son tirage et à tirer en fente à droite, lorsque l'accoutumance sera venue, “Charlot” ne sera pas loin d'égaler ses anciennes performances. »

Quand il a mis fin à sa carrière d'haltérophile, Rigoulot s'est reconverti dans le catch où il a retrouvé un autre célèbre haltérophile Cadine, champion olympique en 1920, et il s'est produit dans des cirques où il mettait en scène sa force dans des numéros avec son épouse, Renée, une véritable acrobate. Au début de la Seconde Guerre mondiale, il a été fait prisonnier par les Allemands en Pologne. La légende prétend qu'il a tordu de ses mains les barreaux de sa cellule au Stalag pour s'évader.

« Non, non, ce n'est pas une légende, c'est la vérité », me raconte avec beaucoup de douceur sa fille Dany, triple championne de France de patinage artistique en 1958, 1959 et 1960 et qui a décidé de passer professionnelle à 16 ans, juste après les JO de Squaw Valley, parce qu'elle voulait patiner pour le plaisir sans subir les fastidieuses figures imposées des compétitions. Comme son père, trente-six ans plus tôt !

« Avec *Holiday on Ice* je suis allée en Allemagne de l'Est, à Leipzig, dans les années 1970 et un soir à la fin du spectacle, un monsieur est venu me féliciter, il avait envie de me parler parce qu'il était gardien dans la prison où papa était détenu pendant la guerre. Il m'a invitée à dîner chez lui, on a mangé des frites et il m'a raconté qu'il se souvenait bien de Charles Rigoulot, qu'il avait sympathisé avec lui, qu'il lui fournissait des cigarettes, et qu'il ne devait pas y avoir au monde un seul autre homme capable de réussir cette chose incroyable de s'évader en arrachant les barreaux de sa cellule. C'était d'autant plus émouvant que je suis née… neuf mois après son évasion, j'en ai pleuré. »

J'ai retrouvé Dany, que j'avais vue patiner à la patinoire fédérale de Boulogne au début des années 1960, grâce aux anciens champions Alain Calmat et Didier Gailhaguet. Après avoir parcouru le monde avec des revues sur glace, elle s'est retirée sur les bords du golfe du Morbihan et elle est fière d'être la fille de l'homme le plus fort du monde :

« C'est vrai, quand j'étais petite, même s'il n'y avait pas la télévision tout le monde connaissait papa. Il ne faisait plus de sport mais il a joué dans deux ou trois films, des pièces de théâtre, où il lui arrivait de… chanter, il avait une très belle voix. Il adorait peindre aussi, des portraits au fusain, j'en ai gardé un superbe de maman. Un jour, j'avais 4 ou 5 ans, maman m'avait emmenée au théâtre où papa jouait une parodie de catch avec Bourvil, et comme il était en train de se faire battre, et que j'avais peur que Bourvil lui fasse du mal j'ai couru jusqu'au ring pour le défendre. Il était tellement gentil papa ! J'aurais sans doute mérité une paire de claques de temps en temps mais il ne m'a jamais donné la moindre fessée. Et dire qu'en 1962 quand il est mort je n'ai même pas pu l'accompagner : j'étais avec ma troupe en Israël pour patiner et avec les problèmes de visa et de billets d'avion je n'ai pas pu revenir à Paris. »

Charles Rigoulot avait 58 ans. Il avait tenu un bar à Paris du côté de la place de la Nation, il s'occupait des relations publiques sportives de Ricard et de son emblématique fondateur, Paul Ricard, c'est là que je l'ai connu. Paul et Charles, ils étaient faits pour s'entendre, deux célébrités, deux bons vivants, amoureux des plaisirs simples, auxquels venait se joindre parfois l'autre star de l'époque, l'acteur Jean Gabin. Rigoulot aimait se promener avec sa chienne, un boxer, « le chien le plus fort du monde », il faisait très bien la cuisine, il organisait des concours de bouffe bien arrosés avec ses copains, mais à la fin il fumait beaucoup, et il a succombé à sa première et unique défaite, un cancer des poumons.

Il y a eu pas mal d'excellents haltérophiles en France, Rigoulot, Cadine, Hostin, Duverger, Fouletier, Paterni, Debuf et… Pierre Fulla dont on se souvient surtout par sa carrière de commentateur sur France 2 :

« Rigoulot, c'était un dieu pour nous tous les haltérophiles. Quelques mois avant sa mort je suis allé le voir avec Marcel Paterni, chez lui à Paris. Assis dans son fauteuil il était impressionnant, trapu, costaud. En le voyant je repensais à la photo que j'avais vue dans un journal deux ou trois ans plus tôt : dans le bar qu'il tenait à ce moment-là il s'amusait à servir le vin non pas à la bouteille, mais directement du tonneau dans le verre en tenant un baril de 30 litres à bout de bras ! »

« Fort comme Rigoulot », j'ai entendu cela dans toute mon enfance. On ne savait même pas qu'il avait été champion olympique, il était tout simplement « l'homme le plus fort du monde » et, nous Français, nous en étions fiers ! « Fort comme Rigoulot », c'était entré dans le langage populaire, et on trouvait son nom… rigolo !

4

AMSTERDAM 1928 – SOUS LE SIGNE DE TARZAN

« Oh-iih-oh-iih-ooooh-iih-oh-iih-ooooh », le fameux cri de l'homme-singe qui marquera les débuts du cinéma parlant, « Moi Tarzan, toi Jane », ne sera poussé que cinq années plus tard mais Johnny Weissmuller est déjà la star des Jeux d'Amsterdam, « la Venise du Nord ». Il y a six ans, il a été le premier à nager le 100 m en moins d'une minute, il y a quatre ans il s'est offert 3 médailles d'or à Paris, depuis qu'il nage il n'a jamais été battu, il a même l'air de narguer ses adversaires, à moins que ce ne soit pour sourire à ses admiratrices car il nage la tête hors de l'eau, et il est beau comme… un dieu, de cette fameuse beauté des héros olympiques. C'est sans doute pour cela que la participation féminine bat des records avec 277 athlètes sur les 2 883 participants venus de 46 pays dont l'Allemagne qui est de retour et qui est le pays d'origine de Johnny.

Lors de la cérémonie d'ouverture, dans un stade flambant neuf, les officiels ont allumé pour la première fois la flamme olympique dans une vasque au sommet d'une tour, comme dans la Grèce antique. Elle ne s'éteindra qu'au soir du 12 août. Pour la première fois aussi, les délégations se présentent selon le protocole actuel : les athlètes grecs ouvrent la marche, ceux du pays hôte passent en dernier, et entre les deux, toutes les nations défilent par ordre alphabétique.

Toutes les nations… sauf la France : un accrochage avec un gardien du stade a provoqué une échauffourée, des échanges de coups et les Français ont boycotté la cérémonie.

Le président du CIO, le baron Pierre de Coubertin, n'est pas là non plus. Malade, il a envoyé ce message à tous les athlètes :

« C'est avec un regret profond que je dois renoncer à me trouver au milieu de vous. Dans quatre ans je ne serai sans doute pas à même de me rendre à Los Angeles, je vous fais donc ici mes adieux. Je vous demande de conserver et d'entretenir parmi vous la flamme de l'olympisme rénové. L'important est qu'à tous les degrés, de l'adolescent à l'homme mûr, on travaille à répandre l'esprit sportif, fait de loyauté spontanée et de désintéressement chevaleresque. »

Coubertin aurait aimé vivre l'instant poétique de ces Jeux quand le rameur australien Henry Pearce, lors du quart de finale d'aviron en skiff, a ralenti son allure pour laisser une maman canard et ses petits traverser le plan d'eau. Cela ne l'a pas empêché de se qualifier pour la finale et de remporter la médaille d'or avec une large avance sur ses concurrents. « Coin… coin », ont cancané de joie les palmipèdes !

Il aurait été ravi aussi, le baron, d'assister au triomphe, enfin, à 42 ans, de l'un des maîtres de l'escrime, Lucien Gaudin, que des malheurs divers avaient empêché depuis plus de vingt ans de réaliser ses rêves olympiques, lui qui symbolisait mieux que tout autre cette noblesse de caractère et cette passion du sport. Ah ! que j'aurais aimé commenter ces assauts !

Tout avait bien commencé dans la finale du fleuret, Lucien avait remporté ses sept premiers combats quand il a pris un coup à la tempe, involontaire, contre l'Allemand Casmir, il est littéralement K-O, il lui faut un bon quart d'heure avant de retrouver ses esprits, pas totalement, il est battu 5-3, et…

abattu, il se dit que décidément il n'y arrivera jamais. On lui donne un verre de « gnole » et le miracle s'accomplit, il repart à l'assaut, tout excité.

Dans le duel décisif, le Français Gaudin était opposé à l'Italien Gaudini ! Il n'y a que les Jeux pour nous offrir de telles rencontres ! 1-0 pour le Français, 1-1, 1-2, Gaudini prend l'avantage. Il faut toucher 5 fois pour gagner. Ouf ! Gaudin égalise 2-2, mais il a du mal, l'Italien avec son 1,92 m est beaucoup plus grand que lui et d'une attaque de loin il effleure son plastron. Nous n'en sommes pas encore au fleuret électrique, il n'y a pas de lampe qui s'allume. « Non touché », crie l'arbitre en français qui reste encore aujourd'hui la langue officielle de l'escrime. Les Italiens sont furieux, Gaudini proteste… et Gaudin retire son masque et se tourne vers l'arbitre : « j'ai été touché ! ». Le combat reprend et Gaudini touche encore 2-4. Poulidor a couru pendant dix-huit ans après le maillot jaune, en vain. Gaudin rêve depuis vingt ans d'une médaille d'or, il la veut, il n'a pas le droit d'abdiquer, tout en finesse, il revient à 4 partout. L'escrime, c'est l'art de l'esquive et de la contre-attaque et l'artiste, c'est Lucien Gaudin qui riposte et marque la touche victorieuse. Il est porté en triomphe par tous ses coéquipiers et d'émotion, il s'évanouit dans le vestiaire.

Deux jours plus tard, il remportera une deuxième médaille d'or, facilement, à l'épée. Lucien Gaudin, c'est l'une des plus nobles aventures de l'histoire du sport français. Il aura en escrime, sport de tradition par excellence, de dignes et fiers successeurs qui tous s'inspireront de lui.

Coubertin n'aimait pas tellement la natation, paraît-il, car ce sont les nageuses qui avaient réussi, contre son gré, à introduire la gent féminine aux JO. Mais lui qui voulait ouvrir l'univers et l'esprit des sportifs, associer l'art au sport, il aurait quand même été heureux d'applaudir Johnny Weissmuller, champion des bassins à Amsterdam et star du 7e art à Los Angeles. Encore que…

Né en Hongrie le 2 juin 1904, de parents allemands, celui qui se nommait encore János Peter Weissmüller avait émigré avec sa famille aux États-Unis dès son plus jeune âge. Atteint de la polio lorsqu'il était enfant, il a appris à nager sur les conseils d'un médecin pour se rééduquer, il a fait ses premières brasses dans le lac Michigan et il a vite découvert qu'il était doué pour ce sport. À 18 ans, il a battu le record du monde des 100 m nage libre, en étant le premier à passer sous le seuil symbolique de la minute (58,6 secondes), un record qu'il a amélioré deux ans plus tard en descendant à 57,4 secondes. En 1923, il a battu aussi le record des 400 m nage libre, en 4 minutes et 57 secondes. Mais pour participer aux JO de Paris il y avait un problème : aux États-Unis les Weissmuller étaient considérés comme des apatrides. Heureusement tout le monde se prénommait Peter dans la famille : János Peter avait un père, Peter, et surtout un petit frère, Peter Jr, qui, lui, était né aux États-Unis et possédait la nationalité américaine. En supprimant János et en falsifiant les papiers d'identité de son frère… le dénommé Peter dit Johnny Weissmuller s'est retrouvé à Paris dans l'équipe américaine et il a décroché sans aucun problème 3 médailles d'or sur 100 m, 400 m et au relais 4 × 200 m, plus 1 médaille de bronze avec l'équipe de water-polo. Heureusement que Coubertin n'en a rien su !

Ses exploits lui ont permis de régulariser sa situation et d'obtenir la nationalité américaine dès son retour aux États-Unis. Aux Jeux d'Amsterdam, Peter avait disparu et Johnny qui n'était plus le longiligne adolescent timide, toujours chaussé de gros sabots, a décroché 2 nouvelles médailles d'or au 100 m nage libre et au relais 4 × 200 m. Sa pratique de la natation avait atteint une telle perfection qu'un abîme semblait désormais le séparer de ses rivaux. Pour les spécialistes, Weissmuller a révolutionné les techniques de nage par l'amplitude de ses mouvements de bras, la profondeur de ses battements de pieds et sa capacité à plonger bien plus loin que les autres lors des départs. Il se distinguait aussi par sa capacité à nager le crawl en maintenant sa tête hors de l'eau, sans pour autant donner l'impression de perdre de la vitesse.

« Ma réussite, écrivait-il dans *Match* du 29 juillet 1930 qui célébrait la première victoire d'André Leducq dans le Tour de France, elle est toute simple : de bonnes choses à manger, de bons moments, des camarades charmants et beaucoup de sommeil. Tout est basé sur la psychologie, nous ne sommes pas uniquement des machines de muscles, d'os et de sang. »

Cinq médailles d'or olympiques, 52 titres de champion des États-Unis, 67 records du monde avant l'âge de 25 ans, malgré cet impressionnant palmarès, c'est davantage pour sa carrière d'acteur que Johnny Weissmuller restera dans les mémoires. Après avoir posé comme mannequin pour des marques de maillots de bain, les hommes portaient alors des maillots combinaison une pièce, il participa en 1932 à une audition à Los Angeles qui lui offrira le rôle de Tarzan pour un premier long-métrage. Le producteur lui avait demandé de prendre un pseudonyme, son nom était trop compliqué... il n'avait jamais entendu parler du champion olympique !

Johnny jouait comme une truffe dès qu'il devait prononcer une réplique – vive le cinéma muet ! – mais son charisme et sa musculature offraient au personnage toute sa dimension héroïque et romanesque. En profitant des talents de nageur de leur acteur, les scénaristes ont multiplié les scènes aquatiques dans lesquelles Johnny apparaissait très à son avantage, y compris lorsqu'il combattait des crocodiles... factices. Son premier film a fait un triomphe, Johnny est devenu une superstar dans une Amérique qui subissait de plein fouet la grande dépression. Il interprétera l'homme de la jungle, avec Jane, sa femme et le singe Cheetah dans onze autres longs-métrages. Weissmuller a longtemps prétendu qu'il avait inventé le célèbre cri de Tarzan, inspiré par les chansons tyroliennes que sa mère lui avait apprises. En réalité, il s'agissait d'un mixage de différents cris d'animaux avec la voix d'une cantatrice. Pendant quelques années encore il a tenu la vedette à Hollywood avec une autre saga cinématographique et une série télévisée autour d'un nouveau personnage, *Jungle Jim.* Mais à la fin des années 1950, l'ancien nageur, grassouillet, le visage bouffi, s'est retrouvé « has been ». Loin de sa gloire passée, il a tenté de gagner sa vie en essayant de faire revivre le personnage de Tarzan malgré son embonpoint et les stigmates du temps. Criblé de dettes, à cause des pensions alimentaires versées à ses cinq ex-épouses, il finira en clinique psychiatrique à Acapulco et il mourra en 1984 à l'âge de 78 ans. Le jour de ses funérailles, auxquelles peu de gens ont assisté, le cri de Tarzan retentira à trois reprises comme il en avait émis le souhait.

« Oiih-oiih-ooooh-iih-oh-iih-ooooh. »

Si en natation, Michael Phelps, Mark Spitz ou Ian Thorpe ont surpassé Johnny Weissmuller, dans l'univers cinématographique aucun de la vingtaine d'acteurs qui lui ont succédé n'est jamais parvenu à lui ravir le titre de « roi de la jungle ».

Les Américains avaient Johnny et, nous, nous étions fiers de notre Julot, un jeunot de 21 ans, lui aussi, dont les temps sur 1 500 m laissaient loin derrière tous ses adversaires : Jules Ladoumègue ne pouvait pas être battu.

Il avait l'âge de mon père et je m'adressais à lui avec beaucoup de respect quand je l'ai connu, à mes débuts de radioreporter, au centre Maurice Bourdet de la RTF, au 118 Champs-Élysées. Il était devenu journaliste, comme, c'était curieux, deux autres célèbres coureurs de demi-fond de l'après-guerre, Marcel Hansenne et Michel Clare dont la plume éclairait la rubrique « athlétisme » de *L'Équipe.* Cette coïncidence m'avait permis, comme il avait coutume de le faire dans ses éditoriaux philosophico-sportifs de midi et demi, d'évoquer le sport au-delà des simples résultats et de l'amener à me raconter son 1 500 m olympique de 1928 en partant d'un postulat qui peut se discuter : les sprinters n'ont pas le temps de penser, tout va trop vite, mais c'est le meilleur qui gagne, Owens, Lewis, Bolt. Les coureurs de fond n'ont plus le temps de penser, tellement c'est dur, mais le plus fort triomphe toujours, Nurmi, Zatopek, Viren. En revanche sur 1 500 m, en quatre petites minutes, il est possible de réfléchir, d'élaborer des stratégies, c'est plus intellectuel, ça peut déboucher sur le journalisme, mais il peut aussi y avoir des ratés… Il m'avait vu venir :

« Je ne sais pas si c'est plus intellectuel, mais c'est vrai qu'on ne referait jamais le même 1 500. Nous étions 12 au départ de la finale d'Amsterdam, pour tout le monde j'étais le favori, personne n'avait couru aussi vite que moi, j'étais en pleine forme… jusqu'à la veille de la finale, mais j'avais le trac (on dirait aujourd'hui la pression), je n'arrivais plus à manger et j'avais mal dormi dans un lit trop petit. C'est parti vite et dans le premier tour chacun cherchait sa place, j'avais du mal à trouver la mienne, je manquais d'expérience, j'étais obligé de ralentir et d'accélérer, et j'ai pris pas mal de coups de coude. Heureusement, avec l'allure rapide, le peloton commence à s'étirer après la mi-course, c'est bon pour moi… À l'entame du dernier tour nous ne sommes plus que quatre pour la gagne, les deux Finlandais Purje et Larva, l'Anglais Ellis et moi. C'est le moment où je m'apprête à attaquer, mais Purje démarre avant moi, il me prend dix mètres, il ne faut pas hésiter je me lance à sa poursuite… »

Et cela donne dans *L'Auto*, l'ancêtre de *L'Équipe* :

« Juste à l'instant où sonne la cloche, Ladoumègue, notre Ladoumègue, souple, léger, facile, remonte le lot. Nous avons reconnu son train, le train de son long enlevage, auquel cette année personne n'a résisté. Le petit Bordelais, aérien, merveille humaine amenée à son épanouissement, produit des ravages dans cette bande de demi-asphyxiés qui « tirent » derrière lui. »

Ladoumègue poursuit : « Je rattrape Purje à 300 m de l'arrivée, les autres sont loin, c'est un terrible coude à coude, finalement il cède, mais j'y laisse des plumes. À la sortie du dernier virage j'ai 20 m d'avance, j'ai la tête solide, mais les jambes lourdes, je vois la ligne d'arrivée, mais au lieu de se rapprocher j'ai l'impression qu'elle s'éloigne, je me retourne, mes forces m'abandonnent, je n'avance plus et Larva me dépasse juste avant la ligne. Ils ont fait une belle course d'équipe les Finlandais. C'était le seul moyen de me battre. Oui il faut courir intelligemment pour gagner un 1 500 m. »

Notre célèbre Jean Bouin, qui a donné son nom au stade de rugby qui jouxte le parc des Princes, avait connu la même mésaventure en 1912 sur 5 000 m, par le même petit écart, par la faute encore d'un Finlandais, Kolehmainen.

… Mon postulat n'était pas si bête que cela ! Et à 21 ans mon ami Jules avait d'autres Jeux devant lui… C'est du moins ce qu'il pensait.

5

LOS ANGELES 1932 – LE ROMAN DE LADOUMÈGUE

À nous l'Amérique ! On le retrouve Jules Ladoumègue en partance pour Le Havre et les États-Unis, à la gare Saint-Lazare à Paris où une foule d'admirateurs est venue l'applaudir. Cela lui fait du bien, il en avait besoin, il verse une larme et fait face à son destin…

La vie de Julot commence comme un incroyable roman dramatique que même Victor Hugo n'aurait pas osé imaginer pour ses *Misérables* : quatre mois avant sa naissance, son père, Jules, 28 ans, contremaître dans un entrepôt de bois sur les docks de Bordeaux, meurt sous l'effondrement d'une pile de lourds madriers alors qu'il se précipitait courageusement vers ses ouvriers en leur criant de se sauver, et il n'a que dix-sept jours quand sa mère, Julia, 26 ans, est brûlée vive dans sa robe enflammée par un charbon incandescent de la cheminée devant son beau-père infirme, à qui elle était venue souhaiter la bonne année, et son bébé qu'elle venait d'allaiter et qu'elle avait baptisé Jules, en souvenir de son mari.

Élevé par une tante merveilleuse de dévouement qu'il a appelée « ma-ma » quand il a commencé à parler, Jules s'est épanché un jour en racontant sa vie, ses souvenirs, dans *Miroir-Sprint* en janvier 1950, superbe éclairage sur son moi profond :

« Moi il fallait bien que je les dise ces mots, et je n'ai jamais cessé d'appeler "papa et maman", mon oncle et ma tante. Plus tard lorsque j'eus l'âge de comprendre le drame de ma jeunesse, je me souviens de l'angoisse de mes parents quand ils m'apprirent qu'ils n'étaient pas ma vraie mère, mon vrai père. Ce fut certes un choc pour tout le monde, car on ne badine pas avec ces choses-là ! Mais malgré l'amour qui venait de naître, indéracinable et puissant pour mes pauvres parents, mon affection pour les nouveaux était telle que rien ne trembla en moi puisque la nature avait voulu qu'il en soit ainsi.

Allais-je continuer à les appeler maman et papa ? Quand le plus simplement du monde je le fis, je compris par la suite que ce jour-là, j'avais distribué dans le cœur de ces deux êtres si simples des richesses impalpables. »

Jules a été un très bon élève et le Père Noël lui a apporté le cadeau dont il rêvait : un clairon.

Après son certificat d'études, il a commencé à gagner sa vie, dès l'âge de 12 ans, comme apprenti jardinier et il a découvert le sport dans un patronage catholique du quartier de La Bastide, « Les jeunes du Cypressat », en même temps que le vainqueur du Tour de France 1937, Roger Lapébie, qui avait plein d'histoires à me raconter quand il me pilotait dans les courses cyclistes des années 1980 :

« Finalement, c'est grâce à Ladoumègue que j'ai gagné le Tour ! Quand j'étais gosse je voulais faire de la course à pied, mais au patronage, il allait tellement plus vite que moi… que j'ai décidé de changer de sport. Bon c'est vrai il était plus âgé que moi, mais il avait une telle facilité qu'il surclassait tout le monde et vous dégoûtait de faire de l'athlétisme ! »

Dans nos nombreuses conversations où ma curiosité n'avait d'égale que son verbe volubile au vocabulaire choisi, il ne m'a jamais parlé de ses parents – il gardait dans son portefeuille les deux coupures de journaux qui avaient dans les faits divers raconté leur disparition – et quand il me disait qu'il avait quitté l'école à 12 ans après avoir passé son certificat d'études, et qu'il se félicitait de ne pas faire de fautes d'orthographe, je m'étais retenu au dernier moment pour ne pas lui dire : « Ah ! Oui, comme mon père ! » En revanche il évoquait avec enthousiasme ses débuts sportifs :

« C'est au patronage que j'ai découvert la course à pied avec l'abbé Régère qui trouvait que j'avais de longues jambes et qu'en trottant comme je le faisais je pourrais porter le courrier de Bordeaux à Paris ! Il organisait régulièrement des courses et il offrait un beau maillot bariolé au vainqueur. C'est comme cela que j'ai couru et gagné mon premier 500 m et mon premier maillot à 13 ans. Je revois aussi mon patron jardinier le père Duprat qui me regardait bizarrement, en me prenant pour un fou, quand il me voyait gesticuler pour faire ma culture physique ou des pompes. Alors j'ai voulu m'inscrire à l'UA Bordeaux, un club qui organisait souvent des courses sur route, mais à l'accueil on m'a dit qu'il fallait d'abord payer la cotisation annuelle et l'équipement aux couleurs du club. Je ne pouvais pas dire que j'étais orphelin et que je n'avais pas d'argent, et je m'apprêtais à repartir quand une main s'est posée sur mon épaule, c'était celle de Robert Cazeaux un dirigeant du club :

— Dis-moi petit, tu aimes la course à pied ?

— Oh ! oui Monsieur.

— Et tu aimerais courir cet après-midi ?

— J'étais venu pour cela mais je n'ai pas d'argent pour payer la cotisation.

— Attends-moi !

… Et il est revenu cinq minutes plus tard avec une carte et un survêtement du club, et il m'a embrassé. L'après-midi j'ai gagné la course et je n'oublierai jamais la joie de M. Cazeaux à l'arrivée. S'il n'avait pas été là ce jour-là il n'y aurait peut-être jamais eu de Jules Ladoumègue ! »

Son élégante foulée de 2,25 m deviendra vite légendaire : à 18 ans il bat le record de France des 20 km sur route, à 19 ans il est sélectionné en équipe de France et fait son service militaire à l'École de Joinville, à 20 ans il bat le record de France du 3 000 m, à 21 ans il décroche une médaille d'argent olympique, quelle déception, il savait qu'il était le meilleur. Et pour le prouver, en un an pile, du 5 octobre 1930 au 4 octobre 1931 il améliore dans l'ordre les records du monde du 1 500 m, du 1 000 m, du 2 000 m et du mile (1 609 m) sans compter les trop compliqués trois quarts de mile et 2 000 yards. L'histoire de l'athlétisme retient qu'il a été le premier à descendre sous les 3'50" au 1 500 m, cette fameuse barrière qui semblait alors inaccessible. Il était invaincu depuis deux ans quand il a réussi, chez lui, il y avait sa chambre, au stade Jean-Bouin à Paris – qui porte le nom du meilleur coureur français d'avant la guerre de 14 où il a trouvé la mort à 25 ans – sur la piste en cendrée de son club, le CASG, devant 20 000 spectateurs en délire, 3'49"1/5 le 5 octobre 1930, record du monde de l'Allemand Peltzer pulvérisé de deux secondes… et une double page dans *Match*, plus la couverture : « Le splendide exploit de Jules Ladoumègue » que l'on voit franchir la ligne d'arrivée, cheveux dans le vent, coudes écartés, sans aucun signe apparent de fatigue. René Lehmann, que j'ai connu dans les années 1960 à *L'Aurore*, raconte :

« Il venait de pleuvoir. Le ciel était lourd et bas. La piste aussi était lourde. Personne n'y croyait plus… Or dès le départ la pluie cessa… Et Ladoumègue, de son allure souple, de sa foulée qui est une harmonie, un rythme et une chanson, fila vers la victoire. Il franchit la ligne d'arrivée sous une ovation délirante. Les chronométreurs, pâles, ravis, tremblants, firent un signe, s'écrièrent d'une voix brisée : "3 minutes 49 secondes 1 cinquième". Le haut-parleur annonça le record. L'ovation s'enfla, roula comme un tonnerre... Et je n'étais pas seul à avoir les larmes aux yeux. »

Jules fit son tour d'honneur sur les épaules de quatre rugbymen du CASG « tout heureux d'avoir tenu sa promesse et mis dans sa corbeille de mariage un inestimable cadeau », comme l'écrivait le lendemain Pierre Lewden, toujours dans *Match*, couleur sépia, vendu un franc.

« Je me suis attaqué à ces records grâce à Jean Giraudoux, raconte le champion. Il m'a beaucoup aidé quand je suis rentré d'Amsterdam et qu'on m'a accusé de tous les maux, que je n'étais qu'un ancien jardinier qui n'avait pas fait d'études, et qui ne pouvait pas être champion olympique. Il était très humain, il m'a pris d'affection en me disant qu'il n'y avait pas que la lutte contre les hommes dans la course à pied, mais aussi contre le temps. Cela me convenait parce que je possédais à la fois des qualités de vitesse et de résistance que je cultivais en m'entraînant dans le bois de Boulogne au milieu des biches ! Il m'arrivait de m'asseoir sur un tronc d'arbre, et avec un bâton, j'écrivais des chiffres dans le sable, les chiffres de mes records, un peu comme Napoléon qui créait des batailles assis sur un banc. »

Voici comment Julot revit son plus beau record, où ses amis Keller et Séra Martin l'avaient aidé, dans son livre autobiographique *Dans ma foulée*. Vision introspective :

« ... Les premiers 500 m, mon entraîneur m'annonce 1'14", j'ai écouté bien sûr et à cet instant je revois mon petit banc, mes calculs sur le sol, mais je souffle et le souffle l'emporte sur mes pensées. Séra reprend la tête, Keller m'encourage d'un dernier cri. Tiens, l'Italien Beccali est encore là ; je suis fatigué mais il me semble que Séra ralentit. Le kilomètre en 2'33", j'entends la cloche, Séra s'est écarté en me criant ses vœux. C'est le virage, Beccali a décollé, mais c'est bizarre les visages des officiels, des photographes, des amis se déforment. Ils m'apparaissent tout tordus, ils sont marrants. Et les sons : j'entends "tue-le" et c'est "tu l'as". C'est le dernier virage, ah ! je le connais bien, ça tourne et puis c'est l'arrivée ! L'arrivée, oui mais c'est curieux, j'entends la cloche et puis d'autres cloches. Soudain tout redevient normal, je distingue tout, j'entends tout, mais il me semble que quelque chose s'est déclenché en moi, que je me dédouble. Cinq mètres, trois mètres, il faut tout de même que j'arrive. Je me prépare déjà à écarter les bras par habitude et pour avoir l'air d'un vainqueur. Je sens un petit chatouillement sur ma poitrine, c'est le fil d'arrivée qui a cédé. J'ai un genou à terre. Et toujours cette musique... »

Il n'avait pas encore 24 ans Jules Ladoumègue, 1,74 m, 60 kg, né à Bordeaux le 10 décembre 1906, et il venait d'entrer dans la légende du sport. Les records sont ainsi faits pour être battus et mesurer les progrès de l'humanité. Le phénoménal Finlandais Paavo Nurmi, 9 médailles d'or et 22 records du monde, qui avait régné sur le demi-fond pendant plus de dix ans, admirait son jeune successeur :

« De tous les coureurs de mile que j'ai connus, Ladoumègue a le style le plus coulé. La puissance de ses chevilles est simplement énorme. Il ne lance pas ses jambes comme les autres, mais il saute sur elles de la façon la plus souple et la plus douce. Et quoiqu'il soit un homme de taille relativement petite, sans contredit, ses résultats l'élèvent au-dessus de nous tous. »

Les jambes de Ladoumègue étaient aussi célèbres que celles de Mistinguett ou Marlène Dietrich, mais quand il m'en parlait au début des années 1960, il comparait plutôt sa foulée à celle de... Gélinotte, le plus fameux trotteur de tous les temps, qui venait de remporter deux ou trois fois de suite le Prix d'Amérique :

« Oui quand j'étais gosse et que je commençais à courir, j'allais souvent du côté de l'hippodrome de Talence et l'allure élégante des trotteurs me fascinait. En rentrant à la maison, j'affolais ma tante quand je montais sur une table devant la glace de la cheminée pour bien monter mes genoux et mesurer l'extension de ma jambe arrière ! »

Quelques mois plus tard tout s'est écroulé ! À la gare Saint-Lazare, Jules Ladoumègue, costume, cravate, pochette blanche, avec sa jeune femme souriante en tailleur, chemisier et capeline, partent pour les Jeux olympiques de Los Angeles… comme envoyés spéciaux de *L'Intransigeant* et *Match* !

« Ah ! Il fallait que tu y ailles, là-bas, Julot ! cria un jeune sportif échevelé. À l'arrivée du 1 500 il faut qu'on te voie au bord de la piste ! Ça les fera réfléchir… »

Au printemps 1932, il a été accusé par la Fédération française d'athlétisme d'avoir touché de l'argent pour participer à des meetings. Il est vrai qu'il y avait longtemps qu'il avait abandonné le jardinage. Une première fois déjà il avait reçu un bon cachet pour courir en Allemagne, la Fédération s'en était émue et c'est son président de club qui l'avait couvert et avait été radié à vie. Mais là on avait la preuve que, le 23 août 1931, il avait préféré aller au Havre plutôt qu'à Strasbourg où il était inscrit, pour la bonne raison que les dirigeants normands lui avaient offert 3 000 francs de plus. L'affaire a traîné pendant des mois, Ladoumègue s'est mal défendu, aucune solution n'a été trouvée et le 4 mars 1932 il a été radié à vie de toute participation olympique pour avoir enfreint les règles de l'amateurisme dont la définition était pourtant assez vague : « Est amateur celui qui ne tire aucun bénéfice de la pratique du sport. »

Malgré le soutien de la presse et de nombreuses célébrités, la sanction sera maintenue. André Leducq, le double vainqueur des Tours 1930 et 1932, qui m'a légué sa collection de *Match* vantant ses exploits en même temps que ceux de Ladoumègue, m'avait raconté avec son incomparable gouaille de titi parisien : « Cette histoire nous faisait bien rigoler parce que depuis longtemps déjà il n'y avait plus de vrais amateurs dans pas mal de sports. C'est d'ailleurs pour cela que le tennis avait été supprimé du programme olympique, mais si on avait retiré tous les sports dominés par de faux amateurs il n'y aurait plus eu de Jeux olympiques. On ne pouvait pas s'entraîner et bosser. On touchait même des “biftons” quand on gagnait une médaille. En 1924 à Paris je faisais partie de l'équipe de France championne olympique par équipes. En réalité moi je n'ai pas eu de médaille parce que le classement se faisait sur les trois meilleurs et qu'à la suite de trois crevaisons, je n'étais que le 4e tricolore. Je n'ai pas eu de médaille mais j'ai eu, comme les trois autres, une prime de 2 000 balles. Ce n'est pas moi qui avais prêté le serment olympique ! Nous étions de vrais professionnels… amateurs ! Et comme disait à peu près le baron Pierre de Coubertin : l'essentiel est de… palper ! » concluait-il dans un grand éclat de rire dont il était coutumier.

Le Miroir des sports du 30 octobre 1928 avec en couverture Charles Rigoulot qui venait de battre deux nouveaux records du monde et qui était passé professionnel, lui, après sa victoire olympique posait la question :

« Pourquoi les faux amateurs ne s'inspirent-ils pas de l'exemple des professionnels du cyclisme et de la boxe pour jeter bas le masque et pratiquer ouvertement leur métier de professionnel ? Il n'y a pas dans notre pays de professionnels en football ou en athlétisme… à cause du fisc qui percevrait immédiatement une taxe de 33 % sur les spectacles sportifs. »

Et enchaînait :

« À leur retour d'Amsterdam en 1928, tous les médaillés canadiens ont reçu à Toronto un chronomètre en or, et la championne olympique du saut en hauteur, miss Catherwood, est repartie avec en plus une magnifique voiture et une bourse d'études de trois ans à l'université de Toronto. »

Dans *L'Intransigeant*, Jean Giraudoux avait pris la défense de son ami Jules :

« Un champion non seulement illustre le sport, mais le crée. Cochet a créé dans une certaine mesure un peu de tennis, Gaudin de l'escrime, Ladoumègue de la course à pied. À ces créateurs, la Fédération, l'État, doivent des égards spéciaux, analogues à ceux qu'ils ont pour les physiciens qui créent la physique et les peintres qui créent la peinture. Si l'État avait alloué à Ladoumègue comme je l'ai proposé jadis une bourse d'études semblable à celle qu'acceptent les savants dont le nom est synonyme de désintéressement, le Comité olympique l'aurait-il considéré comme professionnel ? »

Cette hypocrisie autour de l'amateurisme a duré encore longtemps, Jean-Claude Killy a failli en être victime à la veille des Jeux d'hiver de Grenoble en 1968, et c'est Juan Antonio Samaranch, président du CIO, qui y a mis fin en 1984 en décidant d'ouvrir les Jeux à tous les athlètes amateurs ou professionnels.

Le Havre, un paquebot transatlantique, New York, Washington, la traversée en train des États-Unis, la nouvelle ruée vers l'or, le Grand Canyon, San Francisco..., la Cité des Anges, les Jeux olympiques semblaient n'être qu'un prétexte à une si belle aventure il y a près d'un siècle.

Le nageur Jean Taris, recordman du monde et favori du 400 m, avec ses pieds démesurés qui lui assuraient des battements de jambes efficaces, s'est souvenu de ces moments magiques pour Monique Berlioux et son livre *D'Olympie à Mexico* (Flammarion) :

« Nous n'étions que 80 athlètes français quand nous avons embarqué sur le Lafayette le 6 juillet, je m'en souviens, c'était mon anniversaire et le cuisinier du bord m'a fait l'agréable surprise d'apporter un énorme gâteau avec 23 bougies ! Cinq jours de traversée, les cyclistes faisaient du home-trainer, les escrimeurs ferraillaient, les lutteurs… luttaient, et autre surprise en arrivant : sur les quais de Manhattan, les New-Yorkais s'écrasaient pour assister à notre débarquement, cris, fleurs, confettis, musiques. Le soir, toute l'équipe est allée au monumental Paramount voir un film de cow-boys avec Gary Cooper et à l'entracte, encore une surprise, Jeannette Mac Donald a chanté *La Marseillaise*, reprise en chœur par toute l'assistance, debout, tournée vers nous.

Un train spécial avec wagons-couchettes, restaurant, salons et une passionnante plate-forme arrière, comme dans les westerns pour mieux voir défiler les rails, nous avait été dévolu pour la traversée du continent. Les mécaniciens nous étaient tout acquis. Quand nous éprouvions le désir de nous arrêter il suffisait de le demander. C'est ainsi qu'à trois reprises mon entraîneur, Georges Hermant, ayant de son œil d'aigle repéré une piscine, a fait stopper le convoi pour que je puisse nager !

Les Appalaches, les champs de blé grands comme des départements, la steppe où tous nos souvenirs de films de cow-boys se donnaient rendez-vous, le Grand Canyon du Colorado que nous avons visité à dos de mulet, le lac Salé et la capitale des mormons, Salt Lake City… et de San Francisco nous avons rejoint Los Angeles, le beau voyage de seize jours était terminé. »

La délégation française a découvert avec ravissement le village olympique qui a fait l'admiration de tous ses occupants : un ensemble de 600 petites maisons au style colonial, toutes équipées de ce qui était alors le summum du confort, des salles de bains, protégées par des barbelés et surveillées par une armée de policiers à cheval. C'était le faste californien du côté de Santa Monica, avec les pelouses, les massifs de fleurs, les salles de jeux, restaurants, discothèques, une banque, un bureau de poste. Les Américains avaient eu peur d'une seule chose, que ce village soit trop grand si les longs voyages avaient réduit le nombre de participants. Ce ne fut pas le cas puisque 1 200 étrangers sont venus de 37 pays dont la Chine, pour la première fois.

Jules Ladoumègue, lui, n'avait pas le droit d'y entrer tout comme il n'était pas autorisé à fouler la piste. Il a en revanche pu visiter les studios d'Hollywood, découvrir le cinéma parlant, sympathiser avec Charlie Chaplin, Greta Garbo, Gary Cooper, Claudette Colbert, retrouver Weissmuller, Johnny devenu Tarzan devant les caméras, et aller encourager à la piscine son ami Jean Taris... qui va connaître un sort comparable au sien quatre ans plus tôt.

Les Japonais ont remporté toutes les épreuves de natation masculine à l'exception du 400 m qui ne pouvait pas échapper au recordman du monde la vedette de la natation française, celui qu'Olivier Merlin dans *Le Monde* du 12 janvier 1977 faisait entrer dans la légende au lendemain de sa disparition :

« Avec son profil aérodynamique qui le faisait ressembler à l'Héraklès de Bourdelle, et, en tout cas, lui conférait dans l'eau la coulée huilée de l'otarie, Jean Taris incarne dans l'histoire du sport le plus grand phénomène de la natation française. »

À la radio, avec le spécialiste de la natation, André Bibal, j'avais rencontré Jean Taris qui revenait avec beaucoup de détachement sur sa finale olympique, dans la superbe piscine de 50 m accolée au grand stade :

« J'avais tiré la ligne d'eau numéro 1, mes deux principaux adversaires, deux Japonais étaient à mes côtés aux lignes 2 et 3, et le chouchou du public, un jeune étudiant de l'Université de Californie, Clarence Crabbe se trouvait de l'autre côté à la ligne 6. Il était 5 heures de l'après-midi et un soleil rasant illuminait la piscine, je l'avais dans les yeux en regardant mes adversaires, il va me jouer un sale tour.

J'avais l'habitude de partir vite, c'est ce que j'ai fait et j'ai continué sur le même rythme, 3'' d'avance aux 100 m, 4'' aux 200, encore 3 bonnes secondes aux 300 m. J'ai soufflé un peu entre 300 et 350 m et au dernier virage j'ai vu que mes deux Japonais étaient à 5 ou 6 m, et comme avec le soleil je ne distinguais rien d'autre, je n'ai même pas sprinté à fond dans la dernière longueur, je me voyais déjà champion olympique, j'ai touché le bord, j'ai levé la tête vers mon entraîneur Georges Hermant qui s'est penché vers moi : "T'es battu mon vieux Jean." De l'autre côté de la piscine, Crabbe m'avait devancé d'un dixième de seconde, dix centimètres que j'aurais pu combler dix fois ! »

Quelques années plus tard, Clarence est devenu « Buster », un autre Tarzan du cinéma champion olympique.

Et dans la tribune de presse du Memorial Coliseum, inspiré du Colisée romain, quelqu'un qui n'avait rien à faire là a assisté à la victoire de l'Italien Luigi Beccali sur 1 500 m, en 3 minutes et 51 secondes, Beccali qu'il avait toujours battu, et en particulier à Jean Bouin le jour de son record du monde. Tous les observateurs étaient unanimes : si Ladoumègue avait couru il aurait gagné !

Lui-même en était persuadé :

« Dans les gradins à Los Angeles j'ai beaucoup plus souffert que sur la piste à Amsterdam quatre ans plus tôt. Je l'avais tellement bien préparée cette course que je n'arrivais pas à croire que je n'étais pas au cœur du peloton, je bondissais sur mon siège, je m'apprêtais à accélérer, et quand Beccali s'est imposé dans la dernière ligne droite, c'était moi, je me voyais passer la ligne d'arrivée en vainqueur ! »

Jules Ladoumègue n'était pas le seul athlète à faire pénitence : le Finlandais Paavo Nurmi, détenteur de neuf médailles d'or lors des trois précédentes éditions des JO, avait lui aussi été suspendu à vie, à 35 ans, quelques jours seulement avant le marathon où il était inscrit, pour les mêmes raisons que Julot, pour avoir reçu des primes lors de meetings d'athlétisme en Pologne et en Allemagne. Nurmi, c'était l'idole de Ladoumègue au début de sa carrière, il avait découpé sa photo dans *Le Miroir des sports* et l'avait affichée dans sa chambre.

Taris, Tarzan, Ladoumègue, Nurmi, Babe Didrikson, la coqueluche du public double championne olympique du 80 m haies et du javelot à 18 ans, une cérémonie d'ouverture hollywoodienne devant 100 000 spectateurs, des innovations comme le chronométrage au centième de seconde et la photo-finish, le nouveau protocole du podium dans le stade avec les hymnes et les drapeaux, il y avait de quoi inspirer le seul envoyé spécial de la presse française, le jeune Jacques Goddet, 27 ans, de *L'Auto*, qui avait besoin de se justifier d'avoir raté en cette fin juillet 1932 le deuxième maillot jaune d'André Leducq au parc des Princes et le sixième saladier d'argent de nos Mousquetaires à Roland-Garros.

Oui, il avait préféré les Jeux olympiques au Tour de France et à la Coupe Davis parce qu'il cherchait toujours de nouveaux rivages et qu'il avait été baigné, par ses études dans un collège voisin d'Oxford, dans cette même culture du sport que Coubertin, et que, comme le baron, il se considérait en mission :

« Écrire dans un journal d'actualité, c'est dépeindre et faire comprendre, apporter une explication, juger même, influencer peut-être, donner des idées en tout cas. Cela peut devenir une sorte de mission » (Mémoires de Jacques Goddet, *L'Équipée belle*, 1991).

Mais mission difficile ! Si les athlètes étaient choyés, les journalistes devaient se débrouiller, et dans nos relations courtoises – il m'a remis la médaille de la reconnaissance du Tour de France bien avant les vingt éditions requises –, il a eu l'occasion de me raconter ses « premiers » Jeux :

« Vous savez mon vieux – il appelait tout le monde mon vieux – il n'y avait pas de téléphone et chaque jour j'allais dans un bureau de poste pour envoyer des “câbles”, des messages télégraphiques, très courts car ça coûtait cher, que la rédaction à Paris complétait avec les dépêches d'agences, et des papiers magazines que j'envoyais par la poste et qui, pour la plupart, ont paru après la fin des Jeux ! Mais ce n'était pas très grave, il y avait tellement de choses à raconter en dehors même des compétitions. Ce sont d'ailleurs ces moments de la vie de Beverly Hills qui m'ont le plus marqué, ce “barbecue”, un mot que j'ai découvert, chez Tom Mix, un fameux acteur de films de cow-boys, avec un bœuf entier qui rôtissait au feu de bois pour des centaines d'invités, les réceptions données par le milliardaire belge, le baron Empain sur son yacht où l'on était accueillis par les plus belles starlettes d'Hollywood. C'est un magnat de la presse qui avait voulu les Jeux pour promouvoir la Californie, tout fut tellement somptueux que ce sont finalement les Jeux qui ont profité de la Californie pour devenir l'événement incontournable du monde du sport. »

Au classement des médailles, les États-Unis ont triomphé devant l'Italie et la France.

Jules Ladoumègue, « l'archange du demi-fond », comme le qualifiait Jacques Goddet, en a pris aussi plein les yeux… comme moi cinquante-deux ans plus tard avec cette nouvelle superproduction hollywoodienne que furent les JO de LA en 1984… auxquels Julot aurait pu participer puisque Juan Antonio Samaranch avait mis fin à l'hypocrisie de l'amateurisme.

À son retour d'Amérique Ladoumègue se produira dans un music-hall sur un tapis roulant ou en courant contre un cheval au stade Buffalo et comme il ne pouvait plus disputer de compétitions en France, il a fait une tournée en URSS, qui avait déserté le monde olympique après la révolution bolchevique, seul pays où il pouvait encore courir, et où il a surclassé les meilleurs Soviétiques. On l'avait appelé « le vainqueur de toutes les Russies ». Malgré sa mise à l'écart, sa popularité n'avait jamais été aussi grande. Le 10 novembre 1935, à 10 heures du matin, à l'initiative du journal *Paris-soir*, il a couru une dernière fois devant 500 000 Parisiens de la Porte Maillot à la Concorde en descendant les Champs-Élysées, avec un départ donné par Maurice Chevalier en présence de Joséphine Baker, Louis Jouvet, Jean Giraudoux, Georges Carpentier et de toutes les vedettes du cinéma, des arts et du sport.

« Le préfet de police ouvrait le cortège, André Leducq, Charles Pélissier, une dizaine de champions cyclistes m'escortaient. Seuls les boxeurs Marcel Cerdan et Georges Carpentier ont connu cela quand ils ont été champions du monde, me confiait-il dans les années 1960. La foule ne me laissait qu'un étroit passage, tout le monde voulait me parler, me toucher, m'encourager, on m'envoyait des fleurs, c'était merveilleux mais en même temps, pour moi, c'était l'homme qui regardait le champion disparaître. Dans ce roman d'amour avec le peuple de Paris, j'avais l'impression d'assister à mes propres funérailles ! Et je me disais que si j'avais été un peintre ou un musicien j'aurais eu quelque chose à laisser à ces gens qui m'aimaient, mais moi le sportif je n'avais rien d'autre à leur offrir que ces quelques foulées ! »

Je me souviens aussi qu'il avait conclu avec malice « qu'il était allé, ce jour-là, sur le même parcours, plus vite que le métro, moins de dix minutes ! ».

Ladoumègue continuera de monnayer sa popularité dans des cirques et des salles de spectacles avant de faire de la radio.

Sa « condamnation » avait finalement été levée en 1943. Pour quoi faire ? Il avait 36 ans, quel gâchis !

Sur sa suspension, il aura cette phrase : « J'étais un pianiste à qui on a coupé les mains. » Toujours svelte et élégant, fier, souliers vernis, rarement souriant, éternel tourmenté… mais vous le savez, il avait ses raisons !

La radio était pour lui un moyen de garder le contact avec ce public qui l'avait adopté, lui l'enfant de la rue, le petit orphelin, il n'arrivait pas à s'en détacher… tout comme Raymond Poulidor naguère, qui multipliait les séances de dédicaces de ses livres pour s'enivrer encore des « Vas-y Poupou ».

« Julot », « Poupou », oui deux histoires qui se ressemblent : la gloire sans maillot jaune pour le Limousin, l'auréole de martyr pour le Bordelais ont suscité une ferveur populaire plus grande que toutes les victoires qu'ils auraient pu conquérir.

Jusqu'à la fin de ses jours en 1973, à 66 ans, il est mort d'un cancer de l'estomac, Jules Ladoumègue s'est ingénié à « semer les germes du sport », ce sport qui avait transformé sa vie, en allant à la rencontre de jeunes délinquants dans leurs foyers ou en passant des nuits de Noël avec eux à la prison de Fresnes.

« Oui, j'ai été élevé dans la rue là où l'on rencontre de belles choses comme le sport et d'autres épouvantables. Je ne l'oublie pas et j'aime aller vers ces jeunes qui ont besoin de chaleur et d'amitié, j'essaie de les inciter à se dépouiller de leurs blousons noirs pour revêtir un survêtement… Je vis avec ma petite histoire, et ma petite histoire je l'aime bien, on vieillit bien tous les deux ensemble… »

6

BERLIN 1936 – QUAND LES JO RIMENT AVEC J… ESSE O… WENS

Il y a des initiales qui ne trompent pas : J… O comme Jeux olympiques, mais aussi comme Jesse Owens ! Tout un symbole !

On a dit tout et n'importe quoi sur ces Jeux de 1936, l'histoire a été interprétée à la manière de ceux qui la racontaient. Moi je m'en tiens aux faits, aux témoignages d'athlètes qui y sont allés, aux récits des journaux de l'époque et aux exploits qui y ont été réalisés.

D'abord ces Jeux de 1936 n'auraient pas été organisés à Berlin s'il n'y avait pas eu la guerre de 14, la capitale allemande avait en effet été retenue pour les Jeux de 1916 qui ont dû être annulés.

Malgré le régime nazi, près de 4 000 athlètes de 49 nations sont venus à Berlin au début du mois d'août.

Ce n'est pas Hitler qui avait obtenu les Jeux mais c'est lui qui en a tiré gloire ou profit. Convaincu par son ministre de la Propagande, Joseph Goebbels, des bénéfices que les JO pouvaient lui offrir, Adolf Hitler a entrepris d'en faire une vitrine de son idéologie. Trois ans avant le début de la compétition, tout a été mis en œuvre pour développer la pratique sportive, construire des pistes, des stades, et offrir aux meilleurs espoirs un statut « d'athlètes d'État » pour qu'ils puissent se préparer dans les meilleures conditions. Finalement c'est tout le sport allemand qui en a profité.

C'est aussi dans cette optique de propagande que le pouvoir hitlérien a donné à la cinéaste Leni Riefenstahl des moyens colossaux pour réaliser le film des Jeux qui sortira deux ans plus tard sous le titre *Les Dieux du stade*. Un chef-d'œuvre ! Seul le résultat compte : ce long-métrage multiplie les prises de vues inédites avec cinquante ans d'avance sur son époque.

Pour la première fois il y a un beau et vrai village olympique. Cette volonté d'offrir au monde une image pacifiée du IIIe Reich n'a pas empêché des démonstrations de masse comparables à ce que l'on a pu voir plus tard à Moscou ou Pékin. Lors de la cérémonie d'ouverture, devant 100 000 spectateurs, les jeunesses hitlériennes ont défilé avant les délégations sur la musique de Richard Wagner et lorsque Hitler a fait son apparition dans la tribune d'honneur, le public s'est levé pour lui adresser le salut nazi. Pour la première fois, sur une idée d'un pédagogue du sport, le Coubertin allemand, Carl Diem, un relais avait été organisé pour amener la flamme olympique d'Olympie à Berlin en parcourant l'Europe en signe d'amitié entre les peuples. Elle a enflammé le stade quand elle est arrivée, portée par un athlète et ingénieur anonyme de 30 ans, qui n'appartenait pas au parti nazi, Fritz Schilgen, « symbole de la jeunesse sportive allemande ».

À l'issue des Jeux, le pari du führer est gagné : les Allemands finissent à la première place avec 89 médailles, loin devant les 56 médailles des États-Unis. Si les succès allemands, notamment les 6 médailles, 3 en or, 1 en argent, 2 de bronze, du gymnaste Konrad Frey, ont fait écho à la volonté de démontrer par le sport la « supériorité de la race aryenne », un grain de sable nommé Jesse Owens est venu enrayer la machine propagandiste, comme un signe encore, un symbole de cet esprit olympique.

La vie de James Cleveland Owens est celle de ces petits-fils d'esclaves afro-américains du sud des États-Unis. Il est né le 12 septembre 1913, dernier d'une famille de 11 enfants. Son père travaille dans des champs de coton, sa mère est femme de ménage. Il a 7 ans en 1920 quand ses parents déménagent dans le Nord, à Cleveland, dans l'espoir d'une vie meilleure. À l'école, les initiales de son prénom, J. C., se prononcent « Jesse » : il a trouvé son identité, il s'est affranchi ! Et Jesse se fait vite remarquer, il bat tout le monde à la course à pied. Pour le faire aller encore plus vite, son prof de gym lui crie : « Cours comme s'il y avait le feu sur la piste. »

Et sa vie s'enflamme, il gagne toutes ses compétitions scolaires dans les courses de vitesse mais aussi aux sauts en hauteur et en longueur, plusieurs universités lui proposent des bourses d'études, il choisit celle de Columbus (Ohio). Et le 25 mai 1935, dans le Michigan, au « Big Ten universitaire », Jesse Owens, dans le même après-midi, égale le record du monde du 100 yards et en bat 5 autres : 220 yards, 200 m, 220 yards haies, 200 m haies et surtout saut en longueur avec un bond de 8,13 m ! Il est le premier à franchir la barrière des 8 m, son record tiendra jusqu'aux JO de Rome en 1960 et les 8,21 m de Ralph Boston.

Le 20 juin 1936 à Chicago, il rajoute une belle ligne à son palmarès avec le record du monde du 100 m en 10,2 secondes.

Un mois plus tard, la traversée de l'Atlantique vers l'Europe et Berlin, c'est la traversée vers la gloire pour Jesse. Il n'a pas encore 23 ans.

3 août : première médaille d'or au 100 m en 10"3, devant un autre Américain Ralph Metcalfe qui n'est battu que d'un petit mètre.

4 août : deuxième médaille d'or au saut en longueur avec un bond de 8,06 m au dernier essai qui lui permet de devancer le chouchou du public, l'Allemand Lutz Long qui avait franchi 7,87 m.

5 août : troisième médaille d'or et record du monde du 200 m en 20"7. Le deuxième, encore un Américain, Matthew Robinson termine à quatre bons mètres. Seul Usain Bolt en 2008 créera un plus grand écart.

9 août : quatrième médaille d'or au relais 4 × 100 m. Owens part le premier, il passe le relais à Metcalfe avec 5 m d'avance, Floyd Draper et Frank Wycoff confirment sans problème la supériorité américaine en 39"8, nouveau record du monde. Owens et Metcalfe n'ont appris que le matin même qu'ils participaient à ce relais à la place des coureurs prévus Sam Stoller et Martin Glickman. On ne sait pas comment interpréter ce changement de dernière minute : deux athlètes noirs remplaçaient deux coureurs juifs ! Disons, pour rester dans le domaine sportif, que le responsable du relais américain a fait le bon choix puisque son équipe a gagné !

Quatre épreuves… quatre médailles d'or… deux autres records du monde… Jesse Owens entre dans la légende !

En se payant le luxe d'enthousiasmer un public allemand qui tendait le bras vers le ciel tout en scandant son nom ! C'était cela aussi le miracle des Jeux !

Lorsque Jesse Owens s'était imposé dans la finale du 100 m sous les yeux d'Adolf d'Hitler, le leader nazi avait quitté la tribune et pendant longtemps il se répétait qu'il s'était éclipsé pour ne pas avoir à serrer la main d'un athlète noir. En réalité, au début des Jeux, Hitler avait accueilli, pour les féliciter dans sa loge, les premiers vainqueurs. Le président du CIO, le comte Henri de Baillet-Latour, lui avait alors fait remarquer que cette pratique était contraire au protocole olympique. Hitler en avait convenu et il n'avait par la suite reçu que les lauréats allemands dans un local annexe. Il n'était donc pas prévu que le dictateur félicitât le vainqueur du 100 m, quelle que soit sa couleur de peau. En revanche, Hitler, supporter naturel de son compatriote Lutz Long, a bel et bien manifesté sa déception en quittant sa tribune à la fin du saut en longueur. Grand blond au corps d'Apollon, Lutz Long était la parfaite incarnation de l'idéologie « aryenne ». Beau joueur, il avait congratulé Owens, effectué un tour d'honneur avec lui et une amitié était née entre les deux hommes, qui correspondront régulièrement jusqu'en 1943 quand Lutz Long, caporal-chef dans l'armée allemande, périra lors du débarquement allié en Sicile.

Si Jesse Owens est devenu à Berlin le nouveau symbole de l'universalisme olympique, à son retour sur le sol américain, malgré plusieurs cérémonies organisées en son honneur, il est resté un Afro-Américain dans un pays régi par la ségrégation et il n'a pas été reçu à la Maison Blanche par le président Roosevelt.

Dans ses mémoires il remet les choses en place :

« C'est notre président qui m'a oublié, il ne m'a même pas envoyé un télégramme de félicitations. À Berlin, Hitler ne m'a pas snobé. Quand je suis passé devant lui, il s'est levé, a agité la main vers moi, et je lui ai fait un signe en retour. »

Owens aurait même gardé sur lui une photo d'une poignée de main avec le chancelier allemand.

Pour gagner sa vie, après les Jeux, pour subvenir aux besoins de sa famille, sa femme Ruth et ses trois filles, Jesse Owens a renoncé à son statut d'amateur et il s'est lancé dans tout un tas de spectacles : il courait contre des chevaux, des voitures, des motos mais aussi des athlètes de seconde zone qui le défiaient. Il a également été contraint d'accepter des emplois mal payés de pompiste ou de gardien de gymnase. Heureusement tout a changé après la guerre quand il a été appelé par des grandes entreprises pour donner des conférences, qu'il a été engagé chez Ford et qu'il a fini par créer sa propre société de relations publiques. Il avait changé de statut, il a enfin obtenu la reconnaissance des autorités politiques : en 1976, le président Gerald Ford l'a décoré de la médaille de la Liberté, et trois ans plus tard, son successeur à la Maison Blanche Jimmy Carter lui a remis le prix de la « Légende vivante ». En 1972, il est revenu en Allemagne invité par le CIO aux Jeux de Munich. Ce n'était plus le modeste et talentueux athlète mais un homme accompli très sûr et fier de lui en s'adressant à ses frères de couleur africains :

« Il faut avoir la volonté de travailler tous les jours, de faire des sacrifices pour réaliser ses rêves, et je suis sûr que la jeunesse africaine va le faire parce qu'elle a les mêmes rêves que toutes les jeunesses du monde. Et alors l'Afrique pourra émerger comme une grande puissance athlétique. »

Jesse Owens fumait plus d'un paquet de cigarettes par jour, il est décédé d'un cancer des poumons à l'âge de 66 ans en 1980. Quatre ans plus tard, une rue de Berlin portera son nom. Aucun autre champion n'est aussi étroitement associé à ses Jeux victorieux : pour tout le monde et pour toujours, Berlin 36, c'est Jesse Owens.

Les Français ont remporté 7 médailles d'or grâce au lutteur Emile Poilvé, à l'haltérophile Louis Hostin, aux boxeurs Jean Despeaux et Roger Michelot que l'on retrouvera dans *L'As des as* avec Jean-Paul Belmondo en 1982 et surtout aux cyclistes du VCL, la bande à Paul Ruinart, le Père la Ruine, le marabout du cyclisme français de 1920 à 1950 : Robert Charpentier (route individuelle), Robert Charpentier, Guy Lapébie, Robert Dorgebray (route par équipes), Robert Charpentier, Guy Lapébie, Roger Le Nizerhy, Jean Goujon (poursuite par équipes).

Guy Lapébie n'a jamais digéré sa deuxième place de la course sur route :

« C'était un parcours pour sprinters et j'allais vite, j'aimais ça. J'avais conduit ma course prudemment, tranquille dans les roues et comme prévu on s'est retrouvé une soixantaine au sprint. On a commencé à jouer des coudes, j'étais bien placé, mais au moment où j'ai démarré, à 200 m de la ligne, quelqu'un m'a tiré par le maillot, le temps de donner un coup de poing à cette main crochue, j'ai perdu deux longueurs et je suis revenu finir 2e à une roue de mon copain Robert Charpentier. J'avais envie de déposer une réclamation mais comme on faisait 1 et 2, nos dirigeants n'ont rien dit. »

C'est seulement deux ans plus tard que Lapébie a découvert le coupable en lisant *L'Auto* :

« La projection du film *Les Dieux du stade* a révélé lors du sprint une grande impression de puissance et de rapidité de Guy Lapébie. Hélas, on voit qu'il a été tiré par le maillot à deux reprises par un Italien et par son coéquipier Robert Charpentier ! »

« Tant pis, conclut Guy, ça m'a fait une médaille d'argent et deux médailles d'or qui ne sont d'ailleurs pas du tout en or ! Et ces Jeux me laissent un souvenir fabuleux, l'organisation était grandiose, au point que je suis retourné, comme en pèlerinage, à Munich en 1972 pour revivre mes 20 ans, cette découverte d'un monde nouveau, de grandes joies et une terrible déception. »

Guy Lapébie est passé professionnel après les Jeux, l'année où son frère aîné Roger remportait le Tour de France. Après la guerre, il s'est classé troisième du Tour en 1948 et il s'est surtout fait remarquer sur piste, comme le roi des 6 jours avec Milo Carrara. Plus tard chez lui à Bordeaux, il ouvrira une brasserie avec sa boîte de nuit, *Le Z*, qui ne désemplissait pas, il était plus célèbre que Chaban Delmas ! Et comme le

Tour s'arrêtait tous les ans ou presque à Bordeaux j'ai eu cent occasions de revivre ces histoires avec lui, son frère Roger, son fils Serge pro dans les années 1970, et son neveu Christian, coureur et directeur sportif, une belle famille du vélo.

7

LONDRES 1948 – MÉDAILLES D'OR ET DOIGTS D'OR

M… O… comme médaille d'or… et comme Micheline Ostermeyer, cette grande jeune femme, championne olympique et premier prix du conservatoire de piano à qui Juan Antonio Samaranch, président du CIO, a dit le 22 mars 1994 lors de la célébration du centenaire de l'olympisme à Paris, où elle avait donné un concert, qu'elle était sans doute dans toute l'histoire « l'athlète qui incarnait le mieux l'idéal olympique ».

Micheline Ostermeyer, arrière-petite-nièce de Victor Hugo, a aussi permis à *La Marseillaise* d'être le premier hymne à retentir dans le stade de Wembley au premier jour des premiers Jeux de l'après-guerre, les Jeux de la paix retrouvée, le vendredi 30 juillet 1948, première avec le dossard… 948 sur son maillot bleu.

A… B… C… D… comme Adam, Blusson, Coste, Decanali, champions olympiques de poursuite par équipes sur la piste cycliste de Herne Hill le 10 août. Ils sont au garde-à-vous sur un podium rudimentaire, un peu serrés, la marche est étroite, ils viennent de recevoir leur médaille d'or, dans une petite boîte, pas autour du cou, et soixante-treize ans après, alors qu'il vient d'ouvrir une bouteille de champagne, chez lui à Bois-Colombes, avec Yvette son attentive épouse, pour que nous fêtions son 97e anniversaire le 8 février 2021, Charles Coste, le plus ancien champion olympique vivant, attend toujours… « sa Marseillaise » :

« Les organisateurs ne l'ont pas trouvé ! Ils avaient bien sûr le *God Save the Queen* mais nous avons battu les Anglais en demi-finale, ils avaient aussi Fratelli d'Italia mais nous n'avons fait qu'une bouchée des Italiens en finale, et ils ne pensaient pas que les Français allaient gagner. Mais tout était un peu comme cela à Londres en 1948, il y avait beaucoup d'improvisation. Pour les Londoniens les Jeux n'étaient pas une priorité, il y avait tellement de choses plus importantes à remettre en état après la guerre. Il y avait un village pour les filles, le Victoria College, et un pour les garçons, un ancien camp militaire américain dans une banlieue triste à Uxbridge. Il y avait des chambres à deux lits dans des pavillons grisâtres, je partageais la mienne avec Pierre Adam, le seul coureur de notre équipe qui n'appartenait pas au Vélo Club de Levallois. Il y avait une certaine rivalité, de la jalousie, entre le VCL de Paul Ruinart et la Fédération française de cyclisme. Avec le VCL nous avions remporté le championnat de France et nous pensions être sélectionnés tous les quatre avec Blusson, Decanali et Ferrand, mais la fédération n'a pas voulu laisser tout le prestige olympique à Ruinart et au VCL qui avait déjà été champion olympique avec Charpentier, Lapébie, Goujon, Le Nizerhy, en 1936. Et Pierre Adam de l'AC Boulogne-Billancourt a été retenu à la place de Ferrand. Mais Pierre était un bon copain et on l'a vite adopté. Toutes les délégations avaient été invitées à participer à l'organisation et en particulier pour la nourriture : les Américains recevaient par avion du beurre et du lait tous les jours, les Argentins étaient venus avec leur viande, les Italiens leurs pâtes et les Français avec un cuisinier et du vin de Bordeaux, le Château Rothschild… qui nous a permis de nous faire beaucoup d'amis ! »

Charles Coste était le capitaine de cette équipe de France.

Après les Jeux, il est passé professionnel dans l'équipe Peugeot dirigée par le Berruyer Camille Narcy et il a aussitôt gagné en 1949 la plus prestigieuse des courses contre la montre, le Grand Prix des Nations, en laissant le favori, le *campionissimo* Fausto Coppi, à près de cinq minutes. « Le beau Charles Coste leader des jeunes qui ont terrassé Coppi », « Le cyclisme français a trouvé son grand Charles », « Charles Coste la nouvelle vedette » « Charles Coste un timide et charmant garçon », « Taille élevée, élégant, mince, nez racé : c'est Charles Coste, l'enfant d'Ollioules dans le Var », il n'était question que de lui dans la presse française. Et ce beau garçon intelligent et bien élevé s'est retrouvé à la « une » du magazine *Elle* parmi les hommes du mois aux côtés des célèbres acteurs Jean-Claude Pascal, Georges Marchal et Montgomery Clift, lui dont la chambre, à la Celle-Saint-Cloud, dans le domaine de Paul Ruinart, était alors tapissée des posters de ses idoles Michèle Morgan, Jane Russell, Rita Hayworth et Gary Cooper.

Charles Coste a couru pendant dix ans, deux Tours de France, trois d'Italie, en cherchant à voyager en Afrique, en Amérique plus qu'à gagner et même s'il n'était pas un grimpeur avec son 1 m 80 et ses 75 kg, il a remporté le Grand Prix de la montagne d'un Tour d'Argentine. Il s'est arrêté de courir à 35 ans et s'est reconverti dans les relations publiques d'une grande entreprise parisienne d'alors, la Blanchisserie de Grenelle : de la Foire de Paris à Roland-Garros, du *Crillon* au *Lido*, son élégante silhouette était connue. Il y est resté jusqu'à sa retraite il y a déjà trente-cinq ans ! Il est en forme, bon pied, bonne oreille et sa femme Yvette a fait de lui un buttitapophile : ils collectionnent les bouche-bouteilles, les « bouchonneuses », avec les maillets qui vont avec, pour mettre le vin en bouteille. Ils en ont 220 que le musée du Vin de Paris leur envie !

Charles Coste s'intéresse toujours aux Jeux olympiques et en 2012 il a pu se rendre deux jours à Londres où il a assisté aux épreuves de gymnastique. Chez lui à la télévision il a partagé la victoire des nageurs du relais 4 × 100 m nage libre, ils étaient quatre, comme lui et ses copains en 1948, mais eux ils ont eu droit à… *La Marseillaise* ! Et à la Légion d'honneur, comme tous les champions olympiques depuis les années 1960. Un petit ruban rouge à la boutonnière il en rêve depuis toujours…

À Londres, le rénovateur des Jeux olympiques, le baron Pierre de Coubertin n'est plus là, il s'est éteint le 2 septembre 1937 à Genève à 74 ans et son cœur repose désormais à Olympie. Pour la dernière fois, le CIO respectera sa volonté de réunir tous les jeunes talents dans ce « rendez-vous quadriennal du printemps humain », les sportifs mais aussi les artistes, musiciens, peintres sculpteurs, architectes et les poètes. Et la magie de l'olympisme a opéré : la première médaille de ces Jeux, le lancer du disque, glorifié à jamais par la statue du *Discobole* de Myron, a été cueillie par un Premier Prix de piano du Conservatoire de Paris qui a réussi à associer *La Marseillaise* à la Sonate au Clair de Lune de Beethoven dans une même symphonie. Et dont la statue, à son tour en lanceuse de disque, trône désormais dans les allées de l'Institut national des sports de l'expertise et de la performance, l'Insep, dans le bois de Vincennes.

La télévision n'existait pas encore dans « la France profonde » – elle n'est arrivée dans ma famille qu'en 1959 pour regarder la Coupe des téléreporters que Raymond Marcillac avait lancée pour recruter de jeunes reporters et pour laquelle j'avais été sélectionné – et c'est par la radio que j'ai découvert les Jeux olympiques… et les hymnes nationaux des principaux pays ! Grâce au Tour de France j'ai appris la géographie de l'Hexagone et à 7 ans je savais situer Pau, Briançon, le Ballon d'Alsace et le Tourmalet sur une carte. Grâce aux JO j'ai mémorisé pour la vie le *God Save the Queen* britannique et l'hymne américain dont je n'arrivais pas à retenir le nom (*Star-Spangled Banner*) et qui était associé à un drapeau qui comptait autant d'étoiles que d'États… unis. L'école s'arrêtait alors le 13 juillet, j'étais en vacances et je passais des heures à écouter la radio, c'était la seule distraction au cœur du Berry où mes parents venaient de s'installer. À midi et demi on ne voulait pas rater *Sur le banc* les histoires de famille de « la Hurlette » avec Jane Sourza, Raymond Souplex et Jean-Jacques Vital sur Radio Luxembourg qui ne s'appelait pas encore RTL, avant d'écouter l'éditorial de Jean Grandmougin, et la chronique de Geneviève Tabouis qui commençait toujours par « Attendez-vous à ce que… ». À 18 heures il y avait un feuilleton radiophonique qui m'a entraîné dans l'épopée napoléonienne avec Fabrice del Dongo et la Chartreuse de Parme. Et entre les deux il y avait le Tour de France avec Alex Virot sur Radio Luxembourg et Georges Briquet, sur la RTF, le Poste Parisien en ondes moyennes et Paris Inter sur 1 809 m, grandes ondes, dont l'émetteur principal se trouvait pas très loin de chez nous à Allouis. « Monsieur » Briquet, « le pape du radioreportage »… je n'imaginais pas que j'allais me retrouver dans son équipe de reporters douze ans plus tard. « Vous devez être un photographe par la parole », m'avait-il enseigné quand il m'avait recruté. Il n'avait pas son pareil en effet pour planter le décor, décrire les paysages qu'il traversait et nous faire vibrer aux exploits d'un jeune et beau mitron breton bien élevé, élégant et s'exprimant intelligemment, un certain Louis Bobet que tout le monde appelait désormais « Louison » depuis qu'il avait porté le maillot jaune – le jour où naissait dans la banlieue parisienne à Montrouge une certaine Christine Caron que tout le monde allait appeler Kiki – et tenu tête à « Gino le Pieux », Gino Bartali, qui venait de remporter son deuxième Tour dix ans après son premier succès en 1938. « S'il n'y avait pas eu la guerre, affirmait Georges Briquet, Bartali aurait gagné au moins sept ou huit Tours de France. »

Le Tour s'est achevé au parc des Princes le 25 juillet et, pour ma plus grande joie, les Jeux olympiques ont démarré quatre jours plus tard. À vrai dire, je ne savais pas de quoi exactement il s'agissait. Mon père m'a expliqué que « ces Jeux rassemblaient tous les quatre ans tous les plus grands champions de tous les sports, venus de tous les pays, c'est un peu comme s'il y avait vingt championnats du monde en même temps, au même endroit ». Et, comme à toute la jeunesse désœuvrée de l'après-guerre, ces Jeux m'ont fait découvrir le monde et l'univers du sport. Dans mon environnement d'enfant sage, j'avais des copains qui s'appelaient Lebert, Rousset, Debeuré, Poirier, les Jeux m'ont fait connaître Zatopek, Consolini, Whitfield, Wint, Fanny Blankers-Koen, dont les noms s'identifiaient à leurs pays. Il y avait cinquante-neuf nations représentées à Londres et pour la plupart, je n'en avais jamais entendu parler. Tout comme j'ai découvert ces sports aux noms bizarres le triple saut, le décathlon, le deux sans barreur, la poursuite par équipes, le fleuret, les barres parallèles, la lutte gréco-romaine, alors que je ne connaissais guère que la course à pied, le Tour de France et le football. J'ai appris qu'aux Jeux olympiques, il n'y a pas de petit sport, toutes les médailles se valent et participent au classement des nations, et dans ma carrière de reporter, je n'ai eu de cesse de m'intéresser à toutes les disciplines… même si, bien sûr, j'avais mes préférences.

J'ai compris toute l'importance de ces Jeux olympiques quand j'ai entendu à la radio que le roi d'Angleterre George VI présidait la cérémonie d'ouverture devant plus de quatre-vingt mille spectateurs.

Charles Coste n'a pas pu assister à cette cérémonie et il le regrette :

« Comme les conditions à Londres n'étaient pas idéales, et comme on connaissait bien la piste de quatre cents mètres en goudron de Herne Hill pour y avoir souvent couru, on savait qu'elle nous convenait à nous qui étions plus routiers que pistards, on a préféré rester jusqu'au dernier moment en

France. Nous nous sommes entraînés sur une piste comparable, aux virages peu relevés, à Caen, pour n'arriver au village olympique que trois jours avant nos épreuves… ce qui nous a privés de la cérémonie d'ouverture. Je l'ai toujours regretté, surtout quand j'entendais la vedette de la délégation française, le nageur Alex Jany, nous dire que les compétitions, c'était bien mais que ça restait du sport, alors que la cérémonie d'ouverture, c'est tout ce qui faisait la grandeur des Jeux et qu'on ne pouvait vivre ça qu'une fois dans sa vie. »

La France attendait beaucoup de cette célébration de la XIVe olympiade et les journaux pronostiquaient que jamais nos chances de victoires n'avaient été aussi nombreuses, avec en tête le nageur Alex Jany, le coureur Marcel Hansenne, l'escrimeur champion du monde Christian d'Oriola, et le rameur Jean Séphériadès, porte-drapeau de la délégation française lors de la cérémonie d'ouverture. Ils étaient tous les quatre en photo au-dessus du stade de Wembley, à la une du numéro spécial « Jeux olympiques » de *Miroir-Sprint*, « la plus forte vente des hebdomadaires sportifs », couleur gris-vert, ce mercredi 28 juillet 1948, avec ce message :

« Ici l'on couronnera les champions… Ici crouleront bien des espoirs… Le stade de Wembley est prêt à recevoir l'élite athlétique de 59 nations. Les XIVes Jeux olympiques vont commencer. Et jamais la France n'aura possédé autant de chances de se distinguer. Hansenne, Jany, d'Oriola, Séphériadès, les vœux des sportifs français vous accompagnent dans les luttes serrées que vous allez livrer. Puissiez-vous faire monter le drapeau tricolore au mât central ! Sinon que votre défaite soit honorable ! »

Que c'était beau ! Et il était précisé que pendant les Jeux, le célèbre Jules Ladoumègue donnerait en exclusivité ses commentaires à *Miroir-Sprint*. Il est *collector*, ce numéro spécial, il ne comprend que huit pages, avec des photos historiques des légendes Jesse Owens, Paavo Nurmi, Johnny Weissmuller, et un cahier central qui titre : « Comme en 1936 à Berlin des athlètes noirs feront vibrer le public de Wembley mais en natation les Blancs primeront et parmi eux plusieurs Français. » On pouvait appeler un chat un chat dans un journal communiste comme *Miroir*, et on ne parlait pas ridiculement de discrimination en cet heureux temps-là !

Aucun de ces pronostics ne s'est réalisé et c'est le cœur battant, l'oreille collée au poste, que j'ai partagé les déceptions de nos champions.

31 juillet à l'Empire Swimming Pool, Alex Jany est le favori du 100 m nage libre, l'épreuve reine de la natation. Hier je l'ai entendu à la radio, il a vraiment l'air gentil, modeste et drôle avec sa voix chantante, il est né à Toulouse. Quand il s'est présenté, j'ai été impressionné : 19 ans, 1,87 m, 100 kg, recordman du monde du 100 m et du 400 m. Il ne peut pas être battu ! Départ de la finale, j'augmente le son de la radio, ah ! il paraît qu'il est mal parti, qu'il s'est lancé avec un temps de retard, il n'a pas réagi assez vite au coup de pistolet du starter, il est myope mais il n'est pas sourd pourtant, ça y est, il accélère, l'eau jaillit autour de lui, et il en déplace de l'eau, dit le commentateur, il revient sur les deux Américains Ris et Ford, il passe en tête aux 50 m, vas-y Jany ! Malheureusement le virage n'est pas son point fort avec sa grande carcasse, il repart derrière les Américains et il sera même dépassé par un Hongrois et un autre Américain. Mon chouchou n'est que 5e. Et il ne sera encore que 6e du 400 m. Il est passé à côté de ses Jeux ! Les journalistes lui reprochent de s'être fatigué en restant debout toute une journée pour participer à la cérémonie d'ouverture. Il leur répond qu'« il n'a aucun regret et que cette cérémonie reste son plus beau souvenir ». Ils prétendent aussi qu'il avait quelques kilos en trop et qu'il aurait dû se mettre au régime. « Pas du tout rétorque ce

Gargantua des bassins, au contraire, ce qui m'a manqué, c'est un bon cassoulet toulousain ! » C'était cela l'esprit des Jeux en ce temps-là, il est vrai qu'il n'y avait pas de prime de victoire à aller chercher, c'était du sport à l'état pur, un jeu, on perd, on gagne, on en profite.

4 août, lui aussi il chante quand il parle, Christian d'Oriola. Il est aussi du Midi, de Perpignan, et je l'imagine comme un grand frère, il n'a pas encore 20 ans, un franc sourire aux grands yeux étonnés, et il est déjà champion du monde au fleuret. On le compare à d'Artagnan, vif et turbulent, mais il va subir la loi d'un Aramis au calme… olympien, son coéquipier Jehan Buhan, de seize ans son aîné. Henri Jehan Eric Joseph Marie de Buhan est en partie d'ascendance anglaise, et quand il a remporté sa 7e victoire sur les 7 combats de la poule finale, quand il a compris qu'il était champion olympique, il est allé déposer, humour très *british*, un baiser sur le front de l'arbitre qui se demandait ce qui lui arrivait, et ce qui a fait exploser de rire toute l'assistance. Trois jours plus tôt, les Français avaient déjà remporté le titre par équipes, Buhan était comblé, d'Oriola, qui ne voulait pas se contenter de cette médaille partagée, jurait qu'il aurait sa revanche. J'en étais persuadé, moi aussi, mais je ne me doutais pas qu'en plus, une douzaine d'années plus tard, j'allais sympathiser avec lui, et ressentir par son charisme qu'il était l'archétype du champion, doué, exemplaire, amoureux de son sport, disponible, souriant, gentil.

Le même jour, non pas dans la nuit mais dans l'après-midi du 4 août, tous les privilèges ne sont pas encore abolis : Marcel Hansenne a tiré le couloir 8 au départ du 800 m, alors que son principal rival, l'Américain Mal Whitfield, occupe la place privilégiée à la corde. Il n'y a pas comme maintenant de départ décalé, et quand il se rabat vers l'intérieur de la piste, le Français se retrouve bon dernier, il a dû parcourir une dizaine de mètres de plus que les autres. Il doit jouer des coudes pour se faufiler et revenir vers la tête, mais Whitfield ne l'a pas attendu, et quand il arrive à se dégager à 250 m de l'arrivée, son rival possède 6 ou 7 m d'avance. Hansenne se rapproche à 3 m à l'entrée de la ligne droite mais il en restera là, et il sera même dépassé par le Jamaïquain Arthur Wint. Avec l'humour qui l'a toujours caractérisé par la suite, dans sa vie de journaliste à *L'Équipe*, Marcel Hansenne, qui était entraîné par le rédacteur en chef du journal, « le pape de l'athlétisme », Gaston Meyer, se consolait en disant que « les deux premiers avaient des médailles en métal doré ou argenté alors que lui, c'était du vrai bronze » ! Plus tard, pour ne pas avoir de regrets, il écrira ces lignes qui peuvent résumer les sentiments de tous ceux qui ont trouvé plus fort qu'eux et qui, dans l'esprit olympique, le reconnaissent avec respect : « Debout sur le podium, derrière Whitfield et Wint, tous les trois au garde-à-vous sous la pluie qui tombait toujours, je regardais la stature magnifique de mes deux vainqueurs, impressionnants avec leurs larges épaules, hauts et merveilleusement racés, et alors je comprenais dans quelle difficile aventure je m'étais risqué. » À 31 ans, Marcel Hansenne savait aussi qu'il aurait lui-même imposé ce respect quelques années plus tôt si la guerre n'était pas passée par là. La guerre ? Justement, il l'a faite dans la 2e DB du général Leclerc. Il est diplômé de l'école de commerce de Paris, il est chef d'entreprise, il a été sacré « champion des champions français » en 1946 par le journal *L'Équipe* qui vient d'arriver dans les kiosques, il a battu John Kelly, le frère de Grace, de trois longueurs dans les régates royales de Henley, véritable championnat du monde d'aviron, il est champion d'Europe de skiff, ce bateau individuel où, dit-il, « on ne peut s'en prendre qu'à soi-même », c'est lui qui a porté le drapeau tricolore lors de la cérémonie d'ouverture… N'en jetez plus, il ne lui manque que la médaille d'or qui ne peut échapper à ce fier patronyme digne de la Grèce antique :

Jean Séphériadès ! Hélas, il sera éliminé en quart de finale par le futur champion olympique, l'Australien Mervyn Wood, et il décide à 26 ans d'abandonner la compétition.

« … Sinon que votre défaite soit honorable ! » écrivait *Miroir-Sprint*. Jany, d'Oriola, Hansenne, Séphériadès restent à jamais de merveilleux exemples dans le gotha du sport français. Avec ou sans médaille.

Finalement, « mes » premiers Jeux ne se sont pas trop mal terminés : avec 10 médailles d'or, 6 d'argent et 13 de bronze, la France occupe la 3e place derrière les États-Unis, 84 médailles, et la Suède, 44.

Car heureusement, il y a eu de belles réussites dans les disciplines qui nous sont souvent favorables, l'équitation (Bernard Chevalier au concours complet et le dressage par équipes), l'escrime (fleuret individuel, fleuret et épée par équipes) et le cyclisme. Nos coureurs ont décroché trois médailles d'or avec la poursuite par équipes mais aussi le kilomètre sur piste grâce au placide Jacques Dupont, fils de boucher ariégeois et boucher lui-même, et la course sur route avec le fantasque José Beyaert, fils de mineur lensois devenu cordonnier et cordonnier lui-même !

Deux personnages. Dupont, calme et méticuleux, a obtenu également la médaille de bronze de la course sur route avec l'équipe de France. Passé professionnel, « Jacques la méthode » a gagné un beau Paris-Tours à une moyenne record, et il a terminé tranquillement sa vie dans son Ariège natale.

Tranquille… un mot que ne connaissait pas José Beyaert.

D'abord on le remarquait parce qu'il portait de grosses lunettes et il s'est lui-même toujours demandé comment il avait fait pour échapper aux multiples chutes et crevaisons qui ont perturbé la course olympique disputée sous un crachin typiquement britannique, et s'échapper en passant entre les gouttes et en fonçant dans le brouillard à un mile,

1 609 m, de l'arrivée pour conserver une trentaine de mètres, 40 yards, d'avance sur la ligne. Quatre ans plus tard, sa vie, celle de coureur cycliste, va changer : il est invité au Tour de Colombie, il était parti pour un mois, il tombe amoureux de ce pays, il va y rester plus de quarante ans. Il ne court plus, il entraîne l'équipe nationale, il découvre l'énorme potentiel du cyclisme colombien, il le professionnalise, et cela débouchera sur les Lucho Herrera, Nairo Quintana et Egan Bernal, vainqueur du Tour de France 2019. Mais José, qui aime le risque et avait transporté sur son vélo des armes pour la Résistance pendant la guerre, va vouloir vivre plusieurs vies : athlète, coach, pas de problème, puis patron de bar à Bogota, attention !, businessman, importateur de bois du Brésil, marchand de pierres précieuses, c'est ce qu'un journaliste anglais, Matt Rendell, écrira dans un livre au titre explosif : *Olympic Gangster. La légende de José Beyaert, champion cycliste, chercheur d'or et hors-la-loi*. Il le soupçonne même d'avoir eu des relations avec les narcotrafiquants et les milieux du crime organisé. Dans les années 1990, alors que les FARC mettent à feu et à sang la Colombie, José Beyaert s'échappe en douce, comme en 1948, il rentre sagement en France, à La Rochelle, où il meurt en 2005 avec ses secrets, s'il en avait, et sa médaille d'or.

Le directeur du journal *L'Équipe* et du Tour de France Jacques Goddet, dans son style habituel, avait profité de ces JO pour découvrir, vingt ans avant Tom Simpson, qu'il a vu mourir sur les pentes du mont Ventoux en 1967, soixante-cinq ans avant Bradley Wiggins, Christopher Froome et Geraint Thomas, qu'il n'a pas connus en jaune, toutes les potentialités du cyclisme britannique, dans son éditorial du 10 août intitulé « L'Olympe à vélo » :

« Est-ce que je vous demande si les dieux de l'Olympe faisaient du vélo ? Toujours est-il que dans un esprit d'accaparement qui en altère le sens, les Jeux modernes ont annexé le sport cycliste, lequel se laisse faire violence d'autant plus facilement que, quinze jours plus tard, il recommencera les mêmes compétitions sous le vocable "Championnats du monde". Tout cela se passe très gentiment...

Il eût été fort malheureux de priver les Londoniens d'un spectacle dont ils raffolent. Ils l'ont bien montré par un enthousiasme continu auxquels les courts hourras de Wembley, toujours à sens unique (*Great Britain*), ne nous avaient pas préparés. Herne Hill avait, autour de ses virages plats comme le torse d'une jeune miss sportive, attiré en ce lundi une grande foule. Nous dirons mieux un autre jour notre étonnement plus profond d'avoir découvert sur la route anglaise un peuple de cyclistes ardents parfaitement équipés, roulant sec et représentant, France et Italie mises à part, le plus fort réservoir de coureurs en puissance.

Et ce n'est pas seulement parce que la France en a décroché le titre, fort brillamment, que nous décrétons que la poursuite olympique par équipes est une jolie formule. Au moins l'olympisme sur deux roues aura-t-il apporté sa contribution personnelle au genre cyclistique. »

Les cyclistes, comme l'évoque Jacques Goddet, ont d'autres occasions aussi prestigieuses que les JO, le Tour de France par exemple, pour exprimer leurs talents, et aux Jeux, le sport roi, c'est l'athlétisme, et la reine du sport roi à Londres pour nous, Français à l'écoute de la radio, c'est Micheline Ostermeyer, aux initiales prédestinées, M. O. comme mains d'or et comme... double médaille d'or !

Micheline Ostermeyer est née dans le Pas-de-Calais le 23 décembre 1922 d'un père alsacien sportif et d'une mère bretonne musicienne, et son aventure olympique est le parfait symbole de ce mélange des genres entre le sport et l'art : la première athlète tricolore championne olympique – une joueuse de tennis, Marguerite Broquedis, avait remporté la première médaille d'or française en 1912 – a fait de la polyvalence un art de vivre. Depuis son plus jeune âge, la jeune femme avait pratiqué en parallèle le sport, poussée par son père, et la musique, guidée par sa mère, professeur de piano.

À 4 ans, elle trouve un tabouret à sa taille, à 7 ans, elle joue en public, à 11 ans, elle donne son premier récital et la presse découvre « tant de richesse, de sensibilité, de possibilités musicales ! Une aube rose et limpide qui annonce une lumineuse journée ».

« Mes parents habitaient en Tunisie et il n'était pas encore question de sport, c'était piano, piano et piano ! Et pour me faire encore progresser, ma mère a décidé de m'envoyer au conservatoire à Paris. »

La guerre la fera revenir à Tunis en 1940, à 17 ans, et comme elle est grande, pour se distraire, elle joue au basket et découvre le saut en hauteur, le lancer du poids, sans réussite, elle préfère la course à pied… même si, petite, son sport favori, avec son frère Roland, consistait à grimper sur les toits par les gouttières !

« Cinq heures de piano par jour avec ma mère, cinq heures de sport par semaine avec mon père. »

Après la Libération, elle est revenue en France où elle a retrouvé son professeur de musique, le pianiste renommé Lazare Lévy, et en 1946, elle a remporté le premier prix de piano du conservatoire de Paris.

Un an plus tard, tout naturellement, dans la facilité et la recherche permanente de la perfection, elle devient concertiste et championne de France dans quatre épreuves : saut en hauteur, lancer du poids, soixante mètres et pentathlon… ce qui lui ouvre les portes des Jeux olympiques et de la gloire éternelle !

« Elle joue, disent les critiques, d'une façon magistrale. Son jeu, aussi puissant que son corps de sportive, est dynamique, passionné, tendre. Il est d'une harmonie qui illustre la vérité de l'unité du corps, de l'âme et de l'esprit. »

Mais si, dans ses concerts, elle peut passer de Beethoven à Liszt, de la *Toccata* de Bach au concerto de Khatchaturian et de Gabriel Fauré à Balakirev, à Londres, elle n'a droit qu'à trois partitions en soliste, et elle a l'embarras du choix.

D'autant plus que deux mois avant les Jeux, cette touche-à-tout hyper-douée avait découvert le lancer du disque : « En voyant l'affiche officielle des Jeux avec le discobole antique, j'ai trouvé ce geste si beau que j'ai voulu l'imiter et sans le faire exprès je me suis retrouvée troisième des championnats de France et puis… première des Jeux olympiques ! »

En 1968 avant les Jeux de Mexico, elle racontait dans *France-soir*, *Paris-Presse l'Intransigeant*, avec ironie et recul, sa découverte de l'athlétisme à ce gros nounours si sympathique et talentueux, Francis Huger, qui a été, hélas, victime d'une chute mortelle quelques années plus tard lors du championnat de France cycliste des journalistes sur le circuit de Montlhéry :

« À peine je touchais un truc, c'était un record d'Afrique du Nord, il faut dire que les plafonds étaient bas à l'époque. Ça n'allait pas loin, ni très vite, ni très haut, mais pour les autres encore moins, alors… Quand je me suis essayée au disque à l'Institut national des sports, pendant trois semaines, trois entraîneurs se sont relayés à mon chevet, comme des sauvages. Mets ton doigt ici, là ton genou, pose ton pied comme ceci et j'en passe. Je réussissais des choses fantastiques, je lançais le disque par-derrière, sur le côté, mais rarement où il fallait. Je tombais toutes les deux minutes, c'était vraiment comique, ce satané disque ! Et à Wembley j'ai connu le trac pour la première fois. Devant ces 80 000 spectateurs, je craignais d'être absurde, ridicule, c'était la première épreuve des Jeux, tout le monde regardait, eh bien, surprise ! je ne me suis pas embrouillée et j'ai battu l'Italienne. Je n'en ai pas dormi pendant trois nuits ! »

Dans *La Fabuleuse Histoire des Jeux olympiques*, Robert Parienté et Guy Lagorce notent joliment : « Micheline ne s'est pas déplacée à Londres pour jouer une partition d'accompagnement. Elle n'en est encore qu'à faire des gammes dans ce lancer dont l'harmonieux pas de danse convient parfaitement à son tempérament d'artiste ; cet apprentissage pour aussi rapide qu'il soit ne l'empêche pas de lancer son engin à 41,92 mètres et de devancer à la surprise générale, à son dernier essai, la favorite, l'Italienne Edera Cordiale-Gentile », qui ne l'est pas vraiment, ni cordiale ni gentille, en tournant la tête, terriblement déçue, il faut la comprendre, quand Micheline vient l'embrasser à la fin du concours.

Quarante et un mètres et quatre-vingt-douze centimètres, un jet modeste, comme son auteur. Les Allemandes et les Soviétiques qui n'étaient pas là auraient peut-être fait mieux, mais aux Jeux olympiques, les absents ont toujours tort, comme on le verra encore en 1976, 1980, 1984.

Si les Anglais avaient choisi une autre affiche, la vie de Micheline Ostermeyer aurait sans doute été différente.

La virtuose était tout en nuances, un corps solide, 1,79 m, 73 kg, une belle poitrine et un visage fin d'une douceur mélancolique. C'était une bagarreuse qui ne laissait jamais rien au hasard dans sa préparation. Ses mains sur le piano semblaient fragiles, dans le stade elles empoignaient fermement le poids et le… disque ! Pour une musicienne, cela coulait de source :

« Le piano m'a développé les avant-bras, les biceps et les sensations, c'est pour cela que j'ai pu apprivoiser le disque. J'agrippe beaucoup mieux l'engin quand je viens de passer plusieurs heures sur mon piano. »

Beethoven ne savait pas qu'il serait un jour entraîneur d'athlétisme, lui dont la célèbre pianiste, Min-Jung Kym, disait dans *Le Figaro* à l'occasion de la célébration du 250e anniversaire de sa naissance (décembre 1770) : « Asseyez-vous au piano et pratiquez Beethoven pour quelques heures : loin d'en être fatigué, vous en retirerez au contraire une énergie renouvelée. Sa musique est un foyer chaleureux plein de réconfort ! Alors qu'elle est souvent associée à la profondeur et à la tension, on redécouvre qu'elle est aussi une pure expression de sa joie de vivre. »

Une énergie renouvelée sur le vieux piano du Victoria College devant lequel elle essayait de caler ses longues jambes dès qu'elle rentrait du stade, une énergie renouvelée qui lui permet de s'octroyer une deuxième médaille d'or, cinq jours plus tard, au lancer du poids, 13,75 m au premier essai… avant de donner un concert le soir même au célèbre Royal Albert Hall ! Un récital de Beethoven bien sûr… vous savez, ce compositeur qui vous donne l'énergie nécessaire pour remporter… dès le lendemain, une troisième médaille ! Bon, elle n'était que de bronze, celle-là, au saut en hauteur, les poignets bandés pour ne pas risquer de les abîmer en retombant, avec un rouleau californien qui la propulse à 1,61 m, mais peut-être que Beethoven devenu sourd dans ses vieux jours n'avait pas bien entendu l'appel de son admiratrice… qui résume ses Jeux en une phrase toute simple, à son image, celle d'une idole qui ne s'est jamais laissé griser par le succès et qui n'a jamais rien cherché d'autre que le bonheur de bien faire :

« Le disque, c'est la divine surprise, je ne me rendais même pas compte de ce qui m'arrivait, au poids j'aurais bien voulu battre le record du monde et en hauteur je ne pouvais pas faire mieux, alors tout ça, ça reste un très bon souvenir. »

« Enfants de France, rêvez tous de devenir des Ostermeyer ! » aurait dit le général de Gaulle.

Qu'importe la médaille pourvu qu'on ait l'ivresse ! Je crois que ce qu'elle aimait dans les Jeux olympiques, c'était le mot « jeux », courir, sauter, lancer, oui, c'était une belle distraction, mais le concert le soir, ça c'était sérieux !

Elle a quand même été fière en 1998, quand elle est retournée à Londres, invitée par le Comité olympique britannique pour célébrer le 50e anniversaire des Jeux, et qu'elle s'est retrouvée, rougissante, à l'entrée du stade de Wembley : « Il y avait les noms de tous les lauréats de 1948 et je me demandais vraiment comment j'avais pu faire pour être là, sur ce mur, avec tous ces champions. »

Après son mariage, Micheline Ostermeyer s'installera au Liban, elle arrêtera le sport à 29 ans à cause d'un mal de dos et se consacrera à sa brillante carrière de concertiste, la salle Gaveau succède à Wembley. Mais le mauvais sort va s'acharner sur elle, son mari meurt, elle doit s'occuper de ses deux enfants, elle ne peut plus voyager pour donner des concerts, son fils est assassiné par un voyou, elle est désespérée et doit se battre pour gagner sa vie comme professeur de piano au conservatoire de Saint-Germain-en-Laye. Heureusement qu'elle avait ce piano, son vieux compagnon de route qu'elle caressait de ses longs doigts agiles…

Elle décédera en 2001 à l'âge de 78 ans en Normandie, peu de temps après avoir donné un dernier concert à Montpellier. On ne compte pas les gymnases, stades ou rues qui portent son nom et chaque année le prix Micheline Ostermeyer récompense un athlète qui s'illustre également dans une autre discipline.

L'Équipe lui a rendu un sobre et bel hommage : « Quel bonheur de penser qu'une Micheline Ostermeyer ait pu exister ! »

André Gide aurait dit : « Choisir c'est renoncer », Micheline Ostermeyer le pensait aussi… qui aurait pu participer également aux compétitions artistiques en lien avec le sport, organisées pour la dernière fois à Londres, en littérature, musique, peinture, sculpture et architecture. La France a obtenu trois distinctions : une médaille d'or pour le graveur Albert Decaris pour son œuvre *La Piscine*, une de bronze pour le sculpteur Hubert Yencesse pour sa statue « nageuse », et une autre de bronze pour l'écrivain-athlète Gilbert Prouteau pour son poème sur l'olympisme.

Pour la première fois dans l'histoire de l'olympisme, à Londres, ce sont deux femmes qui ont été les vedettes des Jeux : Micheline « la virtuose » et Fanny « la ménagère volante ».

Et avec la première victoire d'une athlète noire, l'Américaine Alice Coachman, au saut en hauteur, ces Jeux olympiques ont célébré l'émancipation sportive de la Femme, avec un F majuscule !

À 18 ans, la Néerlandaise Fanny Koen avait terminé 5e du saut en hauteur et du relais 4 × 100 m aux Jeux de Berlin sans imaginer un seul instant que douze ans plus tard, ce serait elle la star des Jeux et qu'elle ferait aussi bien que cet invincible champion qui venait de bouleverser le monde, de remporter quatre médailles d'or, et à qui elle venait d'avoir l'audace de demander un autographe, le phénomène noir américain Jesse Owens.

À 30 ans, à Londres, Fanny, désormais Blankers-Koen depuis son mariage en 1940 avec son entraîneur, a gagné le 100 m, le 200 m, le 80 m haies et le relais 4 × 100 m. Elle aurait sans doute pu remporter aussi les sauts en hauteur et en longueur dont elle avait battu les records du monde quelques années plus tôt, elle avait en particulier été la première femme à dépasser 1,70 m en 1943. Mais elle aussi, comme Micheline Ostermeyer, avait été contrainte de limiter sa participation à trois disciplines individuelles, comme le stipulait le règlement.

2 août, 100 m : FBK occupe le couloir 4, ses longs cheveux blonds frisés retenus en arrière, short orange, maillot blanc, elle se dégage à mi-course, sans problème, 11"9, 1re médaille d'or.

4 août, 80 m haies : FBK, couloir 2, accélère progressivement, et s'impose dans les vingt derniers mètres, 11"2, record du monde, 2e médaille d'or.

6 août, 200 m : FBK est encore au couloir 2, elle part lentement et d'un seul coup à la sortie du virage, elle allonge sa foulée et s'envole. Elle prend 7 ou 8 m à ses adversaires qui donnent l'impression de faire du surplace, elle se relève 10 m avant la ligne, c'est sa victoire la plus facile, 24''4, 3e médaille d'or.

7 août, relais 4 × 100 m : FBK est la dernière relayeuse néerlandaise. Quand elle s'élance, elle n'occupe que la 3e place à 3 bons mètres des Australiennes et des Canadiennes, mais elle est imbattable, c'est bien elle la meilleure, et d'un dixième de seconde, elle entre dans la légende avec sa 4e médaille d'or.

Trentenaire et mère de deux enfants, FBK pensait que la guerre avait brisé sa carrière sportive et elle avait bien failli ne disputer qu'une seule épreuve, le 100 m. Considérée comme « trop vieille » par les journalistes, elle s'était aussi mis à dos une partie de l'opinion publique qui s'offusquait qu'une mère de famille consacre autant de temps à la compétition sportive plutôt que de s'occuper de son foyer… Ces stéréotypes sexistes ont volé en éclats après ses exploits londoniens car, entre-temps, son entraîneur, ou son mari, on ne sait pas très bien lequel avait le plus d'influence, avait réussi à la convaincre de tenter sa chance dans plusieurs épreuves.

Véritable star aux Pays-Bas, des stades portent son nom et sa statue trône à Rotterdam, sa notoriété a largement dépassé les frontières pour en faire un modèle universel du sport féminin. Elle est revenue quatre ans plus tard à Helsinki où elle a voulu à tout prix participer au quatre-vingts mètres haies malgré une forte fièvre. Après un bon départ, elle a accroché la deuxième haie, passé de justesse la troisième et s'est arrêtée net devant la quatrième en signe d'abandon. Cela aussi fait partie du sport, mais disputer deux JO à seize ans d'intervalle, c'est beaucoup plus rare, j'aurai l'occasion d'en reparler avec un certain Pierre Jonquères d'Oriola. Ensuite Fanny Blankers-Koen deviendra entraîneur, « et pas entraîneuse, comme rectifiait la coach de Kiki Caron, Suzanne Berlioux, quand on voulait féminiser son rôle, les entraîneuses c'est au Bois de Boulogne ! ».

Je l'ai rencontrée plusieurs fois, Fanny, toujours élégante, réservée, souriante derrière ses fines lunettes, la dernière, c'était à Monaco, le 21 novembre 1999, au gala de l'IAAF, la Fédération internationale d'athlétisme, qui venait de la couronner « athlète du siècle » aux côtés de Carl Lewis. Elle, la quadruple championne olympique de Londres 1948, venait de demander un autographe au quadruple champion olympique de Los Angeles 1984, tout comme elle l'avait fait soixante-trois ans plus tôt avec le quadruple champion olympique de Berlin 1936, Jesse Owens. Tous les trois sur le toit de l'Olympe ! Elle en pleurait de joie et d'émotion mêlées ! Ce fut l'une de ses dernières sorties, Fanny Blankers-Koen décédera en 2004 à l'âge de 85 ans, terrassée par la maladie d'Alzheimer. Elle est aujourd'hui encore considérée comme la plus grande championne de toute l'histoire du sport néerlandais. Et elle était fière de rester simplement pour tout le monde « la ménagère volante » :

« À mon retour de Londres, il y a eu une grande parade en Hollande, c'était la fête, il y avait un monde fou… et le lendemain je me suis occupée de mes enfants et j'ai recommencé à faire la vaisselle ! »

Quatre mille cent quatre athlètes venus de 59 pays, sans l'Allemagne, le Japon, l'URSS, ont participé à ces Jeux de la XIVe olympiade, il y aurait sans doute eu 4 104 histoires à raconter. Je me souviens des aventures ou mésaventures des Français que je suivais à la radio, c'était mon feuilleton quotidien avec de vaillants héros, d'autres Fabrice del Dongo, chaque jour, quel bonheur pendant ces deux semaines.

On avait une bonne équipe de basket qui avait commencé par une victoire incroyable sur l'Irlande, 73-14, et qui est allée jusqu'en finale… où elle n'a pas pesé lourd contre les géants américains, 65-21, malgré tous les efforts de mon chouchou, le meneur de jeu, le plus petit de l'équipe, il s'appelait Jacques Perrier, et les commentateurs l'appelaient « le feu follet » et vantaient sa fidélité à son club de toujours, au nom merveilleux, « l'Hirondelle des Coutures » !

Il y a des noms comme cela qui vous marquent et que vous retenez. À cette époque, j'aimais apprendre les noms bizarres des habitants de certaines villes, les Dyonisiens, les Appelous, les Bragards, les Castelthéodoriciens.

Ignace Heinrich, par exemple, c'est plus compliqué que Jacques Perrier, mais je devinais qu'il devait y avoir derrière ce nom et ce prénom peu courants un sacré gaillard. D'abord en écoutant ses interviews, l'enfant que j'étais a découvert l'accent alsacien, une voix posée qui donnait une impression de force, et le décathlon qui allait avec, pour couronner l'athlète parfait. Il a raté le disque, son point fort habituel, et il a laissé le titre à un gosse de 17 ans, Bob Mathias. Comment ce Bob avait-il pu battre notre Ignace, si pugnace, si tenace ?

Peut-être parce qu'il était le meilleur, comme il l'a encore prouvé quatre ans plus tard à Helsinki.

… Où on a retrouvé aussi les duettistes du dix mille mètres qui portaient aussi des noms qui sortent de l'ordinaire, Mimoun et Zatopek, ou plutôt Zatopek et Mimoun pour respecter la hiérarchie.

8

HELSINKI 1952 – LE PAPA, LES COPAINS ET LES COUSINS…

Helsinki 1952, c'est un peu comme un buffet du Club Med, il y en a pour tous les goûts, en abondance, on se laisse tenter et tous les jours je me suis régalé à l'écoute de la radio et à la lecture de *Miroir-Sprint* qui nous faisaient miroiter des médailles françaises et des exploits de surhommes et de… comment dit-on pour « surfemme » ? *superwoman* ?

D'ailleurs, le Club était là, en Finlande. Mais sans son soleil, il a plu pendant quinze jours !

Le Club Méditerranée avait été créé en 1950 aux Baléares par un ancien nageur belge, Gérard Blitz, qui s'était associé au spécialiste du camping Gilbert Trigano pour lancer des villages de vacances. Il avait comme sigle un trident… comme Poséidon ! Et Blitz qui avait envie d'assister aux JO avait installé un Club Med éphémère d'un mois à Helsinki pour accueillir les touristes, et il avait demandé à son ami Marcel Hansenne, qui venait de prendre sa retraite d'athlète avec sa médaille de bronze londonienne, d'en assurer la direction et les RP. C'est cette opération qui a vraiment fait démarrer le Club avec le succès que l'on sait. Et l'ambiance chez les GO (gentils organisateurs) correspondait tout à fait à l'esprit de ces JO. Le saut de papa Gaston dans la piscine en est un parfait exemple.

Du jamais vu ! Oui, on se serait cru à une animation du Club Med. Le mercredi 30 juillet 1952 à 17 h 15, à la piscine, un homme corpulent dégringole à toute vitesse des gradins, bouscule les juges et les chronométreurs et se jette à l'eau tout habillé à l'arrivée du 400 m nage libre. J'entends encore le radioreporter tout surpris qui se demande qui est « ce monsieur avec un béret, qu'est-ce qu'il vient faire là ? ». Il a fallu qu'il enlace le vainqueur pour que tout le monde comprenne : c'est Gaston Boiteux, le père de Jean, qui ne peut pas maîtriser sa joie, son fils est le premier nageur français champion olympique, si l'on excepte Charles Devendeville, champion de nage sous l'eau en 1900 dans la Seine à Paris.

En aidant son père à remonter, Jean, un adolescent de 19 ans, sait ce qu'il doit à ses parents. Gaston Boiteux avait été un bon nageur de fond en mer et sa femme, Bibienne Pellegry, avait été finaliste olympique en 1924 et 1928. Dans leur domaine agricole de La Ciotat, ils avaient fait construire un bassin d'irrigation où Jean pouvait s'entraîner facilement. Et comme il était doué, il est allé à 14 ans poursuivre ses études à Toulouse pour se placer sous la direction d'Alban Minville, l'entraîneur d'Alex Jany, le « pape » de la natation française, moins volubile que Philippe Lucas, cinquante ans plus tard, mais aussi célèbre à l'époque avec ses moustaches et son béret basque. À Helsinki il fallait battre l'Hawaïen Konno et le Suédois Ostrand. Jean Boiteux, qui ne s'affolait jamais dans la vie, décontracté et sûr de lui, a suivi au dixième de seconde près le plan de Minville, il est resté avec Konno jusqu'aux 200 m, il a accéléré pour passer aux 300 m avec une longueur et demie d'avance, avant de résister au sprint de l'Américain et de gagner en battant le record du monde en 4'30"7. Jean Taris et Alex Jany sont vengés. « Jour de gloire », titre *L'Équipe*… qui consacre Jean Boiteux « champion des champions » à la fin de l'année 1952.

« Le plus difficile ce jour-là n'a pas été la course, mais de sortir mon père de la piscine ! »

Après son service militaire en Algérie, il doit se rendre à l'évidence, avec les Australiens, la natation a fait un bond de kangourou et à Melbourne, il ne se qualifie même pas pour la finale du 400 et finit 6e du 1 500, deux épreuves gagnées par le prodige Murray Rose. Il est encore allé à Rome en 1960 avec le relais 4 × 200 m, sans plus de succès. À 28 ans, il s'est reconverti : entraîneur aux Girondins de Bordeaux et CTR, conseiller technique… régional ! Les honneurs, il s'en moquait, sa passion pour la natation primait tout. Aucun champion olympique n'a sans doute jamais été aussi modeste. Je l'ai beaucoup côtoyé au début des années 1980 quand nous faisions partie, avec le maillot jaune Lucien Aimar, le champion d'Europe de judo André Bourreau, la skieuse championne du monde Annie Famose qui possède aujourd'hui les plus beaux restaurants de Saint-Tropez, le fameux entraîneur du saut à la perche Jean-Claude Perrin, le directeur des JO de Grenoble et de l'INS, le Dr Robert Héraud, du comité des sports giscardien. Chez les chiraquiens, il y avait Drut et Lamour, alors que Bambuck et Calmat supportaient Mitterrand : ils ont tous les quatre été ministres des Sports. La tradition a continué avec Laporte et Douillet pour Sarkozy, Flessel et Maracineanu avec Macron.

À 77 ans, le 11 avril 2010, Jean Boiteux est tombé d'une échelle en taillant un arbre… Adieu champion !

Helsinki, c'est cette image, ce plongeon de papa Gaston pour embrasser son Jeannot victorieux, mais c'est aussi le triple masque grimaçant d'Emil Zatopek, et la page la plus glorieuse de la saga olympique des cousins d'Oriola.

Zatopek, Zato… pek, Za… to… pek, quand on martèle et qu'on répète ces syllabes, on a l'impression d'entendre le bruit d'un train à vapeur… mais ce n'est pas pour cela qu'Emil Zatopek a été surnommé « la locomotive humaine ». À Londres déjà, quand il avait remporté sa première médaille d'or dans le 10 000 m, sous la canicule, il avait pris la tête de la course dès le départ, comme la locomotive est en tête du train, et il avait semé, au… train, un à un tous ses wagons, drôle de locomotive qui avait failli doubler son tender, son ami Alain Mimoun, relégué à 320 m, et je ne parle pas du wagon de queue !

À Helsinki, le festival Zatopek, poitrine étroite, bras maigrichons mais jambes musclées, qui grimace et balance sa tête dans tous les sens, qui a l'air de souffrir comme sur son chemin de croix, qui souffre mais qui fait encore plus souffrir, commence dès le premier jour des Jeux, le 20 juillet, avec encore le 10 000 m et avec le même scénario, à 200 m près : Mimoun, encore deuxième avec sa petite foulée économique, ne sera distancé que de 120 m. Avec une telle progression, Alain peut rêver de changer son argent en or à Melbourne, dans quatre ans…

C'est la désolation dans le stade, il n'y a pas un Finlandais sur le podium alors qu'ils avaient trusté la plupart des médailles dans cette épreuve depuis qu'elle figure au programme olympique, depuis 1912, et la victoire d'une légende nationale, Hannes Kolehmainen, suivi en 1920 par l'illustrissime Paavo Nurmi, plus que légende, dieu vivant de l'athlétisme finlandais. Tous les deux avaient allumé la flamme lors de la cérémonie d'ouverture.

Tout cela, c'est Alain Mimoun qui me l'a raconté quand on est devenus copains dans les années 1980, et que je lui rappelais que, petit enfant, je le voyais s'entraîner du côté de Montmirault près de La Ferté-Alais, dans l'Essonne, où je suis né, et où le maire, M. Léger, était son ami. La suite, je la tiens aussi de Zatopek, avec qui j'avais sympathisé quand je lui avais expliqué que j'étais à Prague sur la place Venceslas en 1969 pendant l'insurrection antisoviétique, j'avais abandonné les championnats du monde de cyclisme qui se déroulaient à

Brno pour aller « couvrir » les manifs de Prague pour France Inter. Zatopek parlait bien français mais aussi anglais, allemand et russe en plus du tchèque. Sympathiser avec lui était tout naturel, il ne savait pas dire non, il était souriant, ouvert, disert, il aimait se raconter. Comme Mimoun.

Zatopek était une machine à courir, il alignait les kilomètres, mais à sa façon, en fractionnant les distances en petites courses brèves et successives, ce que l'on appellera plus tard l'*interval training*. Il se faisait mal pour s'endurcir et il a gagné le marathon alors qu'il n'en avait jamais couru, mais des marathons, il en faisait tous les jours à l'entraînement ! Et les 70 000 spectateurs du stade, à l'arrivée, l'ont applaudi comme l'un des leurs quand il a battu, le 27 juillet, le record olympique en 2 h 23'3", les Finlandais sont des connaisseurs. Marcel Hansenne aussi, qui venait de se lancer dans le journalisme dans *But et Club le Miroir des sports* :

« L'arrivée du Tchèque sur le stade fut dénuée de tout caractère dramatique ou émouvant. Ce fut l'arrivée d'un homme qui avait dompté la distance, comme jamais autre coureur n'avait pu le faire. On ne saurait certes reprocher à Zatopek d'avoir détruit d'un coup la légende du soldat de Marathon. Sa force radieuse le lui permit pourtant. Son arrivée fut aussi simple que possible. Il se contenta de réclamer une pomme dans laquelle il mordit sans manifester le moindre signe d'essoufflement ! »

Alors ses grimaces ? Je lui ai posé la question, il m'a répondu par un sourire ! Et je me demande si elles ne faisaient pas partie du personnage, si elles n'étaient pas destinées seulement à tromper l'adversaire. Dans les derniers kilomètres du marathon, il saluait la foule qui l'acclamait, il envoyait des baisers… et il s'est remis à grimacer à l'approche du stade !

Le marathon, c'était son grand objectif, il a gagné le 5 000 et le 10 000 en guise d'entraînement. Le 24 juillet, sur 5 000 m, on dit que c'est le plus beau de l'histoire, il a attendu la dernière ligne droite pour s'imposer de justesse devant Mimoun, avant d'aller embrasser son épouse, Dana Zatopkova, qui, une heure plus tard, sera, elle aussi, sacrée championne olympique au javelot. Emil et Dana s'étaient croisés en 1948 sur un stade et ils s'étaient rendu compte qu'ils étaient nés le même jour, le 19 septembre 1922, sous le signe de la Vierge, début d'une belle histoire d'amour : ils participent tous les deux aux Jeux de Londres et se marient un mois plus tard. En 1956 à Melbourne, Dana décrochera encore une médaille d'argent. Emil, lui, 6e, restera au pied du podium du marathon, mais avec le sourire, tout heureux de la victoire de son grand copain Alain Mimoun. Il arrêtera la compétition quelques mois plus tard avec le grade de colonel dans l'armée tchécoslovaque en récompense de ses exploits. Comme il voyageait beaucoup lors des grands événements sportifs, des rumeurs avaient couru, comme quoi il serait devenu une sorte d'espion. Mais la roue a tourné et en 1968, le colonel Zatopek a été renvoyé de l'armée et exclu du Parti communiste quand il a soutenu le dirigeant réformateur Alexander Dubček. Pour gagner sa vie, il s'est retrouvé mineur puis éboueur, et il ne sera pleinement réhabilité qu'après la chute du régime communiste en 1989. Son épouse et lui vivront dans un modeste appartement de la banlieue de Prague jusqu'à la fin de leurs jours, en novembre 2000 pour lui et en mars 2020 pour elle.

Emil Zatopek a battu 18 records du monde, il a été le premier à parcourir plus de 20 km dans l'heure, personne n'a jamais réédité son triplé olympique de 1952, aujourd'hui encore il demeure « la » référence, il incarnait son sport : « Pour nous, les coureurs de fond, courir n'est pas seulement courir, c'est aussi une religion. »

Tout comme l'étaient l'équitation pour Pierre Jonquères d'Oriola et l'escrime pour son cousin par alliance, Christian d'Oriola. Le plus jeune, le plus charmant à tous les sens du terme, le plus âgé, le plus ferme, droit dans ses bottes de cavalier. Ils avaient huit ans de différence. Christian était un gaucher génial, Pierre penchait fièrement vers la droite.

« À Helsinki ils étaient toujours ensemble, me confie Kate Delbarre, l'épouse de Christian. Une d'Oriola avait épousé un Jonquères, d'où le nom de Pierre. Ils avaient une grande admiration réciproque, avec des caractères complètement différents. Jonquères avait un caractère de cochon, mais quel champion, en fait il avait un caractère de champion ! Et une femme d'exception, Renate, jeune et jolie cavalière allemande de dressage qu'il avait connue à Berlin, et qui a sans doute été la seule capable de le… dresser ! »

Renate avait 22 ans de moins que Pierrot. Elle habite toujours la maison familiale de Corneilla-del-Vercol près de Perpignan et elle entraîne ses petites filles, des cavalières, sauf une qui fait de l'escrime :

« Je n'ai jamais vu Christian sur un cheval, ni *Pierrot* un fleuret à la main, me raconte-t-elle, heureuse de nos retrouvailles, on ne s'est pas revus depuis les JO de Mexico en 1968. Les deux cousins s'adoraient et s'admiraient réciproquement. Les grands-parents de Christian étaient très collet monté, c'étaient des aristocrates et ils n'avaient pas voulu que les Jonquères ajoutent d'Oriola à leur nom. Le père de *Pierrot*, maire de Corneilla, avait passé outre en associant, comme dans l'Espagne voisine, les noms du père et de la mère. Mais quand *Pierrot* a été champion olympique, tout le monde a été fier de célébrer la victoire d'un Jonquères… d'Oriola ! Quel beau nom que je suis fière, moi aussi, de porter ! »

Le nom de jeune fille de Renate est Knobloch. Quand je lui rappelle que ce nom m'évoque de mauvais souvenirs parce qu'un certain juge Knobloch m'avait fait passer une nuit en prison pour un banal accrochage de la circulation en 1966 à Francfort pendant les championnats du monde de cyclisme, Renate sursaute : « Mais c'était mon frère ! Oui, il était juge à Francfort cette année-là, nous sommes tous des juristes dans la famille, mais lui, il était particulièrement intransigeant. »

À Helsinki, Christian avait une revanche à prendre. Il n'avait toujours pas digéré sa deuxième place de Londres. Il avait 20 ans, un âge où l'on ne fait pas dans la demi-mesure, et la médaille d'or par équipes ne lui suffisait pas. Superstitieux, il avait lancé une pièce de 2 francs dans la Tamise pour conjurer le mauvais sort, 40 sous, c'était sans doute trop peu !

Il ferraillait depuis ses premières leçons à 9 ans, ses premières compétitions à 13 ans, ses premières victoires sur les adultes à 15 ans, et son premier titre de champion du monde à 18 ans. À Helsinki, il s'est pourtant fait peur en concédant deux défaites dans les éliminatoires et en ne se qualifiant que de justesse pour la finale. Là, il a retrouvé toute sa splendeur et remporté ses huit assauts. Le génie de l'escrime avait encore été plus brillant la veille en foudroyant ses quatre adversaires italiens en finale par équipes, 5-0, 5-0, 5-1, 5-2. On n'a jamais fait mieux ! Et entre chaque match, il arborait une petite casquette blanche qu'il avait apportée de Perpignan, sa mascotte porte-bonheur !

Quatre ans plus tard, à Melbourne, il sera le tout naturel porte-drapeau de la délégation française et remportera sa quatrième médaille d'or. Ça lui suffit, il arrête la compétition en 1960. Il deviendra arbitre international et passera sa vie entre sa passion, l'escrime, et son métier dans les assurances. J'ai toujours vu Kate à ses côtés jusqu'en novembre 2007, quand il nous a tous laissés très tristes, en nous quittant à l'âge de 79 ans. Il avait participé d'une manière ou d'une autre à tous les Jeux olympiques de 1948 à 2000.

Christian, c'est l'apogée de l'école française d'escrime, dans la lignée des Gaudin et Buhan, et avant Jean-Claude Magnan. Il a donné du mouvement à l'escrime conventionnelle, il était à la fois académique et guerrier, on le comparait bien sûr à d'Artagnan, mais c'était aussi Fanfan la Tulipe par son élégance et sa beauté souriante qui en ont fait le Gérard Philipe du sport français. Il était tellement imprégné de ces qualités qu'il n'appréciait pas trop Zatopek :

« C'est un phénomène mais il ne me faisait pas vibrer, son allure est trop disgracieuse. Je préfère de loin l'harmonie des gestes du merveilleux Bob Mathias, le champion olympique du décathlon, qui court, saute et lance comme un artiste. C'était lui le dieu du stade à Londres comme à Helsinki ! »

« Christian d'Oriola, c'était mon idole », me dit Jean-Claude Magnan, comme escrimeur et comme homme, fidèle en amitié, sérieux mais aimant faire la fête. Quelle élégance, quelle allure sur la piste. Il a été désigné à l'unanimité, en 1999, « escrimeur du siècle ».

Pierre Jonquères d'Oriola a lui aussi été sacré « meilleur cavalier du XXe siècle ». Quelle famille unique que ces d'Oriola qui ont marqué leur époque dans ces sports nobles que sont l'escrime et l'équitation.

Pierre a obtenu la médaille d'or en saut d'obstacles lors de la toute dernière épreuve des JO d'Helsinki, juste avant la cérémonie de clôture. Christian, qui avait été médaillé cinq jours avant lui, lui avait prêté pour l'occasion sa petite casquette blanche :

« Tâche de montrer que tu as l'esprit de famille ! »

Ils se copient, les deux cousins. Christian avait failli se faire sortir en qualifications, Pierrot a raté sa première manche et il se retrouve onzième, Ali Baba a fait tomber deux barres. Mais il aime le suspense, il a besoin de se motiver, et son parcours sans faute de la deuxième manche le qualifie pour un barrage avec quatre autres cavaliers.

« Vous savez qu'il a failli ne pas pouvoir le disputer, ce barrage, me raconte avec son délicieux accent ensoleillé sa fille, Laurence, qui a repris la propriété familiale de Corneilla-del-Vercol pour en faire des gîtes et chambres d'hôtes où son papa, dans les dernières années de sa vie, aimait accueillir les occupants et signer des autographes. Oui, pour se détendre, il est alors sorti du stade, mais quand il a voulu revenir, un cerbère au profil de rugbyman n'a pas voulu le laisser rentrer. Papa a fait trois pas en arrière, et se souvenant qu'il avait joué trois-quarts aile, il a foncé tête la première, raffûté le gardien et couru vers les écuries retrouver son Ali Baba. Ah ! ce petit cheval anglo, il l'aimait bien mais il ne lui appartenait pas et il n'a pas pu lui offrir la retraite qu'il aurait méritée après ses exploits olympiques. Ce monde de l'équitation est hélas soumis à trop de contraintes financières. C'est pour cela qu'à 21 ans, j'ai renoncé à suivre les traces de mon champion de père comme j'en avais rêvé, et que mes filles, bonnes cavalières, montent pour leur plaisir mais sans autres ambitions. Cet accrochage a mis papa dans une rage folle, une rage de vaincre. Vous les connaissez, les Catalans. Il est parti vite, a continué vite et il a fini vite en coupant le plus court possible. Le cavalier et le cheval ne faisaient qu'un, et ils ont été les seuls à franchir les six obstacles sans faute avec la médaille d'or à la clé. Oui, avec Ali Baba tout était plus facile ! »

Et les autres en sont restés… baba ! Un coup de sang pour une médaille d'or, du pur catalan !

Pierre Jonquères d'Oriola était le champion de la simplicité, de l'équitation instinctive, naturelle. Il a failli être la légende des légendes olympiques : s'il n'y avait pas eu la guerre, il aurait pu participer à 9 Jeux olympiques de 1940, à l'âge de 20 ans, à 1972, à 52 ans. Il n'en a finalement disputé que 5 car en 1948, « une bonne cuite » lors du dernier stage préparatoire l'a sorti de l'équipe de France, et en 1972, il a refusé d'aller à Munich car la Fédération française d'équitation ne lui avait pas attribué le cheval qu'elle lui avait promis, et il ne voulait pas faire de la figuration.

Mais entre 1952 et 1972, après Ali Baba, il y a eu Boulette et Éclair au Chocolat, pas super, et le merveilleux Lutteur B de Tokyo, un véritable normand né à Camembert, fils du pur-sang irlandais Furioso, le plus grand étalon du siècle, et la délicate jument championne du monde 1966 Pomone B, et le fantasque Nagir de Mexico, et d'autres exploits, et d'autres médailles, et la Légion d'honneur.

En plus des d'Oriola, Zatopek, Mimoun et Boiteux, les Jeux m'ont fait découvrir des sports et des champions nouveaux, et je me souviens parfaitement du nom des rameurs Raymond Salles et Gaston Mercier, vainqueurs en « deux avec barreur », de Georges Turlier et Jean Ludet, champions en canoë C2, Turlier que je retrouverai quelques années plus tard au lycée Lavoisier dans le Quartier latin à Paris, où j'étais « pion » et lui, prof de gym.

En football, j'ai entendu parler pour la première fois de Ferenc Puskas qui conduira le « Onze d'or » de la Hongrie à la victoire avant de devenir l'un des 5 ou 6 plus célèbres footballeurs de l'histoire.

J'ai suivi les plongeons de Mady Moreau, médaillée d'argent au tremplin, je l'avais vue s'entraîner dans la belle piscine de La Ferté-Alais… où décidément il se passait beaucoup de choses !

Et en cyclisme Georges Briquet a vanté les mérites d'un jeune Normand de 18 ans, champion de France des amateurs, « qui malheureusement avait l'air de rêver au milieu du peloton quand la bonne échappée est partie, mais qui finalement, avec sa 9e place et ses coéquipiers Rouer et Tonello, a permis à l'équipe de France de s'adjuger la médaille de bronze par équipes ».

Il s'appelait Jacques Anquetil !

On se souvient des champions du monde, des vainqueurs de Paris-Roubaix et de Milan-San Remo, mais la course cycliste olympique n'a pas encore trouvé sa place dans la légende des cycles. Jan Ullrich est le seul maillot jaune champion olympique de la course en ligne, Hennie Kuiper, 1972-1975, et Ercole Baldini, 1956-1958, ont réussi le doublé JO-championnat du monde, et Eddy Merckx a délégué son fils Axel pour décrocher une médaille de bronze en 2004. Depuis Rio en 2016, la victoire de Greg Van Avermaet et la chute de Julian Alaphilippe qui l'a privé du podium, un déclic s'est produit, et en 2021 le Tour de France lui-même a adapté ses dates pour respecter le calendrier olympique de Tokyo. Mathieu van der Poel, le petit-fils de Raymond Poulidor, rêve depuis toujours d'une médaille d'or. Il a fait des JO 2021 son objectif prioritaire dans sa spécialité préférée, le VTT.

9

MELBOURNE 1956 – IL A BAPTISÉ SA FILLE OLYMPE

C'est l'une des plus belles histoires du sport français, couronnée de victoires et d'émotion comme celles de Louison Bobet, Marcel Cerdan, Raymond Kopa, Jules Ladoumègue, Raymond Poulidor, c'est l'histoire d'un fils de paysans berbères de la région d'Oran devenu grand officier de la Légion d'honneur et qui a choisi de s'appeler Alain et de baptiser sa fille… Olympe. Quels symboles ! Il s'appelait Mimoun avec un M, cette lettre m'obsède, la treizième de l'alphabet, 13 comme son dossard porte-bonheur.

Pour 1956, les Jeux avaient le choix entre Melbourne et Buenos Aires, et ils étaient sûrs de se disputer pour la première fois dans l'hémisphère Sud. C'est l'Australie qui les a décrochés de justesse, d'une seule voix. Ils se sont déroulés à la fin de l'année, pendant l'été austral.

Pour ceux qui ont eu la chance d'y participer, ou d'y assister, comme Kate Delbarre-d'Oriola, ils restent les plus beaux par l'ambiance qui y régnait : « C'étaient des vrais Jeux, du sport à l'état pur, dans la continuité d'Helsinki. Tout le monde avait le sourire, on se sentait bien. »

Car les sportifs ne veulent pas s'encombrer de complications politiques.

M comme M… elbourne et le début des emm… on le verra avec M… exico et pire encore avec M… unich, M…

ontréal et M… oscou, les cinq villes olympiques dont le nom commence par M ont toutes connu des problèmes politiques.

Ces JO ont démarré sans l'Espagne, la Suisse et les Pays-Bas qui protestaient contre la présence de l'URSS après l'écrasement de la révolte en Hongrie par les chars soviétiques quelques semaines plus tôt… mais avec la Hongrie ; sans l'Égypte, le Liban et l'Irak en raison de l'invasion du Sinaï par Israël et ses alliés lors de la crise du canal de Suez ; sans la Chine enfin, dont les athlètes avaient quitté Melbourne juste avant les épreuves pour protester contre la présence de leurs frères ennemis taïwanais. Et il y avait des tensions aussi en Algérie, en Corée, au Pakistan et en Afrique noire où la décolonisation s'amorçait. Ce n'était pas la joie !

Melbourne était loin, c'était l'hiver en France, mais les Jeux ont apporté pendant deux semaines une bouffée de fraîcheur et d'exploits, le monde a connu une trêve olympique et les records ont valsé. Al Oerter, l'Américain, a lancé le premier de ses 4 disques d'or qui survoleront 4 continents, Melbourne, Rome, Tokyo, Mexico, alors que son ami Bobby Morrow était le dernier grand sprinter blanc américain, avec son doublé sur 100 et 200 m. Vladimir Kuts, le Soviétique, a pris la succession de Zatopek avec, lui aussi, un doublé, 5 000 et 10 000 m. Et l'on ne savait pas qui admirer le plus, la gymnaste russe Larissa Latynina ou la nageuse australienne Dawn Fraser qui annonçait l'aube (*dawn* en anglais) de la domination des nageurs australiens, les Konrads, Devitt, Rose, Wenden, Gould. Et l'idéal olympique a triomphé de la guerre froide quand le solide lanceur de marteau américain Harold Connolly s'est laissé séduire par l'éclatant sourire de la discobole tchécoslovaque Olga Fikotova. Ils ont rapproché leurs médailles d'or dans les allées du village olympique avant d'échanger des anneaux d'or et se marier quelques mois plus tard.

Comme supporter tricolore, je garde de ces Jeux trois noms : Christian d'Oriola encore, qui va décrocher une quatrième médaille d'or au fleuret, on l'attendait, le jeune sprinter cycliste sur piste Michel Rousseau, qui va imposer la force insouciante de ses 20 ans, on l'admirait, et enfin, enfin, oui, à 35 ans, Alain Mimoun au marathon, on l'espérait tellement.

Grandeur et décadence... Bravache et désabusé, dominateur et impuissant, Michel Rousseau, quand je l'évoque, il me rend triste. Il était triste lui-même dans les dernières images que je garde de lui quand il s'était retiré dans le Limousin, démuni, solitaire, après une vie mouvementée, passionnée, et qu'il était invité aux 75 ans de Poulidor.

Michel Rousseau, Johnny Weissmuller, Spyridon Louys, El Ouafi, Emil Zatopek, et tant d'autres, le CIO devrait mieux s'occuper de ceux dont les JO ont fait la gloire certes, mais qui ont contribué à bâtir le riche édifice olympique d'aujourd'hui.

Quel champion et quelle tête de lard, ce Michel Rousseau ! Il avait gagné à Melbourne un an à peine après avoir fait ses débuts sur la piste, au Vél' d'Hiv parisien, dans la Médaille, la bien nommée, une épreuve de détection des sprinters, que j'avais eu la chance de disputer juste avant la démolition de la piste. À 20 ans, il était champion olympique, champion du monde, imbattable, un véritable bulldozer, tout en puissance, 1,73 m, 82 kg, un cou de taureau, des cuisses d'acier, on l'appelait « le costaud de Vaugirard », le quartier du 15e arrondissement où il vivait. Mais il courait mal, disons, à sa façon, provoquait des séances de surplace qui tétanisaient ses muscles, n'écoutait que lui-même, et sa carrière n'a pas eu le prolongement que son talent méritait. Il s'est reconverti dans le catch et il élevait un crocodile dans sa baignoire. Il lisait beaucoup et se passionnait pour les soucoupes volantes. Il a ouvert une auto-école pour handicapés, il avait un cœur gros comme ça, il voulait se rendre utile, l'affaire n'a pas marché. Il est parti au Canada, en Colombie, puis en Afrique du Sud, comme entraîneur, et enfin en Australie, à Melbourne, pour retrouver ses 20 ans. Sur le podium olympique, le titi parisien d'alors, en réponse aux félicitations du duc d'Édimbourg, avait lancé : « Duc, la France vous salue ! »

Quand il est décédé à 80 ans, la France l'avait oublié. Ce sont « les Amis de Raymond Poulidor » qui ont organisé ses obsèques.

La France, elle était aussi, profondément, au cœur d'Alain Mimoun.

Né au Telagh, dans le canton de Sidi Bel-Abbès et le département français d'Oran le 1er janvier 1921, dans une famille d'agriculteurs, Ali Mimoun Ould Kacha, aîné d'une fratrie de sept enfants, avait découvert l'athlétisme au début de la guerre, à l'âge de 18 ans, alors qu'il était engagé volontaire au sein des tirailleurs algériens de l'armée française et qu'il avait décidé de franciser son nom et de s'appeler pour l'éternité Alain Mimoun. C'est du moins ce que j'avais toujours lu et cru, et il ne m'était jamais venu à l'idée de lui en parler. Mais sa fille, Pascale-Olympe, qui habite toujours le pavillon familial, plein de trophées à Champigny-sur-Marne dans le Val-de-Marne, tient à rétablir la vérité :

« Mon père ne s'est jamais appelé Ali. Ses parents lui avaient donné un très joli prénom, O'Kacha, mais je crois que ce sont les pères missionnaires qu'il côtoyait qui l'appelaient Alain. Sur son passeport il y avait "O'Kacha, dit Alain Mimoun", et il est resté tout simplement Alain quand il est arrivé en France. Il en rêvait de la France depuis qu'à 12 ans on lui avait refusé une bourse d'études et qu'il s'était dit qu'il lui fallait quitter cette Algérie qui ne voulait pas l'aider. »

Il est venu faire son service militaire en France, et il a découvert la course à pied à Bourg-en-Bresse. Après l'armistice de 1940, il est retourné en Algérie. En 1942-1943 commence la reconquête avec les généraux Giraud et Juin, la campagne de Tunisie, puis la Sicile et la campagne d'Italie. À Monte Cassino, le 28 janvier 1944, il est sérieusement blessé à la cheville par un éclat d'obus, l'équipe médicale s'apprêtait à l'amputer quand un chirurgien est intervenu à la dernière minute pour sauver son pied. Ouf ! Premier miracle ! Le 15 août, il participe au débarquement en Provence, du côté de Saint-Tropez. Il était fier de sa croix de guerre avec quatre citations.

Une fois la paix revenue, il s'est mis à courir pour de bon, en se spécialisant sur les longues distances, et il est vite devenu le meilleur Français sur 5 000 m, 10 000 m et en cross-country. On a entendu « Allez, Mimoun » avant « Vas-y, Poupou ». Mais au niveau international, il est tombé sur un os, le Tchèque Emil Zatopek. Ils sont devenus amis dès leur première rencontre et ils le resteront toute leur vie, mais sur un stade, on ne se fait pas de cadeaux et Mimoun a collectionné les deuxièmes places : 2e des JO de 1948 sur 10 000, 2e des championnats d'Europe de 1950 sur 5 000 et 10 000, 2e des JO de 1952 sur 5 000 et 10 000. Alain était pourtant né le 1er janvier 192… 1, une date qui ne le prédestinait pas à jouer les Poulidor avant Poulidor. Ils étaient copains, mais Alain connaissait surtout la calvitie d'Emil, vu de dos, et ses oreilles légèrement décollées ! Et il commençait à désespérer de le battre un jour car au début de l'année 1955, une méchante sciatique l'empêchait de s'entraîner. En trois mois il avait pris neuf kilos, et tout le monde disait : « Mimoun est fini. » Il avait consulté les meilleurs médecins, kinés, ostéopathes, rebouteux, sans succès. Lui-même se lamentait, il était croyant : « Mais qu'est-ce que j'ai fait au Bon Dieu pour en arriver là ? » Un dirigeant de la Fédération française d'athlétisme, M. Mallet, l'a pris au mot et lui a proposé un pèlerinage à Lisieux : « Sainte Thérèse a déjà accompli beaucoup de miracles, tu ne risques rien. »

« Lisieux, c'est encore mieux que Lourdes », aime raconter Pascale-Olympe Mimoun, qui connaît tous les détails de la vie de son papa avec qui elle était profondément liée. « On était soudés, dit-elle. Cette basilique est majestueuse, elle inspire le respect, c'est solennel. M. Mallet est resté dans sa voiture, alors que papa est entré en boitant dans la basilique. Il s'est recueilli devant sainte Thérèse, et d'un seul coup, il a eu un choc. Il s'est mis à trembler de tout son corps et à pleurer pendant de longues minutes. Il ne pouvait pas se contenir. Il sentait que quelque chose se passait en lui. Le lendemain, il marchait presque normalement et il a pu recommencer à trottiner puis à s'entraîner sérieusement. »

Quand on évoquait cet épisode essentiel de sa vie, Alain Mimoun, de sa voix si particulière, disait que tout cela était écrit :

« Je suis un double miraculé, à Cassino quand j'ai été sauvé de justesse de l'amputation et à Lisieux où sainte Thérèse m'a permis de devenir champion olympique. Je crois au Bon Dieu, j'ai une liaison directe avec lui. D'ailleurs il m'avait attribué le dossard… 13 à Melbourne ! »

Il aimait entrer dans une église, il était catholique mais pas pratiquant, c'était un humaniste qui regrettait toutes les guerres de religion passées et présentes. En politique, il avait deux idoles, le général de Gaulle et Jacques Chirac… qu'il ne plaçait quand même pas au même niveau. Un soir à Créteil, à l'issue d'une de ces épreuves populaires « Courir pour une fleur » dont il était le parrain et moi l'animateur, nous dînions avec le maire socialiste Laurent Cathala dans une ambiance si conviviale qu'Alain s'est esclaffé : « Tu es tellement sympathique Laurent que je me demande comment tu fais pour être socialiste ! » Et à la réponse souriante du maire il avait conclu : « Moi je ne suis ni de droite ni de gauche, je suis de France ! »

Gaston Meyer, le rédacteur en chef de *L'Équipe* des années 1950-1960, avait fait d'Alain un subtil portrait dans la collection « Nos Champions » (Berger-Levrault) :

« Son visage brun presque bistre, en lame de couteau, barré par de fines moustaches noires, est dominé par deux yeux noirs d'une extraordinaire intensité. Ses yeux reflètent une volonté inflexible. Parfois aussi la méfiance. Rançon peut-être d'une jeunesse trop dure. Mais si d'un mot vous savez gagner la confiance de Mimoun, tout change, le sourire transforme le visage, les yeux brillants éclairent le front haut et le nez busqué. Alors vous connaissez l'autre Mimoun, celui qui aime jouer avec les enfants, qui s'ingénie à rendre service de mille façons à ceux qu'il aime de tout son cœur, mais qu'un mot blessant ou mal interprété peut rejeter d'un coup dans son froid isolement. Timidité, susceptibilité, volonté... telles sont sans doute les caractéristiques de ce caractère entier, sans doute trop difficile à comprendre pour être accepté de tous... »

Ce qui lui a posé parfois quelques problèmes, mais il n'a jamais transigé avec sa ligne de conduite.

À Melbourne, à 35 ans, il a décidé de courir pour la première fois le marathon.

À la veille de l'épreuve, Alain Mimoun apprend qu'il est papa, et dans le style télégraphique du message, il y avait un « s » à bébés, si bien qu'il s'est cru papa de jumeaux... et qu'il a couru deux fois plus vite le lendemain !

Ils étaient 46 sur la ligne de départ, sous une chaleur accablante, 35 degrés, le 1er décembre 1956. Sagement, Alain s'était coiffé d'un mouchoir brodé aux initiales de sa femme, GM, Germaine Mimoun, noué aux quatre coins. Il l'avait préparé son marathon, il s'était fait faire des chaussures sur mesure adaptées aux pieds qui enflent au fil des kilomètres, il avait testé une vingtaine de paires de chaussettes avant de choisir celles qui correspondaient le mieux à la chaleur, pareil pour le maillot, le short. Il pesait 2 kg de plus que son poids de forme parce qu'il savait qu'il allait en perdre 4 en deux heures et qu'il ne fallait pas trop puiser dans ses réserves.

Il courait comme il en avait l'habitude, et il pensait à ce que lui avait dit Zatopek la veille : « Tu peux gagner le marathon parce que tu ne sais pas ce que c'est ! »

Et lui, superstitieux, il y croyait encore plus, depuis qu'on lui avait attribué le dossard 13.

C'est vrai que ça lui paraissait facile, il menait le peloton, depuis plus d'une heure déjà, et en se retournant, il a vu qu'ils n'étaient plus que six en tête… et que Zatopek n'était plus là ! Il avait reconnu le parcours, minutieusement, et il savait qu'il y avait maintenant une montée suivie d'un faux plat qui allait faire mal aux jambes. Il a conservé la même allure pendant que les autres fléchissaient, et d'un seul coup il s'est retrouvé tout seul, lui qui se complaisait dans la foulée de ses adversaires sur les stades. Trentième kilomètre, aïe, ses jambes commencent à se faire lourdes, ses poumons brûlent, il enlève son mouchoir de sa tête, il se bat, il sait que c'est dur aussi pour les autres, il pense à sa femme, à ses jumeaux. Pour eux, pour elle, pour lui, pour la France, il veut être champion olympique, il la veut sa *Marseillaise*, qu'il a ratée d'un rien dans le 5 000 m d'Helsinki, c'est son jour, c'est son tour, il y pense depuis si longtemps. Kilomètres 33, il sort du trou noir, pendant 3 km, neuf minutes, il ne sait pas ce qui s'est passé, et d'un seul coup, c'est la magie du dossard 13 porte-bonheur, ses prières sont exaucées, tout s'éclaire, il a l'impression de s'envoler, il aperçoit le stade, il y est, il débouche du tunnel, 100 000 personnes se dressent, l'ovationnent. Pour son premier marathon, il est champion olympique !

Il m'a dit un jour : « Tu sais pourquoi j'étais doublement heureux ? J'étais champion olympique, c'est vrai, mais aussi j'avais enfin battu Zatopek ! »

Emil Zatopek, sixième à cinq minutes, l'a pris dans ses bras, c'était la dernière fois qu'ils couraient ensemble.

Melbourne, c'était loin, il lui a fallu huit jours pour rentrer à Paris avec deux koalas naturalisés pour ses jumeaux. À l'aéroport d'Orly, il y a beaucoup de monde et on l'amène devant un poste de télévision, il croit que c'est un cadeau, c'est mieux encore, une image apparaît, filmée par l'équipe de la RTF deux jours plus tôt, l'image « du » bébé, il n'y en avait qu'un, Pascale-Olympe, née à Tulle chez ses grands-parents maternels le 29 novembre 1956, quarante-huit heures avant le fameux marathon.

À son retour en France, Mimoun est devenu… Mimoun le champion de légende, un symbole, né en Algérie française, « plus Français que les Français », selon sa propre expression. Grand admirateur du général de Gaulle, il accrochait un drapeau bleu, blanc, rouge sur son balcon quatre fois par an : le 8 mai, le 18 juin, le 14 juillet et le 11 novembre. Il résumait son existence par cette phrase : « Tout ce que j'ai gagné dans ma vie, c'est la reconnaissance de la France. »

Courir, c'était toute sa vie, et il a couru… toute sa vie, comme le raconte si bien mon confrère et ami Alain Billouin dans son livre *Alain Mimoun. Toute une vie à courir* !

Il faisait attention à ce qu'il mangeait mais il avait à Bugeat l'une des plus belles caves du Limousin et il lui arrivait même d'essayer de suivre Antoine Blondin dans certains marathons des leveurs de coude. Mais là il retrouvait son Zatopek et il devait se contenter de la deuxième place !

Olympe explique : « Quand il a quitté l'école à 12 ans, il a travaillé dans les vignes et s'est pris de passion pour la vigne et le vin. Il aimait la nature, les fleurs, les arbres, mais aussi l'histoire, il s'intéressait à tout et il regrettait de ne pas avoir eu cette bourse pour poursuivre ses études. »

Il a laissé son nom à des dizaines de stades, de rues, et surtout à deux grands centres sportifs, Bugeat, en Corrèze, où l'avait amené sa femme Germaine, et la Porte… Dorée à Paris près du bois de Vincennes, où il aimait s'entraîner.

De son triomphe à Melbourne il conservait un souvenir précis : « *Quand le drapeau français a été hissé, j'ai pleuré sans larmes tellement j'étais déshydraté. Le lendemain, il flottait encore au-dessus du stade vide. C'est un destin fantastique, non ?* » Un destin qui lui a permis d'être décoré par quatre présidents de la République : René Coty en 1956, Georges Pompidou en 1972, Jacques Chirac en 1999 et Nicolas Sarkozy en 2008. À 92 ans, il trottinait encore quand un anévrisme de l'aorte l'a emporté le 27 juin 2013, à l'hôpital du Val-de-Grâce à Paris, deux mois après sa femme. Il a eu droit à un hommage national dans la cour des Invalides par un cinquième chef de l'État, François Hollande. Le lendemain, *L'Équipe* a titré sobrement : « Mimoun, un champion français ». Tout était dit !

Vingt-neuf fois champion de France, 32 records de France, 86 sélections en équipe de France, 1 médaille d'or et 3 médailles d'argent olympiques, Alain Mimoun a été élu en 1999 « athlète français du XXe siècle ».

10

ROME 1960 – WILMA, CASSIUS, MICHEL, ABEBE ET LES AUTRES…

Quand Michel Jazy, l'un des trois ou quatre plus grands athlètes français de tous les temps, me parle dans sa retraite d'Hossegor de sa médaille d'argent sur 1 500 m, il me confie aussi en riant que ces Jeux de Rome auraient pu donner naissance au champion le plus phénoménal de toute l'histoire du sport : « C'étaient déjà des stars, on n'arrêtait pas de les regarder, ils étaient tous les deux jeunes et beaux, et ils flirtaient en dansant sans se cacher. Ils avaient déjà réalisé, eux, leur rêve olympique ! » J'étais pourtant à Rome moi aussi, mais je n'avais pas accès à la discothèque du village olympique, et je n'avais pas eu vent de cette idylle qui n'a duré qu'un seul été. Elle se prénommait Wilma, il s'appelait encore Cassius !

Le rêve olympique ! Nous l'avions préparé six mois à l'avance notre voyage à Rome, en scooter Lambretta, avec mon copain Jean Paul Raulet : place réservée au camping Monte Antenne sur la rive gauche du Tibre, pas très loin du village olympique, j'ai conservé la facture, 9 900 lires pour dix-huit jours, du 22 août au 9 septembre, et surtout billets achetés 38 000 lires, pour une quinzaine d'événements que nous ne voulions pas manquer, billets de 1 000 à 4 000 lires selon les catégories pour l'athlétisme au Stadio Olimpico. Mais il a été quelque peu perturbé par un chauffard qui nous a fait faire un vol plané en nous serrant contre le parapet dans la montée de la Gineste, à la sortie de Marseille, avec de belles égratignures, et par un vol pas planifié de nos sacs de voyage le même soir sur les hauteurs de Cimiez, à Nice, avec nos billets olympiques envolés ! Il en aurait fallu beaucoup plus pour nous arrêter et nous avons poursuivi notre aventure sur les routes italiennes, San Remo, Gênes, Pise, Sienne, qui avaient vu l'année précédente mon ami Jean Graczyk remporter l'unique édition de la course Paris-Nice-Rome. L'organisateur de Paris-Nice, le journaliste de *L'Aurore* Jean Leulliot, père de Jean-Michel, toujours à la recherche d'innovations, avait en effet décidé de prolonger « la Course au Soleil » jusqu'en Italie, ce qui avait valu de superbes empoignades entre les bandes rivales de Géminiani, Rivière, Gérard Saint d'un côté et Anquetil, Graczyk de l'autre, avec la victoire finale de « Popof », le Berrichon fils de Polonais, avec qui j'essayais d'aller m'entraîner quand je courais sous les couleurs de l'Union cycliste du Berry, dans le Cher, et qu'il était maillot vert du Tour de France. Il me donnait rendez-vous chez lui à Vignoux-sur-Barangeon vers 8 heures, sa maman avait préparé le petit déjeuner à base de fromage blanc, je le mangeais sucré chez moi, Popof le préférait ail et fines herbes ! Et nous partions, et je me réjouissais de pédaler avec un champion, mais le vélo n'était pas sa première passion, il préférait la chasse – et plus encore le braconnage, ce qui lui a valu quelques ennuis –, et nous n'avions pas fait cinq kilomètres qu'il voyait s'envoler une perdrix au détour d'une haie et qu'il décidait de rentrer pour aller chercher son fusil… Graczyk ne nous éloigne pas tant que cela de l'olympisme puisqu'il a remporté la médaille d'argent de la poursuite par équipes à Melbourne en 1956 et qu'à l'issue de son Paris-Nice-Rome, il a été reçu au Vatican par Sa Sainteté le pape Jean XXIII… qui a béni dix-huit mois plus tard les participants aux JO devant la basilique Saint-Pierre. Les coureurs du Giro ont souvent été bénis eux aussi par le pape et ceux du Tour de France l'ont été en 2019 au départ de la grotte de Lourdes, pour le 160e anniversaire des apparitions, par l'évêque de la cité mariale Mgr Nicolas Brouwet que j'ai connu quand il était curé de Sèvres.

Et l'on a, en ce mercredi 24 août 1960, une pensée et une prière pour Fausto Coppi, le *campionissimo* qui s'est échappé pour la dernière fois huit mois plus tôt, victime d'une malaria attrapée au Burkina Faso.

C'était en fin d'après-midi et une brise légère venait tempérer la fournaise qui a accompagné les athlètes pendant quinze jours. Les diverses délégations étaient arrivées en autocars et les touristes, dont je faisais partie, se mêlaient aux athlètes sous l'œil souriant d'un service d'ordre bienveillant.

Jean-Claude Perrin, qui allait devenir quelques années plus tard le célèbre et talentueux entraîneur des sauteurs à la perche français, s'était rendu lui aussi à Rome en Vespa pour découvrir, comme moi, ce fabuleux univers des Jeux. Nous étions comme saint Thomas l'apôtre, qui avait besoin de voir et de toucher pour croire ! Nous voulions par exemple voir et approcher… Thomas, prénom John, le sauteur en hauteur américain, pour comprendre comment l'un de nos semblables pouvait s'élever, comme par miracle, à plus de 2,20 m, il venait de porter le record du monde à 2,23 m !

Jean-Claude Perrin était également sur la place Saint-Pierre :

« À Rome on découvrait la joie de vivre, les embouteillages, une jeunesse exubérante, des filles en short ou en minijupe comme on n'en voyait pas encore en France, et de la lumière, des parfums, des odeurs, une atmosphère joyeuse. Et je me souviens de cette parole de Jean XXIII aux athlètes : “Vous êtes les disciples de saint Paul, cet athlète de la chrétienté !” »

D'après les textes, saint Paul, petit, chauve, voûté, n'avait rien d'un athlète à première vue, mais il était d'une énergie infatigable, d'un courage surhumain, et il savait nager, ce qui était rare en ce temps-là. Comme en plus il était érudit et parlait plusieurs langues, il symbolisait le « *mens sana in corpore sano* » cher à Coubertin et avant lui à Platon qui avait dit quatre siècles avant J.-C. : « L'ignorant est un homme qui ne sait ni lire ni nager ! » Pierre de Coubertin avait scellé cette « nouvelle alliance », la réconciliation de la chrétienté avec l'olympisme, en 1905, quand il avait été reçu par le pape saint Pie X au Vatican un peu plus de mille cinq cents ans après que l'empereur romain Théodose, Rome venait de conquérir la Grèce, ait décidé, lui, le chrétien, d'interdire les Jeux qualifiés de païens.

La musique du Vatican avait joué l'hymne pontifical de Gounod puis l'hymne olympique de Spyros Samaras, et Jean XXIII, follement applaudi, avait apporté le soutien de l'Église à une saine culture du corps et en tant qu'évêque de Rome il avait souligné que la Ville éternelle, cœur de la chrétienté, devenait le centre de l'olympisme, cet olympisme de Coubertin qui partage les mêmes idéaux que le christianisme.

On a souvent réduit le message olympique de Coubertin à cette formule, en s'en moquant même parfois : « L'important est de participer », qu'il faut replacer dans la phrase complète : « Le plus important aux Jeux olympiques n'est pas de gagner mais de participer, car l'important dans la vie n'est point le triomphe mais le combat ; l'essentiel ce n'est pas d'avoir vaincu mais de s'être bien battu. » C'est une formulation qui avait été inspirée au baron par l'évêque anglican de Pennsylvanie, Mgr Talbot, présent à Londres au moment des JO de 1908 et qui avait prêché dans la cathédrale Saint-Paul que « les Jeux sont au-dessus des questions de race et de récompenses, et même si seule une personne peut porter la couronne de lauriers, tout le monde peut partager la même joie de la compétition ».

Et c'est aussi un ecclésiastique, le père dominicain Henri Didon, qui a offert à son ami Coubertin la fameuse devise de l'olympisme *Citius, Altius, Fortius*, ces trois mots qui sont les fondements et la raison d'être des sports athlétiques qu'il enseignait à ses élèves du lycée Albert-le-Grand d'Arcueil en banlieue parisienne pour les encourager à la pratique sportive.

Rome, berceau de la civilisation, se devait d'accueillir la civilisation du sport. C'était l'épanouissement de la beauté, beauté du geste sublimée par la beauté de la Ville éternelle.

Je ne pouvais pas rêver plus noble terre, en cette fin du mois d'août 1960, pour faire mes débuts de journaliste au *Berry républicain* dont j'avais connu le chef du service des sports, Jean Séret, lors de ma petite carrière de coureur à l'Union cycliste de Bourges. Il m'avait suivi aussi dans la Coupe des téléreporters que Raymond Marcillac avait organisée quelques mois plus tôt pour recruter de jeunes commentateurs et où j'étais allé en quart de finale. Le 30 août 1960, j'ai signé mon premier « papier » qui résume bien l'ambiance de ces Jeux, « Vacances romaines ou un touriste berruyer aux JO ».

« Pour le touriste, Rome, c'est d'habitude le Forum, le Vatican et la Villa Borghese. Mais aujourd'hui, c'est le Palazzo, le Palazzetto et le Stadio Olimpico.

Je dis bien pour le touriste car les Romains semblent se désintéresser étrangement de ces Jeux de la XVIIe olympiade. En grande partie, ils ont déserté leur capitale, trop chaude en ce mois d'août, pour les plages proches, et Rome semblerait bien morte si chaque jour n'amenait pas son contingent d'étrangers spectateurs ou acteurs des Jeux : hindous barbus et enturbannés, Anglais aux shorts trop longs, Allemands gros et gras, Japonais aux couleurs chatoyantes, et Français enfin, “bien de chez nous”, qui, en rentrant à Bourges, auront oublié qu'au sommet du Capitole se trouve la statue de Marc Aurèle à cheval, mais qui se souviendront qu'un soir devant la Fontana di Trevi, ils ont rencontré *la piu bella bionda del mondo*...

D'ailleurs, s'ils sont nombreux, les touristes ne le sont pas autant que prévu, et beaucoup de logements sont encore disponibles. Les prix de location y sont sans doute pour quelque chose puisque la moindre chambre ne coûte pas moins de 3 000 lires (24 nouveaux francs) par nuit.

Seuls les terrains de camping sont à peu près pleins... ce qui n'est pas encore le cas des stades puisque des milliers de billets attendent toujours, dans toutes les agences, des acheteurs éventuels qui ne se pressent pas beaucoup.

À chaque carrefour, deux panneaux, l'un EUR, l'autre Flaminio, indiquent les directions des deux principaux centres olympiques. De la voie Appienne au Capitole, sur le chemin suivi par la flamme olympique, les drapeaux des quatre-vingt-cinq nations participantes ne flottent pas au vent qui, malheureusement dans cette fournaise, ne souffle pas. Ce sont là les deux seuls signes extérieurs et locaux des JO. Mais au restaurant, par exemple, entre les spaghettis à la “milanaise” et les raviolis à la bolognaise, votre voisin de table italien vous parle plus volontiers de la récente victoire de Nencini dans le Tour de France ou de la dernière baisse de deux lires de la *benzina* que des chances de vaincre pourtant certaines de Livio Berruti sur deux cents mètres, un Berruti que j'aimais bien car il était étudiant en chimie comme moi !

Pourtant jusqu'ici, deux événements ont réussi à déchaîner les passions : la bénédiction papale des délégations et la cérémonie d'ouverture des Jeux. À la sortie de cette cérémonie, j'ai en outre eu l'occasion d'assister à l'un des plus grandioses embouteillages que j'aie jamais vus. Les centaines d'agents de la circulation en impeccable tenue blanche n'étaient pas de trop pour essayer de faire respecter aux automobilistes romains un code de la route qui ne date, il est vrai, que de dix-huit mois à peine, et qu'ils n'ont pas encore très bien assimilé, “tant s'en faut”, comme disait naguère l'un de mes professeurs du lycée Alain-Fournier.

Cet embouteillage était d'ailleurs à la mesure de Rome où tout est grandiose, aussi bien les ruines antiques que les chefs-d'œuvre de la Renaissance ou que les constructions modernes.

Et il est fort probable que dans les jours qui viennent les athlètes ne voudront pas être en reste. Alors, sans aucun doute, il va y avoir du sport ! »

Les Italiens se sont intéressés au cyclisme, au football, à l'escrime, à la boxe, au water-polo, mais l'athlétisme, le sport roi des Jeux traditionnellement, les laissait indifférents. Même Berruti, en remportant le deux cents mètres et en égalant le record du monde, n'a pas déchaîné l'enthousiasme de la presse. Il est vrai que le même jour, l'Italie était en deuil et pleurait Mario Riva, le présentateur des plus célèbres émissions de radio et de télévision.

La presse quotidienne sportive italienne était impressionnante pour le touriste français qui n'avait dans l'Hexagone que *L'Équipe* (500 000 ou 600 000 exemplaires alors) pour assouvir sa passion. On avait en Italie le choix entre *La Gazzetta dello Sport* en rose (800 000 exemplaires), *Tuttosport*, Stadio en vert, et le *Corriere dello Sport* (tous les trois autour de 300 000 exemplaires). Quand je dis que l'on avait le choix, je veux dire que l'on avait la possibilité d'ingurgiter du foot, du foot et du foot, il n'y en a que pour le *calcio* dans la péninsule !

Avec la récente proclamation d'indépendance de nombreux pays africains, Rome a enregistré un record de participants, avec plus de 5 000 athlètes portant les couleurs de 83 nations.

Les États-Unis, qui, pour la première fois, avaient désigné comme porte-drapeau un athlète noir, le décathlonien Rafer Johnson, ont vu naître lors de ces Jeux une nouvelle génération de champions, Lee Calhoun, Otis et Glenn Davis, John Thomas, Ralph Boston, Don Bragg, Al Oerter, Rafer Johnson, Wilma Rudolph.

Mais toutes ces stars n'ont fait que passer alors que s'ouvraient les portes de l'éternité devant le jeune boxeur de 18 ans et 1,91 m, au fier nom et à la fière allure de centurion, général ou consul romain, Cassius. Qu'il s'appelle Clay (« argile » en anglais) n'avait que peu d'importance, d'ailleurs il renoncera de lui-même à ce nom qui m'évoque *L'Homme aux mains d'argile*, le film qui retrace la vie de Marcel Cerdan.

Fier, mais avec quelques faiblesses, comme la peur de l'avion, et il se disait qu'il aurait porté un parachute pendant tout le vol qui le menait à Rome !

Il a choisi, quatre ans plus tard, d'abandonner son nom « d'esclave » pour celui de Mohamed Ali. Il a proclamé qu'il était le roi du monde, « *I'm the king of the world* ». Il a cru se libérer, il a refusé de combattre au Vietnam, il a été toute sa vie prisonnier de son personnage et du *boxing business*. Il n'est retombé sur terre, hélas !, que bien des années plus tard, quand, tout de blanc vêtu, il a ému le monde entier, handicapé par sa maladie de Parkinson, redevenu humain et fragile, en portant la flamme olympique en 1996 à Atlanta. Il a résisté jusqu'en 2016 et il est mort à 74 ans.

« Cassius Clay, champion olympique des poids mi-lourds ».

J'y étais le 5 septembre. J'ai vu Cassius Clay de loin, de la place 466, section 4 du Palazzetto dello sport avec mon billet *pugilato* jaune orangé avec Rémus et Romulus surmontant les anneaux olympiques. Les billets du Stadio Olimpico étaient roses, ceux du cyclisme, beiges, et de la natation, bleus. Il a battu le champion d'Europe, le Polonais Zbigniew Pietrzykowski, un gaucher qui lui a posé quelques problèmes, aux points, à l'unanimité des cinq juges.

Ce n'était pas un boxeur comme les autres, il donnait l'impression de danser sur le ring, on sentait qu'il était fort, mais il était surtout très rapide, virevoltant, étourdissant d'adresse. « Je vole comme un papillon, je pique comme une abeille », dira-t-il un jour. C'est cette vitesse d'exécution qui faisait la différence. Pendant trois jours, il n'a pas quitté sa médaille, il dormait avec, et il dansait aussi avec le soir. Au village olympique, il serrait des mains, il allait d'un groupe à l'autre, il racontait plein d'histoires, il charmait tout le monde, on l'appelait « Monsieur le maire » !

J'ai vu Mohamed Ali de plus près en 1966 à Francfort. Il préparait son championnat du monde contre l'Allemand Karl Mildenberger (victoire par arrêt de l'arbitre à la douzième reprise) dans l'hôtel où j'habitais pendant les championnats du monde de cyclisme. Et j'ai même eu la chance de partager son footing sur les bords du Main quand il piquait des sprints, qu'il envoyait des séries de direct du gauche en l'air, et qu'il racontait qu'il était si rapide que le soir, en entrant dans sa chambre, il appuyait sur l'interrupteur… et qu'il était déjà dans son lit avant que la lumière ne s'éteigne !

Ce combat lui avait rapporté 300 000 dollars, il en faisait quatre par an et pourtant, l'un des nombreux membres de son entourage, le frère de son entraîneur Angelo Dundee, avait confié que « Cassius Mohamed Ali Clay était complètement fauché ». Le grand spécialiste de la boxe Andy Dickson en donnait alors les raisons dans *Le Miroir des sports* :

« Après les Jeux olympiques, Cassius Marcellus Clay a signé un contrat avec "The Louisville Sponsoring Group" qui s'engageait à faire de lui une grande vedette de la boxe mais en prélevant 50 % de ses bourses pendant six ans. Comme le fisc lui soutire ensuite 80 % de sa part, il ne lui reste effectivement plus grand-chose… d'autant plus, ou moins, que les “Blacks Muslims” viennent de mettre leur nez dans ses affaires et qu'Ali, très croyant, leur verse des sommes importantes. Espérons pourtant que l'étonnant Cassius Clay ne rejoindra pas la cohorte des champions milliardaires ruinés ! »

C'est pour de l'argent qu'à 39 ans il a livré un ou deux combats de trop.

Mohamed Ali, c'est une légende aux 4 femmes, 9 enfants, 61 combats professionnels entre 1960 et 1981, 56 victoires, 37 K-O, champion du monde des poids lourds comme son idole Joe Louis. En 1999, *Sports Illustrated*, le magazine américain, le sacre « sportif du siècle » devant le footballeur Pelé. En 2005, il reçoit la plus haute distinction américaine, la médaille de la Liberté.

Quant à sa médaille olympique, on ne sait pas où elle est passée. Il l'a sans doute perdue, mais on a raconté aussi une autre histoire. En rentrant chez lui à Louisville après les JO, dans un restaurant, malgré sa gloire naissante, on aurait refusé de le servir parce qu'il était noir, et de rage il aurait jeté sa médaille d'or dans l'Ohio. On ne connaîtra jamais la vérité. Le CIO lui en a remis une autre à Atlanta sous les clameurs du public.

Wilma Rudolph venait tout juste de fêter ses 20 ans quand elle a remporté ses trois médailles sur 100 m, 200 m et au relais 4 × 100 m. Curieux destin que celui de cette jeune femme du Tennessee aux origines modestes, qui avait connu une enfance particulièrement difficile. Après une polio, elle a dû porter une prothèse à la jambe gauche et des chaussures orthopédiques pendant plusieurs années. Les médecins avaient prédit qu'elle ne remarcherait jamais. À force de volonté, et grâce au sport, elle a récupéré pleinement l'usage de sa jambe, et de quelle manière, puisqu'à 16 ans, elle s'est retrouvée dans l'équipe américaine de relais pour participer aux JO de Melbourne, et décrocher une médaille de bronze. Son triplé de Rome en a fait une star aux États-Unis et elle en a profité pour mettre sa renommée au service de ses convictions et de la communauté afro-américaine. À 22 ans, Wilma Rudolph a arrêté de courir, en pleine gloire, pour reprendre ses études, elle deviendra institutrice. Un cancer l'a emportée à l'âge de 54 ans.

Son cent mètres de Rome, ce sont les « onze plus belles secondes » de mes premiers Jeux. Qu'elle était belle « la Gazelle noire » dans son somptueux écrin du Stadio Olimpico !

Dans la discothèque du village olympique, le couple qui faisait rêver tous les athlètes unissait Wilma Rudolph et Cassius Clay, la femme la plus rapide du monde et l'homme le plus fort. Mais de ces amours romaines sur les bords du Tibre ne sont restées que de belles images dans les souvenirs de Michel Jazy.

Ils étaient deux Français en finale du 1 500 m le mardi 6 septembre à 16 h 15, deux Michel, Jazy et Bernard, pas question pour autant de faire une course d'équipe, ils ne se parlent pas, ce sont les pires ennemis, ils sont avant l'heure les Anquetil-Poulidor de la course à pied. Juste avant le départ, Jazy, 24 ans, glisse quand même à Bernard, 28 ans, en montrant le grand favori de la course, l'Australien Herb Elliott, 22 ans :

— Ne fais pas l'idiot, parce que celui-là, c'est un monsieur, il est intouchable.

— C'est un être humain comme les autres, tu vas voir !

Et Michel Bernard, dès le coup de pistolet, a lancé la course à toute allure. J'étais assis tout près de la piste. J'avais acheté un billet de 4e catégorie à 1 000 lires pour suivre à partir de 14 h 30 la fin du décathlon et les finales des 400 et 1 500 m. Mais avec mon appareil photo en bandoulière et en criant « *stampa* » d'un air assuré, j'avais réussi à descendre des gradins et à venir m'installer au bord du fossé qui séparait les tribunes de la piste. Le ciel était orageux et Michel Bernard avait sprinté dès le coup de pistolet et pris 10 m d'avance. En série déjà, il avait fait la course en tête, c'est un teigneux, Michel Bernard, qui court les bras ballants, ralentit, accélère, et il avait résisté jusqu'au bout en provoquant même l'élimination de l'un des favoris, l'Allemand Valentin. Va-t-il nous refaire le même coup en finale ? Ça semble incroyable mais on se dit qu'avec ce diable d'homme élevé à la dure, un vrai ch'ti courageux qui avait son CAP d'ajusteur, travaillait à l'usine et avait pris un congé sans solde de trois mois pour préparer les Jeux, tout était possible. Et on avait, le cœur battant, envie d'y croire parce qu'aux 400 m il avait toujours de l'avance sur un Suédois, un Roumain, puis le fameux Elliott, le Hongrois Rózsavölgyi et Jazy, très à l'aise, ravi de la tournure de la course : on disait une course d'équipe impossible entre les deux Michel, et c'est pourtant ce qui se passait… sans concertation. Cinq cents mètres, 600 m, 700 m, Bernard accélère encore. Mais soudain, Sa Majesté Herbert Elliott se met en action, comme il l'a appris auprès de son gourou, Percy Cerutty, qui l'entraîne dans les dunes de sable en Australie. En 50 m, d'une foulée majestueuse, il revient sur le Français qui refuse de se laisser doubler et pique un nouveau démarrage, c'est du délire dans le stade ! On se dit même que Jazy, resté en retrait, va pouvoir contrer l'Australien, on y croit. Michel Bernard va tenir encore 200 m avant d'exploser et de retomber à la 7e place. Jazy et Rózsavölgyi sont les seuls capables de suivre, à bonne distance, 20 m, l'intouchable Elliott qui bat son propre record du monde en 3'35"6, merci Michel Bernard, alors que Jazy, 2e, pulvérise en 3'38"4 le record de France de plus de 3".

Dans la merveilleuse série d'événements auxquels j'ai eu la chance d'assister, ce 1 500 m olympique, l'un des plus beaux de toute l'histoire, vient juste derrière la montée du

Puy-de-Dôme d'Anquetil et Poulidor en 1964. J'ai toutes ces images en tête comme si c'était hier. Et la comparaison va plus loin encore : au parc des Princes, Anquetil avait associé Poulidor à son tour d'honneur, à Rome, Jazy est tombé dans les bras de Bernard, son ennemi préféré… « Mais pas du tout ! me corrige d'Hossegor Michel Jazy, j'étais tellement cuit que je me suis raccroché pour ne pas tomber à celui qui se trouvait près de moi, et c'était Michel Bernard ! » Tous les journalistes y avaient pourtant cru sur le moment à cette impossible réconciliation qui n'est intervenue finalement qu'après la fin de leur carrière… comme pour Jacques Anquetil et Raymond Poulidor !

Et sur le podium, Michel Jazy, médaillé d'argent, à droite d'Herb Elliott, a entendu le vainqueur, se penchant vers le médaillé de bronze Rózsavölgyi, lui demander : « Tu sais comment il s'appelle le Français ? » Et le président du CIO, l'Américain Avery Brundage, lui a remis la plus méritée des médailles d'or de ces Jeux.

C'est à cet instant que Michel Jazy s'est dit : « Je veux être champion olympique ! »

Oui, c'était ma découverte des Jeux et j'allais d'un stade à l'autre pour voir un maximum d'événements tout en profitant de la Ville éternelle pour découvrir le chef-d'œuvre absolu de Michel-Ange, ce joyau unique qu'est le plafond de la chapelle Sixtine.

Il ne s'en doutait pas quand il s'est lancé dans le marathon « au pied du Capitole vers l'Arc de Constantin, en faisant un léger crochet de 42 km à travers les colisées, les forums, les thermes et les catacombes », comme l'écrivait Antoine

Blondin dans *L'Équipe*, mais Abebe Bikila est entré ce jour-là, le 10 septembre 1960, dans la légende du sport. Je ne l'ai pas vu à Rome, j'avais dû rentrer en France et j'ai suivi ce marathon à la radio où c'était la panique. Les commentateurs ont dû inspirer Pierre Vassiliu, ils n'en croyaient pas leurs yeux :

« Qu'est-ce qu'il fait, qu'est-ce qu'il a, qui c'est celui-là ?

Complètement toqué ce mec-là, complètement gaga… »

Je les entends encore vanter les mérites et célébrer la victoire d'Abdeslam Radi :

« On nous le signale à moins de 2 km de l'arrivée, il est seul en tête ce tirailleur marocain qui vit et s'entraîne en France, il a mené toute la course et sa victoire est amplement méritée. Il va succéder au palmarès à Alain Mimoun qui aura bientôt 40 ans et qui n'a pas pu le suivre aujourd'hui.

Mais c'est incroyable, un autre coureur s'est immiscé sur le parcours, en maillot vert, et, et… mais c'est pas possible, il n'a même pas de chaussures, il court pieds nus, qu'est-ce qu'il fait là ? Incroyable, il lève les bras, comme s'il avait gagné, mais voici Radi qui arrive, il est à moins de 100 m, bravo Radi… » Il a fallu de longues secondes avant que le succès du maillot vert, short rouge et jaune, pieds nus, soit reconnu, il avait dépassé Radi à 500 m de l'Arc de Constantin. Avec encore un point d'interrogation : comment s'appelle-t-il ? Abebe ou Bikila, quel est son nom, quel est son prénom ?

On apprendra plus tard qu'il est né le 7 août 1932… le jour du marathon de Los Angeles, qu'il est caporal-chef dans la garde impériale, qu'il n'a été sélectionné qu'au dernier moment pour remplacer un camarade blessé et qu'il a toujours couru pieds nus, sa corne sous les pieds vaut toutes les semelles. C'est ce détail qui fera la gloire du premier champion olympique africain.

Quatre ans plus tard, il récidive à Tokyo, un peu plus d'un mois après avoir été opéré de l'appendicite, mais cette fois avec des chaussures ASiCS, la marque japonaise a su « aligner » les bons arguments pour lui trouver… chaussure à son pied ! 2 h 12'11", record du monde.

La suite sera moins rose. En 1968, à Mexico, handicapé par une ancienne fracture du péroné, il doit abandonner au 17e kilomètre du marathon remporté par son compatriote Wolde. Mais surtout, un an plus tard, au volant de la VW offerte par l'empereur Haïlé Sélassié, il est victime d'un terrible accident qui le laisse paralysé des deux jambes. C'est un militaire, il est courageux, il se bat et il retrouve le sport dans des compétitions pour handicapés en fauteuil roulant. Pas longtemps : il meurt à 41 ans d'une hémorragie cérébrale. Il aura droit à un enterrement digne d'un chef d'État : en présence de l'empereur, plus de 60 000 personnes lui rendent un dernier hommage.

C'est avec Abebe Bikila que l'on a commencé à parler des bienfaits des hauts plateaux éthiopiens où j'ai eu la joie de trottiner avec le souriant Haile Gebreselassie, au milieu des forêts euphorisantes d'eucalyptus, en 2008 à l'occasion des championnats d'Afrique d'athlétisme d'Addis-Abeba. Mexico, à plus de 2 000 m d'altitude, venait de se voir attribuer l'organisation des Jeux de 1968.

Et les Français dans tout cela ? J'étais tellement ébloui par tout ce que je découvrais dans la ville et applaudissais dans les stades que j'en oubliais que nous n'avions pas décroché la moindre médaille d'or. Je me souviens seulement que tous les Français présents au stade lors de la finale du 200 m ont braqué leur appareil photo – on ne connaissait pas le téléphone portable – sur le mât olympique où flottait, grâce à Abdou Seye, 3e, le drapeau tricolore. Ils avaient peur de ne plus le revoir tellement les déceptions avaient été nombreuses en cette première semaine. Ce drapeau était vraiment le plus beau, le plus propre des trois : il n'avait pas encore servi ! Si L'URSS a encore fait mieux que les États-Unis, 103 médailles à 73, la France a dégringolé à la 25e place avec 5 petites breloques.

La situation inspirera à Jacques Faizant son célèbre dessin dans *Paris-Presse l'Intransigeant* mettant en scène un de Gaulle en survêtement s'exclamant : « Dans ce pays, si je ne fais pas tout moi-même ! »

Après les avoir découverts à la radio et dans les journaux, je venais de vivre « mes » Jeux olympiques, car je ne m'imaginais pas qu'il y en aurait d'autres, Rome avait été une opportunité unique.

Ce que je n'imaginais pas surtout, c'est que tout allait se précipiter dans les semaines suivantes, que ma vie allait basculer, que le jeune étudiant en chimie allait faire, deux mois plus tard, en novembre, dans Sports et Musique, son premier radioreportage au cyclo-cross de Foëcy, près de Vierzon, et que dix mois plus tard, je prendrais le départ, aux côtés de Georges Briquet, de mon premier Tour de France à Rouen le 25 juin 1961.

Le patron des sports de la radio, « l'inventeur » du radioreportage sportif, m'avait dit : « Pour vous faire un nom, faites comme moi, il faut commenter le Tour de France et le football. » J'ai préféré, pour mon plaisir, le cyclisme et les sports d'hiver, mais surtout le Tour de France et les Jeux olympiques, les deux seuls événements qui associent l'émotion, l'épopée, la légende au sport. Raymond Kopa me l'avait dit un jour que je déjeunais à Monaco, avec lui et ses célèbres copains du Stade de Reims, Roger Piantoni, Michel Hidalgo et Just Fontaine : « Nous, nous nous sommes contentés de taper dans un ballon ! »

Oui, en revenant de Rome à l'arrière du scooter de mon copain Jean Paul Raulet, je ne pensais pas qu'un jour, après avoir raconté mes « cinquante ans de Tour de France », j'évoquerais mes « soixante ans de Jeux olympiques… ».

11

TOKYO 1964 – KIKI D'ARGENT ET JONQUÈRES D'OR…IOLA

— *Moshi… moshi*, allô, Kiki ? Alors pourquoi ils t'aimaient bien, les journalistes japonais ?

— Parce que je chausse du 38, j'ai des petits pieds ! Et que plus ses pieds sont petits, plus la Japonaise est séduisante !

1964 ? Une année dingue, une année de folie pour le jeune radioreporter que j'étais ! Au mois de février lors des Jeux olympiques d'Innsbruck, en descendant du podium du slalom géant où elle vient de verser une larme émue en écoutant fièrement et patriotiquement *La Marseillaise* qui salue sa médaille d'or, Marielle Goitschel m'annonce en direct sur France Inter ses fiançailles avec son copain de Val d'Isère, « Toutoune », « pour assurer l'avenir du ski français ! ». Jean-Claude Killy, c'est de lui qu'il s'agit, démentira dix minutes plus tard : « Ah bon, je n'étais pas au courant ! » Au mois d'avril Raymond Poulidor s'empare du maillot jaune ou presque, le maillot amarillo de la Vuelta et aussitôt Jacques Anquetil réplique avec le maillot rose du Giro. Au mois de juillet, leur duel va couper la France en deux, entre anquetilistes et poulidoristes, et faire du 51e Tour de France le plus beau de toute l'histoire. Et me procurer les plus belles émotions de ma longue carrière à la radio et à la télé. Dans le même temps, mon copain de régiment du bataillon de Joinville, le play-boy pied-noir Alain Gottvallès, bat le record du monde du 100 m nage libre en 52"9 à Budapest (il n'y avait pas encore de chrono au centième de seconde) et se pose en favori de l'épreuve reine de la natation aux Jeux olympiques qui s'annoncent à la mi-octobre au Japon. Kiki Caron en fait autant avec le record du monde du 100 m dos en 1'8"6 et à tout juste 16 ans, avec sa jolie frimousse, toute la France la rêve parée d'or olympique. Tout comme Michel Jazy qui domine le demi-fond mondial et a longtemps hésité avant de choisir le 5 000 m plutôt que le 1 500 où il avait terminé 2e à Rome. J'ai plein d'autres copains de Joinville qui sont sélectionnés pour les Jeux et qui font déjà battre mon cœur de supporter pas du tout objectif dans mes futurs commentaires. À Rome, je me faufilais pour assister aux compétitions, à Tokyo, j'occuperai les meilleures places pour « vivre » toutes les épreuves, je vais courir d'un stade à l'autre, croiser, interviewer les plus grands champions, quel bonheur ! Oui, j'aurai des relations privilégiées avec eux et je serai le premier supporter de mes copains boxeurs, Jo Gonzales, Jacques Marty, Bernard Thébault avec qui je jouais au tennis-ballon en fin d'après-midi à Joinville, des fleurettistes Jean-Claude Magnan, Pierre Rodocanachi et Christian Noël, des athlètes d'Encausse, Poirier, Duriez, des judokas Bourreau et Grossain, des nageurs Gottvallès, Gropaiz, Luyce, et puis de mes amis cyclistes Lucien Aimar qui ne sait pas encore qu'il va gagner le Tour de France deux ans plus tard, Jean-Claude Wuillemin, Georges Chappe, Christian Raymond, et les inséparables pistards Pierre Trentin et Daniel Morelon. Tellement inséparables qu'à 75 ans, Pierrot, après avoir passé toute sa vie dans la région parisienne, déménage pour s'installer à Hyères, à quelques centaines de mètres de Daniel !

Je faisais partie du peloton des radioreporters, vedettes de l'information, la radio était encore pour une olympiade plus écoutée que la télévision. Je venais de rejoindre, trois ans plus tôt, la bande à « Monsieur » Georges Briquet, les Loys

Van Lee, André Bibal, Robert Chapatte, Claude Maydieu, Jean Raynal, Roger Cornet, Roland Mesmeur, Louis-Philippe, Tommy Franklin, Jules Ladoumègue, Jean-Paul Brouchon, Paul Laporte, Jean-Michel Leulliot et ses correspondants régionaux si riches en couleurs dans leurs commentaires : Yves Richard, l'Angevin également arbitre à Roland-Garros, qui m'a initié au paddle tennis, Bruno Delaye, un pur Marseillais, le débonnaire colosse montpellierain Alex Angel dont la voix éraillée ne l'empêchait pas d'être le chantre du rugby à 13, Claude François sans Claudettes à Limoges, Jean Crinon, un vrai ch'ti à Lille, Jean Boudey, à l'accent du pays cathare qui avait été suspendu trois mois pour avoir eu la malchance de commenter un match de rugby Castres-Béziers et d'avoir dit : « Et voici, mes chers auditeurs, les Castrais qui sont en train d'enc... les Biterrois dans leurs vingt-deux mètres... oh ! ce n'est pas enc... que je voulais dire, c'est acculé ! », les Castrais et les Biterrois ! Et puis le merveilleux Jean Bruno, plus célèbre encore que François Bayrou à Pau et qui n'avait pas son pareil pour expliquer que « le ballon glisse entre les mains des rugbymen palois comme une savonnette dans une salle de bains » ou « qu'André Darrigade, en roulant les R comme les gaves des Pyrénées roulent les galets, nous a déclaré : "Je suis content de mon succès" », une phrase sans... R !

Nous étions nombreux parce que le dimanche après-midi dans Sports et Musique, il y avait un envoyé spécial sur tous les principaux stades.

L'ORTF avait succédé à la RTF, France Inter avait remplacé Paris Inter, Georges Briquet avait pris sa retraite, le général de Gaulle venait d'inaugurer la Maison de la radio, il commençait à y avoir des mesures d'audience, et pendant le Tour de France, j'avais reçu un télégramme de Roland Dhordain, notre directeur, m'annonçant que nos reportages avaient permis à France Inter de prendre la première place des radios françaises, une place occupée depuis trois ou quatre ans par Europe 1, lancée le 1er janvier 1955, et qui avait elle-même détrôné Radio Luxembourg qui ne deviendra RTL que deux ans plus tard. Il y avait aussi, dans le sud de la France, Sud Radio, avec mon complice Patrick Thillet, Radio Monte Carlo, avec une équipe de reporters élégants, compétents et raffinés que j'aimais fréquenter, Claude Maurel, André Asséo, Bernard Spindler et mon ami Yvan Médecin, un vrai Monégasque avec qui j'ai fait un merveilleux voyage pour rentrer de Tokyo en passant par les Philippines, Hong Kong, les temples d'Angkor, Bangkok, New Delhi, Téhéran… Et pour revenir de Mexico en 1968 par l'Équateur, le Pérou et son Machu Picchu, la Bolivie et son lac Titicaca, et Rio avec Copacabana et le stade Maracanã.

Il y avait une véritable guerre des radios entre Inter, Luxembourg et Europe et, jeune reporter, j'étais ravi de me mesurer à Jean Bobet, André Bourillon, Guy Kédia, Jacques Ségui, Jacques de Ryswick pour Radio Luxembourg et à la fameuse équipe d'Europe 1 dirigée par Jacques Forestier, avec Emile Toulouse, Fernand Choisel, André Dumas, Eugène Saccomano.

Il y avait aussi une véritable communauté de journalistes qui savaient échanger autour d'un verre, ou deux, ou plusieurs… C'était le temps des méticuleux Robert Descamps, Paul Denize, Michel Hénault et d'un jeune débutant, Charles Biétry, et de leur chef Daniel Rocher à l'AFP, l'Agence France-Presse, Robert Bureau à l'ACP, l'Agence centrale de presse, le temps des photographes Jacques Boilesme, Robert Legros, Bibi Besson, Georges Ben Driem, Bernard Charlet, l'époque des grandes plumes, René Mauriès, Jacques Goddet, Pierre Chany, Guy Lagorce, Abel Michéa, Roger Bastide, Jacques Augendre, Jean Eskenazi, René Dunan, sans oublier Antoine Blondin et Pellos, le célèbre dessinateur.

Il pleuvait donc sur la ville comme il allait aussi souvent « pleurer » dans nos cœurs, quand nous avons débarqué à Tokyo le 4 octobre.

Et j'avais hâte de voir, de sentir, d'humer, de m'informer pour mieux... informer !

Les Japonais ont vu grand et la capitale nippone a pris des allures de ville futuriste avec des infrastructures à la pointe de la technologie, de nombreuses innovations sur ou autour des stades, le premier contrôle antidopage de l'histoire olympique lors du 100 km contre la montre cycliste par équipes, et surtout la première diffusion télévisée en direct sur tous les continents grâce au satellite. Si les organisateurs avaient pris soin de proposer des billets bon marché pour remplir les stades, l'engouement du public a dépassé tous les pronostics. Les Jeux ont fait découvrir le sport à bien des Japonais et le *made in Japan* au monde entier. À l'issue des Jeux, toutes les installations olympiques sont devenues des sortes de sanctuaires, comme à Olympie, des lieux de pèlerinage payants pour les populations des provinces les plus reculées de l'archipel qui ont ainsi apporté, comme un devoir civique, leur contribution à l'effort de tout le pays pour financer les Jeux. On a beaucoup à apprendre du Japon.

J'aime écouter le chef Alain Ducasse en parler :

« Ce pays me fascine par sa capacité à projeter ses traditions dans le mode de vie contemporain. Dans mon domaine, j'ai été heureux de soutenir l'inscription du “washoku”, les traditions culinaires japonaises, au patrimoine immatériel culturel de l'Unesco. »

Et nous avons découvert et aimé les sushis, sashimis, tempura, yakitori avec les baguettes et le saké.

De nombreux pays de l'Afrique noire, fraîchement indépendants, ont été ravis de venir à Tokyo alors que les Africains du Sud, noirs et blancs, bannis par le CIO à cause de l'apartheid, étaient obligés de rester chez eux. Ils ne reviendront qu'en 1992. Le soleil avait fait son apparition pour la cérémonie d'ouverture présidée par l'empereur Hirohito devant quatre-vingt mille spectateurs. Un avion avait dessiné les anneaux olympiques dans le ciel et la vasque avait été allumée par le dernier porteur de la flamme, tout de blanc vêtu, Yoshinori Sakai, né le 6 août 1945 à Hiroshima, le jour même où la bombe atomique avait détruit sa ville.

C'était grandiose, il y avait plein d'histoires à raconter, la riche mémoire du Japon rejoignait la tradition olympique. Je me régalais. Et ce n'était que le début !

Le judo, littéralement « la voie de la souplesse », s'est invité, chez lui, pour la première fois au programme olympique. Cet art martial avait toute sa place chez Coubertin : son créateur, dans les années 1880, Jigoro Kano, en avait fait un exercice pédagogique du corps et du mental, et un sport où le faible pouvait triompher du plus fort. Jusqu'en décembre 1961, à Paris – j'y étais et je fréquentais alors les tatamis de l'association sportive de la RTF – où le colosse néerlandais Anton Geesink, 1,98 m et 118 kg, n'a laissé aucune chance, malgré sa technique plus rudimentaire, au Japonais Koji Sone. Et il a récidivé aux JO contre Akio Kaminaga. Ce qui n'avait été considéré que comme un accident au championnat du monde a provoqué aux Jeux olympiques un véritable traumatisme dans tout le Japon. L'image du géant néerlandais de 30 ans immobilisant son adversaire nippon, ippon, sur le dos, cloué au sol, en le fixant dans les yeux fut vécue comme une humiliation dans une discipline qui appartenait au patrimoine national. On se demandait si Kaminaga et son entraîneur Matsumoto Sensei n'allaient pas se faire hara-kiri après ce *mune gatame* (« ippon par immobilisation de 30" ») !

Durant toute sa vie, il est mort en 2010, Anton Geesink, membre du CIO, a été vénéré au Japon où on le surnommait

Pierre de Coubertin, jeune.

LE MIROIR
DES SPORTS

D.R.

Charles Rigoulot,
l'homme le plus fort du monde !

Jules Ladoumègue, médaillé d'argent Amsterdam1928.

Johnny Weissmuller, Tarzan…
champion olympique.

Jesse Owens et
Christian d'Oriola :
la ruée vers l'or.

Micheline Ostermeyer,
Londres 1948, un
bonheur tout simple.

D.R.

Les cousins d'Or... iola
Helsinki 1952.

Les copains Mimoun et Zatopek.

D.R.

Charles Coste, le plus
ancien champion
olympique.

Rome 1960, les pieds d'Abebe Bikila valent de l'or.

Wilma Rudolph, 20 ans, à Rome 1960.

Michel Jazy n'a pas réalisé son rêve !

Christine Caron : Kiki mon amie, porte drapeau à Mexico.

Bob Beamon s'envole vers le record du siècle à Mexico 1968.

Lequel est le plus fier à Tokyo 1964 :
Jonquères ou LutteurB ?

D.R.

Les envoyés spéciaux de France Inter à Mexico 1968.

Daniel Rebillard, Pierre Trentin, Daniel Morelon : 4 médailles d'or au vélodrome de Mexico.

Colette Besson, « la fiancée de la France » en or à Mexico.

Avec Morelon, les deux Daniel à la Cipale avant les Jeux.

D.R.

D.R.

D.R.

Carl Lewis : « dans son regard on découvre son âme ».

Carl Lewis et Marie-Jo Pérec… il n'est rien de plus beau !

Michael Phelps, plongeon vers la légende et le record de 23 médailles d'or olympiques.

Usain Bolt maillot jaune… et les autres : « allez dépêchez-vous ! »

Laure Manaudou heureuse pour son petit frère Florent à Londres 2012.

Teddy Riner… et une médaille de plus

Sauf mention contraire, crédits photos Presse Sports

« Shiroi Yama », « la Montagne blanche ». Il m'a avoué un jour que nous prenions un petit déjeuner ensemble, avec sa femme et son fils qui ne le quittaient jamais, tous les trois parlaient français, qu'il avait été heureux, bien sûr, de son succès olympique mais qu'il avait en même temps partagé la tristesse des Japonais. Il était tellement imprégné lui aussi de cet art de vivre, de cette religion qu'est le judo qu'il lui arrivait de regretter d'avoir mis fin à un mythe. David Douillet et Teddy Riner n'ont pas eu à se poser ce genre de question.

Mon vieil ami André Bourreau, champion d'Europe, n'avait pas pu se qualifier pour la finale de sa catégorie à Tokyo et Raymond Marcillac l'avait recruté comme consultant. On se téléphone régulièrement :

« L'entraîneur de Kaminaga ne s'est pas fait hara-kiri, le lendemain, quand on l'a revu, il s'était fait couper les cheveux ! Oui, c'est vrai, je partageais l'anéantissement des jeunes Japonais qui pleuraient dans la salle derrière moi. Le dojo s'écroulait sur eux. Je sais ce que le judo représente pour eux comme pour moi, c'est beaucoup plus qu'un sport. Et je revois aussi Geesink qui était encore agenouillé repousser violemment deux supporters hollandais qui venaient d'arriver en courant et en chaussures sur le tatami. Un sacrilège ! Ah, ce Geesink, c'était un athlète incroyable. Il s'est formé en France avec nos champions Courtine et Pariset. Régulièrement il venait en stage avec nous à Beauvallon entre Grimaud et Sainte-Maxime. Le matin il partait faire son footing autour du golfe de Saint-Tropez avec un tronc d'arbre sur les épaules et il rentrait à la nage, 2 km en mer. Une bête de travail ! »

... Qui devait s'inspirer de Milon de Crotone !

« Qui l'a porté veau, peut le porter taureau », affirme un proverbe grec en référence au plus célèbre lutteur de l'Antiquité qui développait sa force en portant chaque jour un veau sur ses épaules, et continuait de le soulever quand il devenait taureau !

Le Japon remportera 29 médailles (16 en or, 5 en argent et 8 en bronze), ce qui lui offrira la troisième place du classement général, juste derrière les deux grandes puissances, les États-Unis et l'URSS. Ce décompte des médailles faisait partie de mes compilations quotidiennes, il n'y avait pas d'Internet et il fallait se faire sa propre documentation pour enrichir ses commentaires. Quant à la France, elle a effacé son humiliation romaine avec 15 médailles. Le travail du colonel Crespin commençait à payer et on aurait pu faire beaucoup mieux avec une petite touche par-ci, 10 cm par-là, et un petit coup de pouce de la chance… ou des juges… ou de la fée électrique !

Comme avec Jean-Claude Magnan en finale du fleuret. J'en ai encore des frissons quand je repense à sa dernière touche qui aurait dû être d'or, c'est incroyable cette ambiance électrique qui entoure les assauts, et la foi dans leur sport des escrimeurs comparables à celle des judokas. Jean-Claude, à 80 ans, continue d'entraîner des jeunes à Salon-de-Provence, le pays de Nostradamus :

« Cette dernière touche m'a marqué toute ma vie. J'étais champion du monde en pleine “bourre” mais le fleuret électrique que mon idole Christian d'Oriola abhorrait m'a joué de mauvais tours, j'ai touché deux fois sans que la lumière s'allume. »

« Il avait une tête de lard, Jean-Claude, s'interpose à une cinquantaine de kilomètres, Kate Delbarre, la femme de d'Oriola, qui habite du côté de Nîmes, on lui a dit de changer de fleuret, il n'a pas voulu ! »

« Tête de lard ? non ! Têtu ? Oui. »

Jean Claude sourit… jaune, au Japon, c'est normal, et n'arrête pas de ressasser ce moment où tout se jouait contre le Polonais Franke qu'il avait toujours battu :

« La dernière touche, je pourrais la refaire. Je porte l'attaque en faisant ma progression sous le coude, Franke part en déséquilibre avant pour éviter que ma pointe le touche, et lui, il a touché dans sa flèche. Mais tout le monde avait bien vu que j'avais touché le premier. »

C'est ce que j'avais annoncé en direct à la radio, personne n'était encore très familiarisé avec les lampes du fleuret électrique, et tout le monde avait cru à la victoire de Magnan, le colonel Crespin en premier, assis à deux mètres de moi et qui avait bondi de son siège, les bras en l'air.

Le fier et martial Jean-Claude, digne successeur des Gaudin, Buhan, d'Oriola, qui est aussi l'oncle du perchiste Jean Galfione, champion olympique à Atlanta 1996, avait été champion du monde en 1963, il le sera encore en 1965, et il est resté ami avec son bourreau de 1964, Egon Franke, ils communiquent régulièrement sur Facebook.

« Tokyo, avec tout ce que nous avons pu découvrir et visiter au Japon, reste quand même un souvenir merveilleux ponctué par une démonstration d'escrime au Palais impérial de Kyoto. En tenue de kendoka, l'équipe de France a affronté les gardes de l'empereur avec les armes d'entraînement des samouraïs, les shinaï, bâtons en bambou. Nous leur avons laissé quelques bons souvenirs ! Ils ne connaissaient pas l'escrime de pointe latine. Avec leurs bâtons ils faisaient de grands moulinets et nous, tout en finesse, on les touchait. »

Jean-Claude Magnan était un bel athlète souriant, très ouvert. Alain Gottvallès, lui, jouait plutôt les beaux ténébreux, il a d'ailleurs tourné dans deux ou trois films, l'un s'appelait *Carnage à Caracas*, avec une pensée sans doute pour ses illustres prédécesseurs Johnny Weissmuller et Buster Crabbe. Si les deux nageurs américains avaient réalisé, eux, leur rêve olympique, Alain, lui, a connu la même mésaventure, le mal français ?, que Jean Taris et Alex Jany. Il venait de battre à

Budapest le record du monde du 100 m nage libre, il pouvait exhiber fièrement sa superbe stature, 1,85 m et 80 kg, et sa nonchalante décontraction en grillant une Gitane, il avait tout pour devenir une star, il semblait imbattable. Mais en fait il était miné par le trac ce lundi 17 octobre en fin d'après-midi et il a tout raté, pas la moindre médaille, une triste 5e place, loin du vainqueur, encore un Américain, le très sympathique Don Schollander, qui m'a offert l'un de ses maillots de bain aux couleurs des États-Unis et qui glanera 3 autres médailles d'or au 200 m et aux relais 4 × 100 et 4 × 200. Dans le relais 4 × 100 m, la France sera disqualifiée et Alain Gottvallès décidera de quitter les bassins à 22 ans. Un cancer l'a emporté en 2008.

« Qu'est-ce qu'il était beau, me glisse Kiki, je n'avais que 16 ans, mais je le regardais de loin, toutes les filles étaient amoureuses de lui. C'est l'un des plus beaux mecs que j'ai rencontrés ! »

Gottvallès et Jazy étaient, en arrivant à Tokyo, les vedettes de la délégation française, des leaders dans les deux disciplines majeures des Jeux à qui il ne manquait plus que la consécration olympique qui leur était due.

Michel Jazy à Rome ne pouvait rien sur 1 500 m contre le phénomène australien Herb Elliott. À Tokyo, le programme ne lui a pas permis de doubler comme il le voulait 1 500 m et 5 000 m, il a longtemps hésité et s'est décidé finalement à s'aligner sur la plus longue distance. Le 18 octobre, il pleut et l'allure est lente dans les premiers tours de cette piste en gadoue plus qu'en cendrée. L'Australien Ron Clarke accélère après la mi-course mais Jazy le suit facilement, il se relève, tout le monde se regroupe. C'est bon pour Michel qui possède un bon finish. Au début du dernier tour il attaque, personne ne peut le suivre, je suis dans la tribune de presse aux côtés de Claude Maydieu qui s'égosille :

« Ça y est, Jazy est parti, il est le plus fort, il a plus de 10 m d'avance, il s'envole vers la victoire, allez Michel, Jazy, Jazy, Jazy, c'est fantastique ! »

Michel, chez lui à Hossegor, enchaîne :

« J'étais en train de grimper mon Himalaya, comme dans un rêve, celui que je faisais depuis ma 2e place de Rome. À l'entrée de la ligne droite, j'étais champion olympique, à 50 m de l'arrivée je décrochais la médaille d'or... »

Et Maydieu d'enchaîner :

« Oh là là, attention Michel, Schul, Schul, Schul l'Américain sprinte comme un fou, Jazy, Schul, Jazy, non, c'est pas possible... c'est Schul qui gagne. »

Jazy : « Quand Schul m'a passé, la course ne m'intéressait plus, je n'étais pas venu pour une petite médaille mais seulement pour l'or et je m'en foutais de finir 4e derrière l'Allemand Norpoth et l'autre Américain Dellinger mais quand même devant le fameux Kényan Kipchoge Keino. »

Michel Jazy, petit fils d'immigrés polonais, était alors typographe à *L'Équipe* et il était conseillé par le « pape de l'athlétisme » Gaston Meyer, rédacteur en chef, et par le journaliste, médaillé de Londres, Marcel Hansenne. Il a couru encore deux ans, il a battu 9 records du monde, 6 d'Europe, 32 de France et il a été 2 fois champion d'Europe. Sa reconversion chez Perrier et Adidas a été une parfaite réussite, et nous étions voisins à Sèvres quand il dirigeait le parc des Princes. Il a pris sa retraite dans les Landes où il allait souvent s'entraîner quand il avait de bonnes jambes :

« Oui mes jambes m'ont apporté la gloire, aujourd'hui elles m'abandonnent ! »

Magnan, Gottvallès, Jazy, trois médailles d'or toutes faites qui s'envolent...

Et ils en avaient rêvé aussi du métal ensoleillé mes pistards Trentin et Morelon, les inséparables, les voisins de palier du Mont-Mesly à Créteil, mais comme il n'arrêtait pas de pleuvoir, ils n'ont pas vu l'astre doré, ils se sont contentés de troisième place en bronze. Sûr, ils prendront leur revanche !

23 octobre, les Jeux se terminent demain, la France n'a toujours pas de médaille d'or. Heureusement j'ai encore un copain de régiment en finale et je suis au micro : Jo Gonzalès affronte le Russe Boris Lagutin dans la catégorie des super-welters, 70 kilos. J'ai gardé l'enregistrement. C'est un puncheur mon ami Jo, il le montre en quart de finale en mettant K-O un Australien au 1er round. Quand nous étions ensemble au Bataillon de Joinville, il était allé participer aux jeux de l'Amitié à Abidjan, drôle d'amitié franco-ivoirienne, il avait gagné tous ses combats par K-O et les Africains le prenaient pour un marabout capable d'endormir ses adversaires ! C'était, depuis son plus jeune âge, du côté de Narbonne, un vrai bagarreur, ça se voyait dans son regard et ses attitudes, on le sentait toujours prêt à bondir et à déclencher son terrible crochet du gauche.

En demi-finale, il n'a pas pu le placer et il a eu du mal à battre aux points un Nigérian. En finale il ne part pas favori, Jo n'a que 23 ans, Lagutin a beaucoup plus d'expérience, il a déjà été médaillé de bronze à Rome, il évite la « foudre » et 4 juges sur 5 lui donnent la victoire. Le boxeur russe sera encore sacré quatre ans plus tard à Mexico. Jo n'est pas déçu, comme il me l'avait dit après son combat et comme nous en reparlions quand j'allais déjeuner dans son café-restaurant de la route de Perpignan à Narbonne à l'occasion des courses du Midi libre ou du Tour de l'Aude. Cheveux blancs, gros cigare à la bouche, il était « monté » dans la catégorie des poids lourds, c'est lui qui faisait les grillades :

« Médaillé d'argent, c'était fantastique, j'étais le deuxième meilleur boxeur du monde et j'ai été félicité par le général de Gaulle ! Les Jeux olympiques c'est fabuleux, il y avait une ambiance incroyable au village olympique avec 7 ou 8 000 athlètes venus de 100 pays, et 5 ou 6 restaurants qui proposaient toutes sortes de repas. Je n'ai qu'un regret : avoir raté la cérémonie d'ouverture parce que je boxais le lendemain. Ah ! si j'en ai un autre, on m'a volé ma médaille et il ne me reste plus que le diplôme parce que j'ai aussi offert mes gants au musée du Sport de Loulou Nicollin en Camargue. »

Depuis, je crois que le CIO lui a fait refaire une médaille.

24 octobre, dernier jour des Jeux, enfin le soleil brille sur Tokyo, en fait je ne m'en souviens plus très bien, mais il brillait dans nos cœurs, on avait enfin l'occasion de faire la fête dans l'hôtel, qui préfigurait l'actuel Club France, où le comité des vins de Bordeaux laissait vieillir depuis une quinzaine de jours ses meilleures bouteilles. Et cela grâce à un vigneron du Roussillon, un cru d'Oriola 64 qui du côté de Corneilla-del-Vercol, dans son domaine, valait le d'Oriola 52.

— Mais et moi alors tu m'as oubliée ? se rebelle Kiki Caron.

— Bien sûr que non ! je te gardais pour la fin, pour assurer la transition avec Mexico. Mais je me posais aussi une question : si tu chaussais comme Laure Manaudou du 42 ou du 43, tu ne crois pas que tu aurais pu être championne olympique ? Au virage des 50 m tu aurais facilement gagné les 10 petits centimètres qui t'ont manqué à l'arrivée. On en reparlera plus tard.

Pierre Jonquères d'Oriola sur Ali Baba en 1952 et sur Lutteur B en 1964, 2 médailles d'or individuelles et 2 d'argent par équipe, une carrière internationale au top niveau commencée en 1948 et terminée en 1972 avec plus de 500 victoires. L'un des plus grands personnages du sport français, droit dans ses bottes et dans ses convictions d'homme de droite, favorable à l'Algérie française et membre du Front national. Heureusement qu'il était là à Tokyo et qu'il a réussi une seconde manche de rêve pour faire retentir la seule *Marseillaise*. Vous imaginez sa fierté sur le podium, applaudi par plus de 60 000 spectateurs, et par son cousin l'escrimeur Christian d'Oriola, juste avant la cérémonie de clôture où les lampions se sont éteints ?

Oui ils étaient fiers, ils étaient beaux et ils avaient de l'allure les d'Oriola, de grands hommes.

Oui elle était belle, pas fière du tout, décontractée, Christine Caron, gamine de banlieue, une superbe ado à la française.

Kiki a quitté Montrouge il y a quarante ans, pour s'installer presque à la campagne à Verrières-le-Buisson. Trois fois par semaine elle va nager 2 ou 3 km à la Croix-Catelan dans le bois de Boulogne, elle est ici chez elle, le bassin porte son nom, elle a sa ligne d'eau réservée, et elle nous raconte l'histoire d'une petite fille de banlieue qui est entrée dans la légende du sport, la vie d'une jeune fille française bien dans sa peau, au milieu du XXe siècle, l'aventure d'une médaillée olympique qui a tracé son chemin en laissant sa médaille de côté :

« J'ai découvert la Croix-Catelan et mon club de toujours, le Racing Club de France, à l'âge de 8 ans. Suzanne Berlioux entraînait ma grande sœur Annie qui a participé aux Jeux de Rome en papillon, je les ai suivies à la piscine pour sortir de mon HLM. J'ai fait du sport pour changer d'air, il y avait le catéchisme et la piscine, tu vois ce que je veux dire. Mme Berlioux avait entraîné sa fille Monique et Rosy Piacentini, deux bonnes nageuses de dos, voilà comment je me suis aussi retrouvée sur le dos. Comme je n'étais pas trop toque, on m'a mise ensuite au lycée La Fontaine, tout près de la piscine Molitor, pour que je puisse aligner mes longueurs de 33 m à l'heure du déjeuner. Quand je revenais en classe avec les yeux rouges, j'avais à peine eu le temps de manger un sandwich, les profs n'aimaient pas trop et ils m'envoyaient au fond de la classe. À 5 heures, après les cours, je prenais le métro pour foncer rue Eblé, dans la piscine de 25 m du Racing. J'étais crevée en rentrant chez moi. Pendant ce temps les nageuses américaines étaient chouchoutées dans une université avec de beaux bassins de compétition de 50 m.

Mais elles n'avaient pas la chance d'avoir comme coach Mme Berlioux ! Elle avait 50 ans de plus que moi, elle a éclairé ma vie d'adolescente, elle m'a fait découvrir le monde, chaque année elle organisait des grands voyages pour que j'affronte d'autres nageuses mais aussi pour m'ouvrir les yeux, en Afrique du Sud pendant l'apartheid, en Australie, au Canada, au Mexique, au Japon en 1963 où j'ai découvert la cérémonie du thé et apprécié la culture des geishas, et j'ai même rencontré le prince Norodom Sihanouk en visitant les temples d'Angkor à dos d'éléphant. Elle me servait de prof pendant nos voyages, elle m'apprenait l'anglais... et à bien me tenir en société, à toujours regarder devant sans se plaindre, et même à savourer un bon vin ! L'hiver, elle m'emmenait à la montagne pour m'oxygéner, mais je n'avais pas le droit de skier. J'ai appris beaucoup plus tard avec Marielle Goitschel à Val-d'Isère. C'est elle qui me massait, je n'avais pas de kiné, je n'ai jamais fait de musculation... c'est pour cela que je suis restée jeune et fraîche !!!

Je peux dire que j'ai eu une vie très riche, en fait elle m'a tout appris, je passais davantage de temps avec elle qu'avec mes parents qui s'étaient mis en retrait, c'était ma seconde maman. J'ai pleuré une fois quand j'avais 12 ans parce que j'avais raté mon virage et perdu la course, c'était la dernière fois. Et aux Jeux je n'ai pas versé une larme quand Kathy Ferguson m'a battue. Au contraire c'est moi qui l'ai consolée sur le podium quand elle a pleuré d'émotion.

À Tokyo j'avais des étoiles plein les yeux, il n'y avait pas de place pour des larmes ! Dans mon esprit de gamine de 16 ans insouciante, j'étais déjà aussi contente d'aller au Japon que de nager et puis une médaille était une médaille et j'en avais une belle en argent. On était amateurs, on n'avait pas d'arrière-pensées, il n'y avait pas de tunes derrière l'or. Et je voulais à fond profiter des Jeux. J'étais obnubilée par deux événements que je ne voulais pas rater, et qui tombaient heureusement après ma finale : le judo avec Geesink, que j'ai retrouvé plus tard sur un tatami en Hollande, et la finale du 100 m. Celle-là je m'en souviendrai ! Pour voir Bob Hayes de près, j'ai couru dans les tribunes du stade et je me suis retrouvée, sans savoir où j'étais, dans la loge impériale ! Des colosses m'ont embarquée et notre ambassadeur, François Missoffe, a dû intervenir et présenter des excuses. C'était le 15 octobre.

La veille, le 14 octobre donc, je me suis levée comme tous les jours à six heures et demie, j'avais bien dormi, j'avais le meilleur temps des séries, je venais de battre le record du monde sans m'entraîner beaucoup, sur ma classe (rire !), cool. Petit déjeuner, tartines, beurre, confitures, normal quoi, je regarde par la fenêtre, il pleut encore, un temps pourri, et je dis à Mme Berlioux : "Ça tombe bien, à la piscine on sera à l'abri !" Je me promène un peu dans le village et à 16 heures on va à la piscine, superbe, incroyable, une vraie cathédrale aquatique.

Ma course ? Je ne la refais jamais ! J'peux te dire seulement que je ne portais pas de lunettes et que j'avais un maillot bleu que j'ai offert au musée du Sport à Nice. Je me dis simplement qu'avant les Jeux j'aurais dû aller aux championnats des États-Unis pour apprendre à me bagarrer, tout avait été trop facile pour moi. J'te dis pas, pendant longtemps je ne savais même plus ce que j'avais fait de ma médaille ! Ce qui est drôle en revanche c'est ce qui s'est passé après la finale. J'ai dû répondre à des tas d'interviews et quand on a voulu sortir, toutes les portes étaient fermées, tout le monde était parti, il n'y avait plus de navette. “Vous êtes quand même contente ?” m'a demandé Suzanne, on est tombées dans les bras l'une de l'autre et on a pris un taxi pour rentrer au Village. Un duo d'enfer, moi en survêt, elle avec son habituelle jupe qui lui descendait jusqu'aux mollets. Ce sont les Australiens qui nous ont trouvé une cuisse de poulet et ont ouvert une bouteille de mousseux. Il n'y avait pas un Français pour nous accueillir. Mais le lendemain pour les photos, ils étaient tous là !

Et je ne te parle pas du retour, dès mon arrivée à Orly, il y avait tellement de monde et de journalistes que j'ai dû me cacher dans les cuisines et partir en douce avec mes parents. Et là ma vie a changé ! Je m'habillais en kimono et je faisais manger tout le monde avec des baguettes. Les médaillés français ont été reçus à l'Élysée et quand j'ai été présentée au général de Gaulle je me suis faite toute petite : “Ah ! Christine Caron, on vous voit plus souvent que moi à la télévision !” J'ai connu depuis tous les autres présidents de la République et j'ai connu la gloire : j'avais le profil de la jeune fille moderne, de Français moyens, et qui ne s'en est pas trop mal sortie. Je ne pouvais pas me balader dans les rues sans être accostée, suivie, photographiée, je recevais des centaines de lettres, heureusement que Mme Berlioux m'avait appris à garder les pieds sur terre. En 1964, il paraît que Christine a été le prénom le plus donné en France. »

En 1965, Christine est allée disputer les championnats des États-Unis et elle a battu Kathy Ferguson, sans jamais parler de revanche. Le président du Comité olympique français, le comte Jean de Beaumont lui a offert pour ses 18 ans sa première voiture, une Fiat 500 rouge. Et en 1968 à Mexico, élégante robe au-dessus du genou, et chapeau bleu ciel, elle a été fièrement porte-drapeau de la délégation française. Dans la piscine, c'était un peu moins bien, elle n'a pas pu se qualifier pour les finales des 100 et 200 m dos. À 20 ans, elle n'était pas encore majeure à l'époque, elle décide d'abandonner la compétition.

« La vie ? Ce sont des pages qu'on tourne et j'en ai tourné pas mal. J'ai même aussi tourné un film en Italie, *Le Lys de mer*, dans les studios de Cinecittà et en Sardaigne, trois mois de vacances bien payées, je ne sais même pas s'il est sorti en France, et j'ai participé à *Saint-Tropez*, à la réalisation de *La Piscine* avec Alain Delon et Romy Schneider, car la piscine, c'était... Christine Caron. J'ai nagé avec eux pour le lancement du film. C'était l'époque des "Yéyés", je portais des minijupes, j'n'étais pas trop mal fichue et le magazine *Lui* voulait me déshabiller un peu plus... j'ai refusé. En revanche j'ai accepté de chanter sur des paroles d'Antoine et de Pascal Sevran, j'avais un peu les mêmes intonations que Brigitte Bardot, et je me suis retrouvée avec mes quatre chansons dans un cabaret, la Tête de l'Art [... rien à voir avec moi, encore que !], en compagnie de Marie Laforêt et de l'humoriste bégayant, Darry Cowl. Mais quand Bruno Coquatrix m'a proposé l'Olympia, j'ai dit stop.

Claude François était tombé amoureux de moi, il m'envoyait des lettres enflammées et il venait me voir à Montrouge en Ferrari, avec Antoine en Rolls, j'te dis pas l'effet dans notre HLM !

Pour me changer les idées et découvrir encore quelque chose de nouveau, je me suis lancée dans le Paris-Dakar, dans la Coupe des Dames avec un Ranger. C'était l'époque héroïque, il n'y avait pas de GPS, et nous nous sommes perdues. Pendant trois jours on a fait la une des journaux, plus que si on avait gagné.

Et puis un jour il a fallu passer aux choses sérieuses. Je ne voulais pas faire carrière dans le sport, je voulais toujours découvrir d'autres horizons. Il n'y avait pas beaucoup de piscines en France, alors j'ai lancé avec des associés, les piscines Christine Caron, des bassins de 10 à 15 m faciles à installer. Et à 59 ans j'ai tout revendu, j'ai pris ma retraite, je peins, j'aime sculpter, je fais des croquis de mode, et j'ai encore voyagé comme marraine de l'équipe de France aux championnats du monde ou aux Jeux olympiques. J'ai fait la connaissance d'une autre sacrée gamine, Laure Manaudou, grande championne toujours amoureuse.

Ni envieuse ni rancunière, je vis au jour le jour, je surmonte mes emm...

[Christine a perdu son mari dans un accident de parapente], je me débrouille toute seule, et je suis ravie de voyager, encore et toujours, avec mon petit-fils. »

— Dis Kiki et tes pieds ? Si tu avais chaussé du 43 tu l'aurais eu la médaille d'or ?
— Je préfère une médaille d'argent... avec des p'tits pieds ! Et puis t'en connais beaucoup des médaillées d'argent plus célèbres que des médaillées d'or ? »

Arigato gozaimasu Kiki-san !
Sayonara Tokyo... Viva Mexico !

12

MEXICO 1968 – BOB, DICK, COLETTE ET LES DANIEL

Après la découverte de l'Orient, c'était la ruée vers l'Ouest, des temples de Kyoto et Nara aux pyramides aztèques de Chapultepec et Teotihuacan, de Shibuya aux marchés flottants de Xochimilco, des samouraïs aux conquistadors, des geishas aux mariachis qui chantent l'amour et la révolution, des kimonos aux sombreros, du saké à la tequila, du sérieux nippon à la fiesta mexicana et de Kiki dans l'eau à Colette en l'air : une charmante brune aux belles dents du bonheur s'envole à 2 000 m d'altitude et succède à une jolie naïade blonde pour faire battre le cœur des Français, avec le même décalage horaire mais dans l'autre sens, et une médaille encore plus lumineuse.

La flamme olympique avait suivi la route de Christophe Colomb pour arriver à Mexico. Rome, Tokyo, Mexico… quel bonheur pour mon entrée dans la carrière ! J'avoue que les années suivantes quand j'allais « couvrir » les sessions du CIO ou des grandes fédérations internationales qui décidaient de l'attribution des Jeux ou des principaux championnats du monde, je privilégiais la beauté des lieux à la qualité des dossiers ! Et je n'étais pas le seul, d'ailleurs c'est ce qui s'était dit au sujet de Mexico.

En septembre 1963, le CIO réuni à Baden-Baden en Allemagne devait choisir entre trois villes pour les Jeux de

1968 : Lyon, Detroit et Mexico. La tradition voulant que les Jeux soient organisés une fois sur deux en Europe, les Lyonnais partaient favoris. Détroit assurait qu'en six mois toutes les installations olympiques seraient prêtes. Mexico se présentait sur la défensive : à cause de l'altitude, 2 240 m, les coureurs de fond avaient terminé assez mal en point les épreuves des Jeux panaméricains. Les membres du CIO furent-ils attirés par le voyage et le doux climat mexicain comme certains l'insinuèrent alors ? Je pense plutôt qu'ils se sont laissé convaincre par les brillants plaidoyers du général Clark, directeur du comité d'organisation et de son adjoint le Pr Eduardo Hay, un ancien et brillant élève de l'École militaire de santé de… Lyon.

Mexico ville olympique, le problème de l'influence de l'altitude sur les athlètes était posé. Il est important d'en parler parce que les globules rouges vont jouer un rôle essentiel dans le sport de haut niveau et ses excès à partir de cette date.

C'est la France qui, la première, a essayé de comprendre. Au début de l'année 1965, le colonel Crespin, énergique directeur du sport français, c'est lui qui m'avait placée au Bataillon de Joinville pour médiatiser le sport militaire, a proposé aux Mexicains une rencontre d'athlétisme Mexique-France au mois d'octobre, à la période prévue pour les JO. D'autres nations ont souhaité y participer et c'est ainsi que j'ai pu découvrir le Mexique à l'occasion de « la Semana deportiva de Mexico » où 300 athlètes se sont affrontés en athlétisme, natation, cyclisme, boxe, escrime et gymnastique, et ont été suivis, testés, analysés par des médecins venus de tous les coins du monde pour étudier le comportement des sportifs à plus de 2 000 m d'altitude. À Mexico le Pr Hay a retrouvé l'un de ses anciens camarades de promotion de « Santar », l'école de santé des armées, le Pr Violette, médecin-colonel, directeur du centre d'études et de recherche médicales aérospatiales. Les deux professeurs ont eu la confirmation au cours de cette semaine sportive de la nécessité pour les athlètes de s'acclimater à l'altitude, il faut dire acclimatement, l'acclimatation c'est autre chose. À 2 000 m ou au niveau de la mer notre organisme consomme la même quantité d'oxygène pour fournir le même effort, mais à 2 000 m la pression atmosphérique est plus faible et les échanges gazeux avec les poumons diminués. La quantité d'oxygène transportée par chaque globule rouge étant plus faible, pour obtenir la même quantité totale, il faut donc davantage de globules rouges. C'était une révolution pour les athlètes qui pouvaient envisager d'effectuer des séjours en altitude pour obtenir de meilleurs résultats au niveau de la mer. En 1965 on laissait l'organisme se débrouiller tout seul, l'EPO n'est apparue que vingt ans plus tard. L'acclimatement se fait en deux temps. Il y a d'abord la période dite euphorique, une décharge d'adrénaline qui favorise la polyglobulie, mais qui ne dure que trois ou quatre jours. Ensuite il y a une dépression d'une semaine avant que le nombre de globules rouges augmente à nouveau. Pour être parfaitement acclimaté il faut donc compter près de trois semaines. En ce mois d'octobre 1965, pour le plus grand plaisir des Mexicains, l'altitude a été démystifiée et l'ambiance était tellement sympathique que j'étais sûre de vivre, après Tokyo, une aventure olympique encore plus passionnante.

Et comme le disait le président du comité d'organisation des Jeux, l'ancien président de la République, Adolfo López Mateos, au soir de la clôture de cette semaine sportive :

« En 1968 il ne sera question à Mexico que d'une seule altitude : celle des sentiments amicaux qui uniront les Mexicains et leurs visiteurs. »

Quelques mois plus tôt le général de Gaulle avait dit à peu près la même chose dans son fameux discours du Zocalo, la place centrale de Mexico, devant 500 000 Mexicains déchaînés :

Marchemos la mano en la mano !

Tokyo 64 avait montré le rôle des JO dans l'évolution économique du monde.

Mexico 68 a révolutionné les méthodes d'entraînement et la médecine sportive. Le sport a changé de dimension.

Deux jours avant le début des Jeux, j'en avais eu une première preuve en applaudissant le cycliste danois Ole Ritter, qui avait pris le temps de s'acclimater, et qui venait de battre le record du monde de l'heure en couvrant 48,653 km, 560 m de mieux que le Belge Ferdinand Bracke au niveau de la mer à Rome. Quatre ans plus tard, sur cette même piste, Eddy Merckx parcourra 49,439 km dans l'heure.

Les JO de Mexico ont été à l'image de l'année 1968 : un hymne à la révolte contre l'ordre établi. Les mois précédents, les étudiants avaient lancé des pavés à Paris et à Tokyo, défié les régimes communistes à Prague et à Varsovie ou occupé les universités de Rome et de Belgrade. Les États-Unis tremblaient face aux émeutes raciales, l'Allemagne faisait face à l'organisation terroriste d'extrême gauche, la fraction armée rouge et le Vietnam était ensanglanté par des massacres de civils. Lorsque les JO ont débuté le 12 octobre, le monde était une véritable poudrière. Dix jours avant la cérémonie d'ouverture, la capitale olympique avait elle aussi été le théâtre de violences : l'armée avait tiré sur des manifestants dans le quartier de Tlatelolco, on avait parlé de plus de 200 morts.

Avec mes coéquipiers de France Inter, Jean-Paul Brouchon, Claude Maydieu, Pierre Salviac, nous n'étions qu'à moitié rassurés en débarquant à Mexico huit jours avant les Jeux. Mais la trêve olympique a fonctionné et les étudiants protestataires, conscients de l'enjeu des Jeux pour leur pays, ont décidé de rengainer leurs revendications.

« C'est la fièvre de la jeunesse qui maintient le reste du monde à la température normale. » (Bernanos)

Et ce sont de grands panneaux « *Todo es posible en la paz* » qui nous ont accueillis quand on a débarqué dans le palace des journalistes, le Camino Real, qui existe toujours et que j'ai retrouvé récemment avec plaisir. Il y avait aussi dans nos chambres un message du président du Mexique, Gustavo Diaz Ordaz, avec le symbole des Jeux, une colombe stylisée : « Nous offrons notre amitié et nous demandons celle de tous les pays de la terre. »

« Tout est possible dans la paix » contrastait avec cette agitation permanente qui caractérise le Mexique et que les Mexicains revendiquent : la grande avenue qui traverse la ville, l'Insurgentes se prolonge vers la cité universitaire par l'Avenida de la Revolucion avec le palais des sports de la Revolucion, les Champs-Élysées locaux s'appellent Paseo de la Reforma, il y a la place de la Libertad et les calle Pancho Villa et Zapata, le guérillero aux 27 femmes, en hommage aux fameux révolutionnaires du début du XXe siècle.

Dans le stade, des athlètes noirs américains ont profité de la télévision pour se manifester et protester contre les mesures discriminatoires qu'ils subissaient dans leur pays. Tout le monde se souvient de Tommie Smith et John Carlos, 1er et 3e du 200 m, levant leurs poings gantés de noir sur le podium et baissant la tête pendant l'hymne américain. Cette image a fait le tour du monde mais elle a été loin de faire l'unanimité, ce serait tellement mieux de continuer à faire de l'Olympe du sport un sanctuaire. Le CIO par la voix de son président américain Avery Brundage a exigé leur renvoi immédiat des Jeux. Les deux athlètes ont fait leurs valises le lendemain. On ne les reverra plus sur un stade. Le « Black Power » se manifestera encore sur le podium du 400 m où les trois premiers, tous Américains, se présenteront la tête recouverte d'un béret basque.

Mais le véritable héros des Jeux de Mexico est un autre Américain, Bob Beamon avec son saut en longueur stratosphérique de 8,90 m qui améliorait le record du monde de 55 cm. Cela se passait de l'autre côté du stade par rapport à la tribune d'honneur et à la tribune de presse, et je ne l'ai aperçu que de loin mais il y a eu une telle explosion dans les gradins d'en face, le plus extraordinaire cri de stupéfaction jamais entendu dans un stade, que tout le monde s'est levé pour comprendre. Et on a vu des officiels, chapeau gris, veste grenat, bien embêtés : le point de chute de Beamon se situait bien au-delà des limites de leur appareil de mesure à visée oculaire et ils ont dû prendre un décamètre pour mesurer manuellement la longueur du saut. C'était le 18 octobre à 17 h 47.

B. B. avait 22 ans. Lui-même ne s'était pas rendu compte tout de suite de l'exploit qu'il venait de réaliser. Il a fallu qu'on lui traduise la distance en yards et en pouces pour qu'il en prenne conscience et s'effondre en larmes, à genoux, sa tête au long cou sur le tartan. Oui cette nouvelle piste miracle en tartan ajoutée à la faible densité de l'air et à un petit vent de 2 m/sec, à la limite autorisée, ont permis à Bob Beamon de s'envoler dans le ciel de Mexico. Même son nom s'y prêtait. Quand on prononce Bob… Beamon en marquant un temps d'arrêt entre le prénom et le nom, on a l'impression de prendre son élan et de rebondir, Bob… élan… Beamon, on saute et on atterrit ! Quand il s'élance dans une course étalonnée au millimètre jusqu'à la planche d'appel, sa vitesse le fait monter très haut, il effectue alors un acrobatique ciseau, on a l'impression qu'il va atterrir sur le dos, mais d'un coup de reins prodigieux il se redresse et entre dans la légende. Dans mon livre sur les JO de Mexico, je parlais alors, en 1968, d'un « record de l'an 2000 ». Je ne m'étais pas trompé de beaucoup mais j'avais sous-estimé les possibilités humaines : Mike Powell a franchi 8,95 m en 1991 à Tokyo. Jesse Owens avait sauté 8,13 m en 1936.

Des exploits, il y en a eu plein d'autres chez les athlètes américains, blancs et noirs confondus, le 100 m de Jim Hines en moins de 10'', le 200 de Tommie Smith en moins de 20'', le 400 de Lee Evans en moins de 44'', la 4e médaille d'or, consécutivement, Melbourne, Rome, Tokyo, Mexico du colosse Al Oerter, 32 ans, 1,95 m, 125 kg, au disque, du jamais vu, et le « fosbury flop » !

Dick Fosbury a révolutionné, on est au Mexique, le saut en hauteur. Avant ces Jeux, Dick n'était qu'un grand dadais de 1,93 m peu connu du public, un hurluberlu de 21 ans capable de rater la cérémonie d'ouverture pour faire du tourisme. Loin d'être un compétiteur né, il pratiquait l'athlétisme pour s'amuser. Guère performant avec la traditionnelle technique ventrale du saut en hauteur, il avait adopté une autre façon de passer l'obstacle, en tournant le dos à la barre, en se projetant la tête tournée vers le ciel, les bras le long du corps. Il a été la grande attraction de Mexico. Quand il a effectué ses premiers sauts, on se demandait ce qui se passait, tout le monde rigolait mais lorsqu'il a franchi 2,24 m en s'emparant du titre olympique, tous les sauteurs se sont mis au « fosbury flop ». Son nom est entré dans le vocabulaire du sport, pas mal pour un athlète qui voulait seulement s'amuser...

Et moi aussi je m'étais amusé, dans mes commentaires, avec le jeune nageur mexicain de 17 ans, Felipe Munoz, qui avait donné à son pays la première de ses 3 médailles d'or. Vous aurez du mal à me croire, son père était né à Aguas Calientes (Eaux Chaudes) et sa mère à Rio Frio (Rivière froide), alors on l'avait surnommé... el Tibio, le Tiède.

Il y a eu aussi un mariage entre deux épreuves, celui de Vera Caslavska, la gymnaste tchèque aux 4 médailles d'or qui avait dominé les Soviétiques l'année même où les chars russes écrasaient le printemps de Prague, avec son compatriote Josef Odlozil, médaillé d'argent sur 1 500 m à Tokyo.

Ils avaient fêté cela le soir sur la place Garibaldi, là où nous nous retrouvions pour dîner au milieu des orchestres de mariachis, dans une ambiance que je n'ai jamais retrouvée nulle part ailleurs.

Tous les jours il se passait quelque chose, on nous donnait de plus en plus de temps d'antenne, les liaisons n'étaient pas encore comme aujourd'hui et nous avions un pool des radios de langue française avec la RTB belge et la SSR suisse. La finale du 100 m en athlétisme reste, dans mes souvenirs un grand moment de rire. C'était au tour de notre ami belge Luc Varenne de commenter. Luc en Belgique était aussi célèbre que le roi. C'est lui qui avait dit à Merckx quand Eddy est devenu le Cannibale qui gagnait tout : « Je crois que tu vas me faire de l'ombre ! » Les 8 concurrents sont dans leurs starting-blocks, Luc les présente, les Américains Hines, Greene, Pender, le Jamaïcain Miller, le Cubain Montes, le Canadien Jerome, un seul Européen, le Français Roger Bambuck et un Africain au couloir 8, c'est là que les choses se corsent. Luc Varenne : « Cet Africain est un Malgache, un Malgache Jean-Louis Ravel… oh là là que son nom est compliqué, mais ils sont déjà partis, ah ! heureusement il y a un faux départ, mais c'est incroyable un nom pareil, c'est pas possible, Jean-Louis, çà, ça va, mais alors Ra-ve-lo-ma-nan-tso-a, les autres ont le temps de courir leur 100 m avant que je finisse de prononcer son nom. » Et à ce moment-là il était 20 heures à Paris, l'heure du journal que ce faux départ perturbe, j'entends le présentateur dont je tairai le nom, il est connu, annoncer : « Très bien je vous laisse l'antenne pour le départ de la course, puis je donne les titres du journal et je vous rappelle pour l'arrivée. » Hines a gagné en 9"9 ! Et Luc Varenne a décidé d'appeler « Jean-Louis » le gentil Ravelomanantsoa, qui se prononce en malgache Ravelomanantsou.

Et les Français dans tout cela ? De mieux en mieux depuis le fiasco romain. Ils remontent à la 6e place du classement mondial avec 7 médailles d'or, 3 d'argent, 5 de bronze.

Ils avaient bénéficié d'une bonne préparation dans un site exceptionnel, à Font-Romeu, à plus de 1 800 m d'altitude et ils n'avaient pas perdu de globules rouges en s'envolant de Perpignan vers Mexico, en une demi-journée. C'était un autre temps dans les relations des journalistes avec les athlètes, comme en témoigne cette photo où je fais mon footing avec trois sélectionnés olympiques, Maryvonne Dupureur, Jean Wadoux et mon copain Jacky Boxberger qui a trouvé une mort tragique, il y a vingt ans, dans un safari au Kénya, piétiné par une femelle éléphant en chaleur dont il s'était trop approché pour la photographier.

Il y avait de l'ambiance à Font-Romeu dans cette période préolympique, avec en chef d'orchestre, le lutteur beau gosse grenoblois Daniel Robin, encore un copain du Bataillon de Joinville, qui se déguisait en Beatle pour chanter *Yesterday*. La jolie et géniale cavalière eurasienne Janou Lefèbvre, médaillée d'argent par équipes à Tokyo et Mexico, doit se souvenir encore de tous les canulars qu'il lui avait montés avec la complicité des autres cavaliers, les beaux-frères Marcel Rozier et Hubert Parot. Quelle peur elle avait eue en rentrant dans sa chambre, en découvrant quelqu'un dans son lit... en fait un mannequin. Daniel et Hubert, hélas, ne sont plus là pour continuer à en rire. Marcel, dans son centre équestre de Bois-le-Roi, près de Fontainebleau, revit avec plaisir ces plus belles heures de sa longue carrière, une carrière couronnée par une médaille d'or par équipes à Montréal en 1976 avec un prolongement unique dans l'histoire des Jeux : son fils Philippe a gagné la même médaille, dans la même épreuve, quarante ans après, à Rio en 2016.

« Ah ! oui ce stage de Font-Romeu, c'était quelque chose. Tous sports confondus, c'était génial de se préparer ensemble, et à Mexico on formait une vraie bande de copains. Je n'ai qu'un regret, d'avoir raté d'un rien la médaille d'or par équipes. Janou et moi avions réalisé de bons parcours et il ne fallait pas que Pierrot (Jonquères d'Oriola) fasse plus de 6 fautes pour que nous décrochions l'or… il en a fait 7 ! Il montait un pur-sang, Nagir, qui a vu rouge en entrant sur la piste et que le meilleur cavalier du monde n'a pas pu maîtriser. Je n'ai jamais vu Pierrot aussi triste que ce jour-là. »

Après Magnan, Gonzalès, Gottvallès, Morelon, Trentin à Tokyo, c'est au tour de Daniel Robin à Mexico, je finissais par me demander si je ne leur portais pas la poisse à mes copains de régiment !

Daniel le Grenoblois, avec qui j'avais fait la fête six mois plus tôt à Grenoble, pendant les plus beaux JO d'hiver de l'histoire, a dû se contenter de deux médailles d'argent en lutte libre et en lutte gréco-romaine. La lutte était l'un des principaux sports des Jeux antiques et la mythologie grecque évoque aussi le duel entre les dieux Hermès et Éros. Elle n'est plus aussi populaire depuis que le catch l'a dévoyée, mais quand un super mec, comme Daniel Robin, vient nous la faire redécouvrir, on admire la force des lutteurs.

« Fort comme un Turc », l'expression ne faisait pas peur à Daniel quand il s'est retrouvé en finale de lutte libre, catégorie 78 kg, contre le Turc Atalay. Il avait éliminé un Suisse, un Japonais, un Soviétique, un Américain, il était champion du monde en titre, mais Atalay était un vieux roublard qui usait de tous les trucs de lutteur turc, connaissait toutes les ressources du règlement pour obtenir de nombreux arrêts sur toutes les prises du Français. Couvert de sueur il glissait entre les mains de Daniel, regardait l'arbitre qui stoppait le combat et Daniel repartait à l'attaque et ça recommençait. J'enrageais de voir que mon copain n'arrivait pas à imposer sa force supérieure, il avait le visage tuméfié, je savais aussi qu'il souffrait d'une foulure à la cheville et d'une blessure intercostale mais il la voulait tellement cette médaille ! Les juges ont donné le Turc vainqueur, le public a sifflé, moi aussi je crois.

Pire encore en lutte gréco-romaine. « Robin des bois », comme on l'appelait parfois, avait obtenu le match nul suffisant pour remporter la médaille d'or contre l'Allemand de l'Est Vesper. Cette fois c'était bon. Pas du tout ! Le jury a accepté la réclamation de l'Allemand et Daniel s'est retrouvé avec une deuxième médaille d'argent.

Heureusement, il y a eu le vélodrome avec d'autres Daniel et un Pierrot ! J'y ai passé beaucoup de temps et pris beaucoup de plaisir. J'avais l'impression d'assister aux championnats de France à la Cipale dans le bois de Vincennes. On n'entendait que *La Marseillaise* !

Le roi de la « petite reine » s'appelle Toto Gérardin, ancien champion du monde de vitesse et entraîneur des pistards français, toujours bien bronzé, cheveux frisés, ses yeux bleus de play-boy avaient succédé à Marcel Cerdan dans le cœur d'Édith Piaf qui l'appelait « mon amour bleu » ! Il a magnifiquement préparé l'équipe de France qui a remporté sur la superbe piste en bois de 333,33 m, quatre épreuves sur cinq. Il faut dire aussi qu'il a profité d'un duo exceptionnel qui avait découvert les Jeux de Tokyo avec deux médailles de bronze, et qui s'est imposé à Mexico, les inséparables Trentin et Morelon.

Ils m'aimaient bien, et cela se conjugue encore au présent, car nous sommes de la même génération et parce qu'au temps de leur splendeur pédalistique je m'intéressais à eux et pas seulement à l'occasion des championnats du monde ou des JO.

Pierre Trentin gagne le kilomètre, Daniel Morelon la vitesse et « comme on était les meilleurs on a remporté aussi le tandem », conclut Pierrot les gros mollets et aussi les gros bras, à 77 ans il continue à faire de la musculation. Le dimanche il marche avec Daniel du côté de chez Lucien Aimar, à Costebelle au-dessus de Hyères-les-Palmiers. Et il leur arrive de se souvenir, Pierrot toujours aussi fougueux, Daniel encore plus calme qu'avant :

« Ma plus grosse déception, commence Trentin, c'est la demi-finale de la vitesse à Tokyo. Il n'y avait aucune raison de me déclasser et de donner la victoire à Pettenella. Il ne m'a battu qu'une fois cette année-là et il est devenu champion olympique. En plus il n'y a pas eu de contrôle antidopage et c'étaient les Italiens qui dirigeaient le cyclisme en ce temps-là, tu vois ce que je veux dire…

À Mexico, j'ai galéré, j'ai eu du mal à m'adapter à l'altitude et j'ai commencé à être bien… le jour du kilomètre ! Ça m'a permis de réaliser un temps canon, 1'3"9. Je ne pouvais pas imaginer que la médaille d'or m'échappe, j'avais gagné les 17 courses que j'avais disputées dans l'année. Mais cette médaille d'or m'a rendu euphorique et en vitesse je n'étais pas assez concentré, j'ai été battu en demi-finale par l'Italien Turrini. Quel dommage j'aurais tellement aimé disputer la finale contre Daniel. »

Daniel Morelon, triple champion olympique, 7 fois champion du monde, possède l'un des deux ou trois plus beaux palmarès du sport français avec Martin Fourcade, Teddy Riner. Et même le meilleur si l'on ajoute sa brillante carrière d'entraîneur, en France et en Chine, où il pourrait revendiquer, s'il n'était pas aussi modeste, 5 médailles d'or olympiques et 24 aux championnats du monde.

« Tokyo, Mexico, Munich, Montréal… j'ai vécu quatre grandes aventures comme coureur… sans compter toutes celles qui ont suivi comme entraîneur jusqu'en 2012. Les Chinois m'ont même encore sollicité pour Tokyo 2021, mais le virus m'en a empêché. C'est Mexico qui me laisse les meilleurs souvenirs, il y avait vraiment une belle ambiance de fête, c'étaient des Jeux joyeux, on sortait en ville, on se mêlait à la population. Et puis il y a eu ma première médaille d'or en vitesse. J'ai gagné la première manche contre Turrini qui a déposé réclamation en prétendant que je n'avais pas gardé ma ligne dans le sprint. Pendant que le jury se réunissait, Turrini tournait sur la piste en levant les bras en signe de victoire, moi j'étais assis au quartier des coureurs et j'ai dit à Toto Gérardin : « Ne vous en faites pas je serai champion olympique ! » L'attitude de l'Italien avait déclenché chez moi une montée d'adrénaline, c'est ce qui faisait ma force, cette capacité de me surpasser, j'aimais ce sport, ce combat d'homme à homme, j'étais sûr de moi. Le jury a confirmé ma victoire et dans la deuxième manche Turrini n'a pas existé. Je suis parti en tête dans la ligne opposée, et dans le virage j'ai mis la gomme, il m'avait énervé, j'étais imbattable, il est resté loin derrière.

Pierrot avait remporté le kilomètre, moi la vitesse, il nous restait le tandem en finale contre des Hollandais. On gagne la première manche, facile, mais en descendant de vélo Pierrot a craqué, il était sur la brèche depuis une semaine, ses nerfs ont lâché, il s'est mis à pleurer. J'ai réussi à le calmer en lui disant qu'il n'y avait plus qu'une manche, qu'on allait la gagner, remporter chacun notre deuxième médaille d'or et qu'ensuite il pourrait vite rentrer en France pour retrouver sa femme et ses deux filles. On a laissé Janssen et Lovesen à plus de 10 m. »

Et moi je les laisse se raconter.

Pierre Trentin : « Daniel, je le battais quand j'avais 18-20 ans. Je l'ai battu au championnat du monde en 64 à Paris. Ensuite je me suis spécialisé sur le kilomètre parce qu'en vitesse, il connaissait mes points faibles, il savait que je devais partir de loin, alors je ne pouvais pas le feinter. Il était super doué, intelligent, très véloce, il savait courir, toujours concentré, il ne s'énervait pas. Ce n'est pas par hasard qu'il a été 7 fois champion du monde ! Et dans le vélo il n'a que des amis, tout le monde est admiratif ! »

Daniel Morelon : « Pierrot c'est un athlète à l'état brut, une force de la nature, encore maintenant. Il a passé toute sa vie à se lancer des défis, à soulever des haltères, à marcher 50 m sur les mains, on dirait qu'il a des boules de pétanque dans les biceps. Il était, il est, excessif en tout, pour manger comme pour s'entraîner.

On se complétait parfaitement et il ne peut pas se passer de moi… il vient de s'acheter une maison pas très loin de la mienne, on va vieillir ensemble ! »

Daniel Morelon a encore été champion olympique en 1972 et médaillé d'argent en 1976 à Montréal où il était le meilleur porte-drapeau possible de la délégation française.

Leurs 3 médailles d'or étaient attendues et pour une fois des athlètes français ont su tenir leur rôle de favori. En revanche la victoire de Daniel Rebillard en poursuite est une belle surprise qui couronne un beau jeune homme de 19 ans, bien élevé, discret, modeste, qui avait découvert le cyclisme sur piste trois mois plus tôt, qui avait terminé 2e du championnat de France derrière Bernard Darmet, qui était venu à Mexico pour disputer la poursuite par équipe mais qui s'est montré tellement bon à l'entraînement que Toto Gérardin lui a donné une chance… qu'il n'a pas laissé passer. Daniel, le plus charmant des garçons, ne restera pas longtemps coureur cycliste, à 26 ans il s'arrêtera et ne fera plus parler de lui.

Mais aux Jeux, l'athlétisme est le sport-roi et la France a trouvé sa reine, vingt ans après Micheline Ostermeyer.

En arrivant à Mexico, Colette Besson n'avait jamais couru le 400 m en moins de 54''. En série, elle est descendue à 53''4, elle s'est qualifiée pour la finale mais 5 des 8 finalistes sont allées plus vite qu'elle.

Son mari Jean-Paul Noguès m'explique :

« Colette était sans doute la mieux adaptée à l'altitude, elle avait passé trois mois à Font-Romeu, elle avait un bon taux d'hématocrite, et elle s'était donné tellement de mal, elle avait tellement galéré, sans moyens financiers, qu'elle voulait y croire. Sans en avoir l'air, c'était une battante. À Mexico même, le directeur de l'équipe de France, Robert Bobin, avait failli la virer, il n'acceptait pas la présence de son entraîneur Saint-Omer. Il disait qu'il devait avoir un chronomètre en bois quand il donnait les super temps de Colette à l'entraînement. Heureusement que le colonel Crespin est intervenu. »

Colette Besson, jeune Charentaise de 22 ans, était un peu l'incarnation de l'année 1968 à elle toute seule. Elle était d'une beauté naturelle et n'aimait pas qu'on lui impose quoi que ce soit. Elle avait choisi de se préparer en dehors de l'équipe de France et au mois de mai, alors que les jeunes gens de son âge érigeaient des barricades, elle s'entraînait sur les hauteurs de Font-Romeu pour s'habituer à l'altitude de Mexico.

Pour la télévision Pierre Fulla suivait la préparation des athlètes :

« Un matin vers 8 heures pendant mon footing et en passant devant la piste d'athlétisme je vois une superbe brune qui se pliait aux ordres que lui donnait son entraîneur avec un sifflet et un haut-parleur. C'était Colette Besson et son gourou Durand Saint-Omer. Il n'avait pas voulu qu'elle parte en stage avec l'équipe de France, il n'avait confiance qu'en ses méthodes. Ils avaient planté leur tente pendant trois mois en altitude. Je me suis présenté et il m'a expliqué qu'il lui faisait travailler essentiellement la sortie du dernier virage et une dernière ligne droite en accélération, en lui indiquant par haut-parleur le rythme à suivre. À Mexico elle était 5e à la sortie du virage et elle a battu l'Anglaise Lilian Board, la favorite d'une poitrine, et Colette n'avait pas une grosse poitrine ! »

À la corde, au premier couloir, la favorite, l'Anglaise Board, avait la chance de voir toutes ses adversaires sur sa droite et de pouvoir calquer sa course sur ses principales rivales, la Cubaine Penton, couloir 2, l'Américaine Scott au 5 et la Russe Pechenkina au dernier couloir, le 8. C'est tout juste si elle connaissait le nom de la Française au cinquième couloir. J'étais à côté de Claude Maydieu pour commenter la course.

Nous espérions au mieux un podium. Toutes les concurrentes sont bien parties et à mi-course, Colette est quatrième ou cinquième, à 2 ou 3 m de l'Anglaise. Voici le dernier virage, celui qu'elle a travaillé avec Saint-Omer à Font-Romeu, elle accélère, et elle a encore des réserves dans la ligne droite, d'un ultime coup de reins elle se jette sur le fil d'arrivée, elle regarde droit devant elle alors que Board lui lance un regard inquiet, Colette Besson est championne olympique en 52" tout juste, à un dixième de seconde du record du monde.

Quand *La Marseillaise* a retenti, sur le podium, Colette n'a pas pu retenir ses larmes et devant leur téléviseur, pour la première fois en couleur pour quelques privilégiés, tous les Français ont pleuré avec elle. Antoine Blondin l'a surnommée « la petite fiancée de la France ».

Et quand elle est venue nous voir dans le studio de France Inter elle a eu la surprise de retrouver Gilbert Bécaud le plus célèbre chanteur français de l'époque, en tournée au Mexique, à qui j'avais demandé d'entonner une nouvelle *Marseillaise* en son honneur. Mireille Mathieu en fera autant à Séoul vingt ans plus tard pour le cavalier Pierre Durand et son cheval Jappeloup.

Toute sa vie, trop courte, elle est morte d'un cancer à 59 ans, toute sa vie, chaque jour se chargeait de rappeler Mexico à Colette Besson. À chaque fois que je la rencontrais, c'était son image dans la dernière ligne droite et sur le podium qui me revenait à l'esprit et c'était pareil pour tout le monde, partout où elle allait. Elle a vécu en permanence avec sa médaille, elle l'a promenée avec son mari, Jean-Paul Noguès, et ses deux filles Sandrine et Stéphanie dans différents postes d'entraîneur, de professeur d'éducation physique, de conseiller technique, du Togo à la Martinique, de Tahiti à la Réunion… où elle a reçu et conseillé une certaine Marie-Jo Pérec ! C'était un amical passage de relais entre deux générations et grâce à Marie-Jo, Colette est revenue à la une de l'actualité, 25 ans après.

Je ne savais pas encore que c'était mes derniers Jeux pour la radio, je suis passé à la télé en novembre 69, un passage de relais aussi au moment où la télé prenait irrésistiblement la tête des médias, mais ce que je sais aujourd'hui c'est que Tokyo et Mexico pour la radio, Los Angeles et Seoul vingt ans plus tard, pour la télé, sont ce que les Jeux m'ont offert de plus beau dans ma carrière de reporter, avec les Tours de France 64, 75 et 77.

Oui M… erci M… exico que j'M plus que les 3M qui suivent.

13

MUNICH 1972, MONTRÉAL 1976, MOSCOU 1980, M… 3 FOIS M…

M… unich, M… ontréal, M… oscou, M… comme M… alédiction, la fin des « Trente Glorieuses » n'a pas épargné l'olympisme. Le saut stratosphérique de Bob Beamon avait gommé les rébellions de M… exico, M…ais ce n'était qu'un début ! Rien ne pourra jamais effacer la tuerie de Munich, et les divers boycotts de Montréal et Moscou ont dévalorisé les Jeux de 1976 et 1980.

Vous aviez remarqué que M est la treizième lettre de l'alphabet ?

Et que nous en sommes au chapitre 13 !

Pour des raisons diverses, proximité du Tour de France, des championnats du monde de cyclisme, et je venais de quitter la radio pour la télé, ce sont, comme par hasard, les trois seuls Jeux auxquels je n'ai pas assisté et que j'ai commentés de Paris pour les journaux télévisés et les magazines. Finalement je ne regrette rien. D'autant moins que pour la première fois, en Bavière, la télévision était vraiment au cœur de l'événement et que j'ai pu accueillir et interviewer tous les médaillés français, tous sports confondus, à leur retour à Paris, et écrire avec leurs témoignages le livre souvenir *Munich. Jeux olympiques 1972* (éditions Arthaud).

Les Jeux de Munich resteront les plus tragiques de toute l'histoire olympique. Alors que la RFA, la République fédérale d'Allemagne, espérait célébrer une ère nouvelle, une paix retrouvée dans une Europe en construction, ces nouveaux JO sur la terre de Goethe furent frappés du sceau de l'infamie. Tout avait pourtant été fait pour que cette compétition soit une magnifique célébration de l'olympisme. Des infrastructures de toute beauté étaient sorties de terre, avec en point d'orgue le stade de Munich et son fameux toit en toile d'araignée qui recouvrait aussi la piscine et le palais des sports voisins, un stade qui accueillera vingt ans plus tard la finale de la Ligue des champions de football dont sortira vainqueur… l'« Olympique » de Marseille, Phocée se souvient de ses origines grecques.

Quand on dit Munich, on pense d'abord aux chopes de bière au Hofbräuhaus sur la Platzl, au jarret de veau, au boudin blanc ou à la soupe de boulettes de foie servis par une accorte bavaroise au « dirndl » en dentelle profondément décolleté ou par un garçon en culotte de peau.

« Il y a plusieurs siècles un Bavarois eut si chaud qu'il coupa les jambes de sa longue culotte de peau au-dessus des genoux. Cette prouesse fit école et depuis lors, les Bavarois semblent échappés d'un jardin d'enfants frappés de vieillissement… »

La fête devait être belle mais elle fut gâchée de la plus épouvantable des manières.

La flamme olympique a failli s'éteindre au lever du jour le 5 septembre.

Un groupe terroriste palestinien a réussi à pénétrer au village olympique dans le pavillon de la délégation israélienne. Une bagarre, des rafales de mitraillettes, deux morts, le territoire olympique est violé. Le jour le plus long de Munich commence.

7 h 30 – L'ARD, radio ouest-allemande, relate « une altercation déplorable » qui se serait produite vers 4 heures du matin au pavillon israélien.

7 h 45 – On apprend que ce sont 8 Palestiniens qui ont forcé l'entrée des appartements israéliens, 31 rue Conolly. Les athlètes se défendent. L'entraîneur de lutte Moshe Weinberg, 33 ans, est tué. L'haltérophile Joseph Romano, 32 ans, gravement blessé succombe peu après. L'organisation clandestine « Septembre noir » revendique cet attentat.

8 heures – 4 000 policiers bouclent le village olympique. Les feddayins par haut-parleur exigent la libération de 200 prisonniers palestiniens détenus en Israël contre la libération des otages. Ils fixent leur ultimatum à midi, ensuite ils exécuteront 2 otages par heure de retard.

Les compétitions sportives commencées le matin se poursuivent, les autres sont reportées.

13 heures – Des tireurs d'élite prennent place sur les toits autour du pavillon israélien… à l'intérieur duquel les terroristes peuvent les suivre puisque tout est télévisé en direct ! C'est un comble : pour la première fois, avec des caméras partout, des ralentis superbes, la télévision sublimait les Jeux, et ce sont ces mêmes caméras qui venaient se mêler de ce qui ne les regardait pas.

13 h 45 – La télévision allemande arrête enfin sa retransmission.

14 heures – L'ultimatum est prolongé jusqu'à 17 heures.

16 heures – Nouvelles négociations, nouveau report de l'ultimatum à 21 heures.

18 h 30 – À la suite du refus d'Israël et de son chef du gouvernement, Mme Golda Meir, de négocier avec le commando, la police bavaroise propose un compromis : un avion va être mis à la disposition des Palestiniens qui pourront se rendre avec leurs otages dans le pays de leur choix (Égypte ou Tunisie). Des hélicoptères les emmèneront à l'aéroport distant de 40 km.

22 h 30 – Les 2 hélicoptères se posent à l'aéroport de Fürstenfeldbruck à 50 m du Boeing. Deux Palestiniens vont inspecter l'appareil et quand ils reviennent vers les hélicoptères, ils sont abattus par les tireurs d'élite embusqués.

23 h 15 – Toutes les agences de presse du monde annoncent que les feddayins ont été tués et que les otages sont libérés.

La vérité était tout autre. On ne la connaîtra que deux heures plus tard. En fait les Palestiniens ont réagi dès les premiers coups de feu. D'une rafale de mitraillette, les otages du premier hélicoptère ont été tués, et une grenade a mis le feu au deuxième. Dans la confusion totale, un policier allemand et un pilote d'hélicoptère sont tués, la fusillade dure plus de deux heures. La police bavaroise lors de cet assaut a brillé par son incompétence et son manque de préparation et les tireurs, mal équipés, n'avaient d'élite que le nom.

2 heures du matin le 6 septembre – L'opération de la dernière chance a échoué, tous les otages sont morts, les feddayins n'ont pas cédé. Cinq d'entre eux ont été tués et trois faits prisonniers.

Les trois terroristes arrêtés obtiendront leur remise en liberté un peu plus d'un mois plus tard : un autre groupe palestinien détournera un Boeing de la Lufthansa en menaçant de le faire exploser s'il n'obtenait pas la libération de ces trois prisonniers. Le gouvernement ouest-allemand céda à cette revendication. Deux d'entre eux seront retrouvés plus tard et tués par les services secrets israéliens, le Mossad qui avait lancé l'opération « Colère de Dieu » pour venger Munich.

Pour la première fois dans leur histoire les Jeux olympiques ont été interrompus. Vont-ils reprendre après ce drame ?

10 heures – La plupart des délégations se retrouvent au stade olympique pour se recueillir. Après le président de la République et l'ambassadeur d'Israël, le président du CIO, l'Américain Avery Brundage prend la parole :

« Il est triste de constater que dans ce monde imparfait où les Jeux olympiques prennent une importance plus grande, ces Jeux se voient soumis à des pressions commerciales, politiques et maintenant au crime. Nous n'avons pour nous que la force d'un grand idéal, je suis sûr que le monde entier sera d'accord avec nous pour estimer que nous ne pouvons pas permettre à une poignée de terroristes de détruire ce noyau de la coopération internationale, de la bonne volonté qu'exprime le mouvement olympique. Il faut que les Jeux continuent. »

The Games must go on… mais la fête est finie : ces Jeux olympiques n'ont plus rien d'olympien !

Les compétitions ont repris avec un décalage d'un jour.

Les survivants de la délégation israélienne ont quitté l'Allemagne, tout comme la délégation égyptienne et plusieurs sportifs néerlandais et norvégiens qui ont décidé à titre individuel de se retirer.

Même si le sport paraît bien futile face au sang versé, ces JO n'en ont pas moins connu leur lot de performances homériques, de beaux gestes et de confrontations symboliques.

S'il n'y avait pas eu ce drame, on n'aurait parlé que de lui, il aurait été le Bob Beamon de 68, le Jesse Owens de 36. Il l'a été quand même.

Un nageur américain de 22 ans, 1,83 m, 73 kg, sans bonnet ni lunettes mais avec des moustaches, a ainsi écrit en lettres capitales son nom dans l'histoire olympique : Mark Spitz, 7 courses en sept jours, 7 victoires, 7 records du monde !

Mark Spitz, de famille juive, l'olympisme vainqueur du terrorisme, venait de remporter sa 7e médaille quand le drame a éclaté. Il a quitté précipitamment Munich, sous bonne escorte du FBI.

… Sans pouvoir savourer sa semaine folle que je retrouve dans *Munich. Jeux olympiques 1972* :

Lundi 28 août 18 heures, 200 m papillon : les Jeux commencent bien pour Mark Spitz qui n'a aucun mal à devancer son copain de l'université de l'Indiana, Gary Hall. Après une dernière longueur de bassin au sprint, il améliore son record du monde de 8/10 de seconde. La nage papillon correspond bien à sa morphologie, il est grand, 1,83 m, mince, 73 kg, et un peu voûté, nul autre que lui sort ainsi le buste de l'eau.

Lundi 28 août 18 h 50, relais 4 × 100 m nage libre : Spitz n'a pas besoin de se surpasser pour que le record du monde soit battu, il lui suffit de concrétiser la supériorité évidente de ses camarades Edgar, Murphy et surtout Jerry Heidenreich qui couvre ses 100 m en 50''8 !

Mardi 29 août 18 h 45, 200 m libre : Mark montre qu'il connaît bien ses adversaires et qu'il est conscient de sa propre valeur. Quand Steve Genter vire en tête aux 150 m on a l'impression que Spitz ne pourra pas le remonter. Grossière erreur ! Il ne grignote pas son retard, il le comble d'un seul coup, Genter n'a pas le temps de réagir, il a déjà près de 1'' de retard. 1'52''8, record du monde battu de 7/10.

Jeudi 31 août 18 heures, 100 m papillon : Mark Spitz est plus à l'aise encore en papillon qu'en crawl. Il prend un départ de choix et sa démonstration, toute de beauté et de force à la fois – c'est la superbe photo de couverture de mon livre – laisse le Canadien Robertson à une longueur et l'ancien record du monde à 3/10.

Jeudi 31 août 19 heures, relais 4 × 200 m nage libre : les Américains Kinsella, Tyler, Genter et… Spitz pulvérisent leur record du monde de 7''5, près de 2'' d'amélioration par nageur !

Dimanche 3 septembre 19 heures, 100 m nage libre : c'est sans doute la course que Mark Spitz appréhende le plus. Il s'est fait mal au dos dans les autos tamponneuses deux jours plus tôt et il est inquiet. Un mauvais départ, un virage raté ne pardonnent pas sur cette distance. Et puis il y a pas mal d'inconnus au départ de cette finale. Que valent Mike Wenden, l'Australien champion olympique sortant, et le Soviétique Bure en gros progrès et même le Français Michel Rousseau, mon ami Mickey ? Pour éviter toute surprise, Spitz, « tel qu'en lui-même enfin », part vite, nage vite, vire vite et finit vite ! Ses bras solides et ses battements puissants suffisent à son bonheur. En améliorant son record du monde de 3/10 de seconde, il ne pouvait pas être battu. Mickey n'est que 7e.

Lundi 4 septembre 19 heures, 4 × 100 m 4 nages : Stamm (dos), Bruce (brasse), Spitz (papillon), Heidenreich (crawl), 3 médailles d'or et 1 d'argent réunis dans un même relais ne peuvent pas être battus. Un nouveau record du monde trépasse. Il est 20 h 50 le 4 septembre 1972, Mark Spitz va recevoir sa 7e médaille d'or.

Il aurait même pu en viser une 8e au 200 m 4 nages mais il n'a pas osé car il avait déjà paru suffisamment prétentieux et s'était fait beaucoup d'ennemis par ses déclarations.

Comme il en avait déjà récolté 2 en relais à Mexico, quatre ans plus tôt avec aussi 1 médaille d'argent et 1 de bronze qui l'avaient laissé sur sa faim, il s'était promis de se venger ! Mission accomplie : avec 30 records du monde et 9 médailles d'or il annonce qu'il arrête la compétition !

« Je n'ai jamais nagé pour la gloire mais pour gagner ! C'est fait ! Je peux m'arrêter. »

Il avait battu son premier record du monde sur 400 m en 1967, mais il a vite abandonné cette distance qui demande trop d'efforts à l'entraînement, pour se concentrer sur des épreuves de moins de deux minutes. Doué pour la natation, Mark a décidé de se servir de ce sport pour réussir dans la vie, dans ses études et pour se vaincre lui-même.

Il faudra attendre trente-six ans pour qu'un autre Américain fasse mieux, Michael Phelps à Pékin, 8 médailles d'or.

Né à Modesto en Californie le 10 février 1950, Mark Spitz n'a pas toujours été… modeste et son regard noir comme ses cheveux et ses moustaches ne comptaient pas que des amis au bord des bassins… et dans la salle de presse pour son interview après le 200 m comme le rapportait Christian Montaignac dans *L'Équipe* du 30 août :

« Voici Spitz. Il a l'air aussi séduit par l'endroit qu'un Chinois face à une choucroute. Visage fermé à quatre tours. Sa morgue a quelque chose de glacial. Les premières réponses sont liquidées en deux ou trois mots.

— Je me suis entraîné pour respecter mon programme. Je tiendrai jusqu'au bout. J'ai déjà nagé dans beaucoup plus d'épreuves aux États-Unis.

Les traductions sont laborieuses. Spitz regarde le manège, indifférent, comme absent.

— Avez-vous eu peur de Genter ?

— Oui bien sûr !

Des rires fusent, on lui demande un peu n'importe quoi :

— Pourquoi plongez-vous de la plate-forme des 10 m à l'entraînement ?

— Parce que j'aime l'eau profonde…

Il rit d'un rire mécanique puis se fige et remercie l'assistance. »

Dans le même journal, Marcel Hansenne se place du côté des spectateurs et vante les mérites du Champion avec un « C » majuscule :

« Spitz ! Spitz ! Spitz ! le stade olympique de natation l'a adopté. Le monde entier l'a adopté. Désormais lorsqu'il apparaît, une ovation lui est aussitôt réservée. On n'attend même plus pour l'applaudir qu'il ait gagné. Tout le monde sait qu'il va le faire. Le public, ses adversaires et probablement lui-même. Ça pourrait ne pas être drôle. Mais lorsqu'un champion de cette trempe impose sa loi insolente on se demande jusqu'où il ira ? »

Il est vrai qu'un M… ark était forcément re… mark… able en Allemagne !

Il était tellement doué qu'il avait l'air de narguer ses adversaires. C'était tout le contraire de son prédécesseur le blond et toujours souriant Don Schollander, vous vous souvenez celui qui m'a offert son maillot de bain à Tokyo, un maillot qui ne m'a hélas jamais permis de nager plus vite, et dont on disait que les 4 médailles d'or représentaient un exploit inégalable. De Jeux en Jeux la natation est un vrai sport-kangourou… Où les Australiens se taillent souvent la part du… lion !

L'homme et le champion, le héros et ses faiblesses, Don et Mark avaient inspiré Jean-Pierre Lacour, un ancien, comme moi, de l'excellent lycée Alain-Fournier à Bourges, dans *L'Équipe magazine* du 14 septembre :

« Don conserve au-dessus de sa tête quelque chose de doré qui n'est point seulement sa chevelure ou le souvenir de ses multiples médailles olympiques, mais qui est, ainsi que son prénom invite à y songer, un don de la réussite, intangible, comme un cadeau du destin. Quand nous entendons dire que Spitz a dépassé Schollander, nous nous demandons si le brun Mark n'aurait pas intérêt à échanger quelques-unes de ses médailles contre ce petit quelque chose qui fit du blond Schollander plus qu'un champion : une haute personnalité. Le caractère de Spitz n'irradie point, il inquiéterait plutôt par son instabilité et parfois même sa maladresse. Il a autant de talent pour se faire des admirateurs que des ennemis, et pas uniquement parmi les journalistes mais aussi parmi ses coéquipiers. »

Et puis il y avait ses moustaches !

Ah ! les moustaches de Spitz, elles ont fait parler dans ce milieu aquatique où l'aérodynamisme est recherché pour améliorer les performances, comme le prouve l'Allemand Lampe 3e du 200 m nage libre avec son crâne rasé de bouddhiste.

« J'avais laissé pousser mes moustaches pour m'amuser, racontera-t-il plus tard, et je m'apprêtais à les couper quand j'ai compris à Munich qu'elles suscitaient beaucoup d'intérêt et que mes adversaires se posaient des questions. C'était donc un bon moyen de détourner l'attention. Un jour au village olympique un entraîneur russe m'a même demandé si j'allais les raser pour la finale et je lui ai répondu que non parce que je m'étais aperçu que ces moustaches canalisaient l'eau au-dessus de ma bouche, m'empêchaient de boire la tasse, me permettaient d'avoir la tête plus immergée et donc d'aller plus vite. Il m'a cru : six mois plus tard les nageurs russes portaient tous des moustaches ! »

Si non e vero, e bene trovato !

Heureusement que Spitz était là pour sauver l'honneur car les Soviétiques ont remporté la course aux médailles, 99 à 94, contre des Américains humiliés par Valery Borzov qui a réussi le doublé 100 et 200 m.

L'autre duel, germano-allemand, a été dominé par la RDA, qui participait pour la première fois en tant que pays indépendant, contre la RFA, 66 médailles à 40. On a commencé à se poser des questions sur la morphologie des nageuses est-allemandes… qui ne figuraient pourtant pas parmi les 7 disqualifiés pour dopage.

On se posait des questions aussi sur le Finlandais Lasse Viren, double vainqueur du 5 000 et du 10 000 m, qui avait su tirer profit des leçons de Mexico et des effets de l'altitude en allant se préparer sur les hauts plateaux kényans. Mais il se disait aussi que des transfusions sanguines commençaient à se pratiquer pour augmenter d'un seul coup le nombre de globules rouges, l'acclimatement naturel de l'organisme devenait dopage.

Lasse Viren a récidivé quatre ans plus tard à Montréal.

La France, 17e avec 13 médailles, n'a décroché que 2 médailles d'or grâce au M… erveilleux sprinter cycliste Daniel M… orelon et au M… agnifique voileux Serge M… aury en voilier Finn qui a devancé en particulier un certain JR, Jacques Rogge, futur président du CIO (2001-2013). Ces « M »-là je les… « aime ! ».

Et une lueur d'espoir est apparue pour l'athlétisme français avec un grand blondinet de 1,88 m et 21 ans, un Ch'ti, né à Oignies, dans la même ville et la même rue que Michel Jazy et qui, dans un rêve impossible, s'est retrouvé médaillé d'argent du 110 m haies, Guy Drut, battu d'un petit mètre par l'Américain Rod Milburn, après une fantastique fin de course :

« Je suis incapable de raconter ce qui s'est passé sur la piste. J'ai juste de petites images qui flottent de temps en temps. J'étais dans les nuages, je vivais un rêve, j'étais jeune. Ces Jeux auraient dû être un merveilleux souvenir mais il restera toujours gravé devant mes yeux les images de ces prisonniers israéliens emmenés, à quelques mètres de moi, par les Palestiniens et qui allaient tous périr dans la nuit. On était alors à la veille de la finale, mais j'aurais accepté que soit mis fin aux Jeux tant ce drame était atroce. »

14

MONTRÉAL 1976 – NADIA, 10 SUR 10

« Bravo t'chio, c'est bien min t'chio, bravo min t'chio… En arrivant chez moi à Oignies, je n'en croyais pas mes yeux, la ville était noire de monde, nous avons marché tous bras dessus bras dessous jusqu'à la mairie, j'ai dû monter au balcon pour dire quelques mots. Et ce n'était qu'une médaille d'argent ! Que va-t-il en être après ma victoire de Montréal ? interroge Guy Drut dans son autobiographie *L'Or et l'Argent* (Denoël). J'appréhende cet enthousiasme excessif qui suit chaque succès, inhabituel il est vrai, d'un sportif français. J'aime bien être maître d'une situation dont je suis responsable. Finalement les choses sont remises à leur place, un peu de monde à Roissy, mais pas la foule, un retour sans histoire. »

À l'image de ces Jeux olympiques, les Jeux d'un grand garçon et d'une petite fille…

Depuis que les JO, avec la télévision, avaient pris une dimension planétaire, chacun cherchait à s'en servir. Le Japon pour développer son économie, ce qui a été réussi. Tommie Smith et John Carlos pour faire passer « un message », je ne suis pas sûr que le podium olympique, dont on aimerait respecter l'idéal, était le meilleur endroit. « Septembre noir » encore plus noir que noir. Et encore n'importe quoi en 1976.

Vingt-deux pays africains ont refusé de participer aux Jeux de Montréal en raison de la présence de la Nouvelle-Zélande, dont l'équipe de rugby, les « All Blacks » pourtant, avait effectué une tournée en Afrique du Sud, pays de l'apartheid. Le CIO a eu beau plaider que l'Afrique du Sud était exclue des JO depuis 1964 et que le rugby n'était pas un sport olympique, rien n'y a fait. Seuls le Sénégal et la Côte d'Ivoire ont accepté intelligemment, en se souciant de leurs athlètes, de rester à Montréal.

Les absents ont toujours tort. Et le sport africain n'a toujours pas aujourd'hui les grands dirigeants que ses athlètes méritent.

La ville de Montréal, qui avait obtenu l'organisation des Jeux au détriment de Moscou et de Los Angeles, n'a pas su maîtriser ses dépenses olympiques avec une facture de plus d'un milliard de dollars canadiens, quatre fois le budget initial. Les finances du Québec auront du mal à s'en remettre. Montréal 1976, Athènes 2004 et Rio 2016 restent les seuls exemples de Jeux qui n'auront pas été profitables au pays organisateur.

Elle avait peut-être coûté cher la piscine mais c'était une réussite de l'architecte français Roger Taillibert, une piscine ultra-rapide de 10 couloirs avec des lignes d'eau anti vagues mises au point par l'entreprise dauphinoise Blanc, qui a permis de battre 26 records du monde et a fait du grand Américain Jim Montgomery, 1,96 m, qui aime le jeu, le vin, les filles, le premier nageur à moins de 50" au 100 m, tout juste, en 49"99 ! En quatre ans, Mark Spitz était effacé !

Et il y a eu deux autres belles « premières » : Nadia Comaneci, c'est elle la petite, 1,53 m, reine des Jeux à 14 ans, première gymnaste olympique à obtenir un 10, la note maximale et Guy Drut, c'est lui le grand, 1,88 m, 25 ans, premier non Américain vainqueur d'un 110 m haies olympique.

« Tiens, il est 8 heures… Incroyable, j'ai dormi comme un bébé. 28 juillet 1976. C'est pour aujourd'hui… Allez, debout. La demi-finale a lieu vers 14 heures, la finale deux heures plus tard. Je me trouve assez calme, relaxe même. C'est le grand jour mais je me sens bien. Pourtant je suis moins fort que l'année dernière, je le sais. Mais quoi que je fasse, la vie continuera, je vis une belle aventure, c'est tout. C'est un matin presque comme les autres, du moins j'essaie de m'en convaincre. Dehors, il fait beau… » Dans *L'Or et l'Argent*, ses deux médailles olympiques, Guy Drut plante le décor.

Il avait été blessé juste avant les Jeux, et en série, il avait encore ressenti une douleur au dos et au tendon.

À 14 heures il se classe deuxième de la demi-finale mais loin derrière Casanas, dans un temps très moyen.

« 1975 j'avais fait une saison exceptionnelle mais en 76, j'ai un peu pioché ! Je n'ai en fait réussi qu'une seule course, mais c'était la bonne ! Je n'y étais pas deux heures avant, je n'y aurais pas été deux heures après, il fallait gagner, il fallait être là au bon moment, à l'heure H, j'y étais ! »

Guy, couloir 5, dossard 315, raconte :

« Prêt. Il faut tout donner, exploser. Owens est devant moi à la première haie, c'est normal, il part toujours à fond. Deuxième haie, troisième haie il est toujours là mais je sais qu'il ne tiendra pas, à droite il n'y a personne, Casanas aurait dû être là. Quatrième haie, je reviens sur Owens, je le passe, j'ai pris un super départ. Cinquième haie, je suis en tête, c'est bon, c'est ma course, je vais être champion olympique. J'ai l'impression que je souris, c'est extraordinaire. Sixième, septième, huitième haie, je vois la ligne, elle arrive, je vais gagner… Neuvième haie, quelqu'un revient, c'est Casanas. Dixième haie, il est tout prêt, il va me reprendre, je ne veux pas être le champion du 102 m haies, je me bats, je me jette sur le fil… »

Oui il se jette sur la ligne, tête la première, suspense, il se redresse regarde le tableau électronique… c'est sa photo qui s'affiche, il a gagné, 13"30, avec 3/100 d'avance sur le Cubain.

« C'est le grand tourbillon, les félicitations, les rires, ma première cigarette, les interviews, le podium et ma médaille… en or ! »

Ce sont des instants qu'il n'oubliera jamais, nous les évoquions ensemble, en partageant une viande de Kobe, à l'occasion des championnats du monde d'athlétisme d'Osaka au Japon en 2007 :

« C'est égoïste comme joie, on a le cœur qui sort de la poitrine, on est sur un nuage, on est le meilleur du monde. Ouf ! j'ai réussi mon coup, mes quatre ans d'efforts sont récompensés, ça ne s'explique pas, il faut le vivre. »

Et cela donnait le lendemain dans la bouche de l'irremplaçable Roger Gicquel au JT de 20 heures de TF1 :

« Je drutise, tu drutises, vous drutisez. Depuis hier soir ça tombe dru. C'était bon, c'était fort, c'était mérité. Je suis fier de Drut, nous sommes fiers de Drut. On dit que les Québécois ont ressenti un picotement quand le maudit Français de France a triomphé. Vive la victoire en chantant, même si *La Marseillaise* a été tronquée sur le podium. »

Au cours de la conférence de presse qui a suivi sa victoire, avec une façon de s'exprimer qui le suivra toute sa vie, il ne tourne pas sa langue sept fois dans sa bouche avant de dire ce qu'il a envie de dire, Guy Drut a sorti, sans penser à mal, en n'imaginant pas toutes les interprétations qui allaient suivre : « Je sais que ma médaille d'or ne fera plaisir qu'à la moitié des Français. » La raison ? L'engagement politique du champion auprès du mouvement gaulliste du Premier ministre Jacques Chirac, dont il était devenu le conseiller sportif en parallèle de sa carrière d'athlète.

À son retour de Montréal il se lance dans un tour d'Europe de trois semaines et d'une dizaine de meetings bien rémunérés, sa cote a explosé, des dollars ou des marks, en liquide, sous la table, il est amateur, disons qu'il touche des frais de déplacement.

Un mois plus tard, en fustigeant le monde de l'athlétisme et son hypocrisie vis-à-vis de l'argent, Guy Drut annonce qu'il prend sa retraite sportive pour gagner sa vie, conseillé par Jean-Claude Killy qui s'y connaît en termes de reconversion, et pris en main par le groupe McCormack. Cela lui vaudra une radiation « à vie » de toutes les compétitions par l'IAAF, la Fédération internationale. Une peine, annulée deux ans plus tard, qui n'empêchera pas Guy Drut de devenir maire, député et ministre des Sports du gouvernement Juppé en 1995 puis membre du CIO en 1996.

Il fait partie de cette brochette de ministres des Sports, aux qualités et fortunes diverses et inégales, qui permettront aux présidents de la Ve République de se donner bonne conscience vis-à-vis du mouvement sportif : Mitterrand avec Bambuck et Calmat, Chirac avec Drut et Lamour, Sarkozy avec Douillet et Laporte, enfin Macron, féministe, avec Flessel et Maracineanu. Ce n'est plus la politique qui s'empare du sport, ce sont les champions qui se reconvertissent dans la politique. Pour l'un comme pour l'autre aucun diplôme n'est exigé. Il suffit d'être doué !

Nadia Comaneci vivra, elle, des moments beaucoup plus difficiles dans une période politique trouble. Cette brindille de 1,53 m et de 40 kg, cette petite tête d'oiseau a empoché à 14 ans cinq médailles en gymnastique : l'or au concours général, à la poutre et aux barres asymétriques, le bronze pour les exercices au sol et la médaille d'argent par équipes. C'est aux barres asymétriques qu'elle a fait trembler la terre entière. À trois ou quatre reprises quand elle se balançait à toute allure entre les deux barres dans une succession de saltos avec double vrille, on a cru qu'elle allait s'envoyer en l'air et se fracasser au sol, et à chaque fois, on se demande encore comment, quand on la revoit, elle rattrapait la barre inférieure et repartait de plus belle pour terminer par un salto arrière et une réception impeccable, le dos bien cambré et un pâle sourire… du devoir accompli, la vie des jeunes gymnastes en Europe de l'Est n'était pas drôle tous les jours.

J'ai eu la chance, plus tard, de l'interviewer, elle parlait très bien français :

« À 6 ans j'étais une enfant avec beaucoup d'énergie, il fallait trouver quelque chose pour me calmer. Heureusement il y avait une salle de gymnastique pas très loin de ma maison. Je me suis bien amusée et j'ai vite réussi à faire une roue sur la poutre, j'étais si heureuse. À 14 ans quand on m'a dit que j'allais participer aux Jeux olympiques, je ne savais pas ce que c'était, j'ai trouvé que le voyage était long pour aller au Canada, et quand j'ai gagné avec la note 10, je ne me rendais pas compte, j'étais encore une petite fille, je ne pensais qu'à m'amuser. »

Pour la première fois dans l'histoire de la gymnastique olympique les juges lui ont attribué la note parfaite de 10/10. Et le Forum de Montréal a explosé, il en a pourtant vu d'autres, ce fameux Forum qui est l'antre de la plus célèbre équipe de hockey sur glace au monde, « le Canadien de Montréal ». Il y avait eu un moment de stupéfaction au moment où la note s'était affichée : le tableau électronique donnait à Nadia la note 1.00, il n'avait pas été programmé pour une note à 2 chiffres !

Avec sa petite queue-de-cheval tenue par un ruban rouge et blanc, Nadia Comaneci obtiendra à sept reprises cette note optimale qui fera d'elle une star internationale et une merveilleuse ambassadrice de son sport. Elle a fait rêver toutes les petites filles de son âge, elle a parcouru le monde, on la réclamait partout. À 16 ans, elle a gagné quelques kilos et perdu un peu de sa motivation. Avec son coach, son « tortionnaire », Béla Károlyi, elle ne s'amuse plus, il lui en demande toujours plus, et son corps n'est plus aussi « flexible ». Elle ira quand même jusqu'à Moscou pour décrocher deux nouvelles médailles d'or et une d'argent, avant de se retirer des compétitions en 1981.

Henri Boério venait de se classer 3e à la barre fixe à Montréal, première médaille française en gymnastique depuis 1924 :

« J'ai connu Nadia en 1975 quand elle était venue faire une exhibition à Clermont-Ferrand avec l'équipe roumaine et son entraîneur Károlyi qui avait demandé à visiter l'usine Michelin… et était reparti avec quatre pneus neufs sur sa voiture ! Elle avait 13 ans et elle parlait bien français. À l'entraînement elle avait l'air d'une petite poupée dans les grands bras de Károlyi. Aux Jeux je ne l'ai pas beaucoup vue, elle ne traînait pas au restaurant du village, les athlètes de l'Est restaient à l'écart, et je pense qu'elle devait se contenter d'une pomme et d'un yaourt comme repas. Vingt ans plus tard j'ai repris contact avec elle quand elle s'est mariée avec l'un de mes meilleurs copains, le gymnaste américain Bart Conner, champion olympique à Los Angeles 84. Quand elle vient en France on se téléphone, elle est toujours restée aussi simple, pas de grosse tête. »

La Petite Communiste qui ne souriait jamais (livre de Lola Lafon) incarnait, sans le faire exprès, la domination des pays communistes sur les nations capitalistes, mais aussi, de façon plus subtile, la prédominance de la petite Roumanie sur la grande URSS. Le parti communiste roumain l'avait prise en main, on lui prêtait une aventure avec Nicu, le fils du dictateur Nicolae Ceausescu, les paparazzi la poursuivaient, elle a fui l'univers communiste quelques jours avant la chute du régime, le 26 novembre 1989, pour se réfugier aux États-Unis. Elle a pris la nationalité américaine en 2001.

Dans un livre publié en 2018, *Lettres à une jeune gymnaste*, la jolie quinquagénaire aux longs cheveux, aujourd'hui blonds, entretient le mystère qui l'a longtemps entourée : « Ma vie est beaucoup plus complexe qu'une simple liste d'échecs et de réussites. » Mais ce n'était pas de sa faute !

On ne sait plus combien de médailles elle a collectionnées à Montréal mais on se souvient qu'avec ses 10 elle a atteint la perfection : les Jeux de 1976 seront à jamais les Jeux de Nadia Comaneci.

Drut, Comaneci… la politique s'infiltre dans les Jeux mais le pire reste à venir : Moscou doit accueillir les JO de 1980, juste après l'invasion de l'Afghanistan par les troupes soviétiques.

J'étais dans ces années-là responsable du sport dans les journaux télévisés. J'ai toujours essayé de sortir le sport de son ghetto et d'aller au-delà des simples résultats. Là j'ai été servi ! J'avais droit pratiquement tous les soirs à mes deux minutes dans le 20 heures et je montais des « coups » avec Yves Mourousi à 13 heures. On se connaissait bien, on avait été ensemble à la radio. Je l'avais convaincu de faire un 13 heures en direct du stade olympique dans l'immense parc Loujniki de Moscou, quatre mois avant les Jeux, en pleine période où s'affrontaient les tenants du boycott dans le sillage du président démocrate américain Carter et les partisans « d'y aller », dont je faisais partie avec la grande majorité du mouvement sportif. Il faisait frisquet à l'aéroport d'Orly en cette fin d'hiver et j'avais mis une grosse parka, quand j'ai retrouvé Mourousi, encore un M ! costume cravate, sans le moindre pull.

— Tu sais qu'il y a encore de la neige à Moscou ?

— Oui, mais mon médecin m'a dit de m'habiller léger pour brûler des calories et ne pas grossir quand on n'a pas le temps de faire du sport !

Je connaissais bien Moscou, j'y étais déjà allé quatre ou cinq fois pour commenter du patinage artistique ou la Coupe des Izvestia de hockey sur glace. J'avais même dû apprendre les caractères cyrilliques pour découvrir les noms des joueurs sur les feuilles de match. C'était utile, je pouvais lire les noms de rue ! J'avais fait la connaissance de nombreux sportifs, dirigeants, journalistes, plusieurs parlant un français impeccable, ce qui nous a permis de présenter Moscou olympique qui était encore un immense chantier de 40 km de long sur 30 de large, avec des stades, palais des sports, piscines, vélodrome, hôtels, routes, ponts, aéroport en construction, les Russes avaient vu grand, ils voulaient en mettre plein la vue aux visiteurs. On ravale les façades, on repeint d'or les bulbes des églises, on restaure des fresques, il y a partout des échafaudages, des tranchées, des bétonneuses, des camions. Et les incontournables dont je ne me lassais pas : la queue pour visiter le mausolée de Lénine sur la place Rouge avec en face, devant le magasin *Goum*, d'autres queues qui n'en finissent pas et débouchent la plupart du temps sur des rayons dévalisés, le Cirque de Moscou, le théâtre du Kremlin et le Bolchoï où j'ai vu trois ou quatre fois le lac des Cygnes et le musée Pouchkine d'où je n'arrivais pas à sortir littéralement happé par les collections d'impressionnistes. Rien à voir avec le *Café Pouchkine* que j'ai cherché en vain car il n'existait, jusqu'en 1999, que dans *Nathalie*, la célèbre chanson de Gilbert Bécaud et Pierre Delanoé.

Avec le maire de Moscou, Vladimir Promysiov, et des membres du comité d'organisation, Mourousi a pu se livrer à ses questions directes qui ont amené des réponses… diplomatiques. On avait appris en particulier que les visiteurs seraient contingentés. Sur les 300 000 visas touristiques que les autorités soviétiques avaient prévu d'attribuer pour des durées de 4, 5, 9 ou 17 jours, sans modification possible, les Français ne pourraient pas être plus de 21 000, réceptionnés par l'Intourist, l'organisme officiel du tourisme soviétique, 9 000 jeunes, logés dans les camps Spoutniks par les Jeunesses communistes, et 12 000 adultes répartis dans des hôtels et des foyers d'étudiants. La charte olympique prévoit la libre circulation dans les pays qui accueillent les Jeux : « nous la respecterons, nous disent nos interlocuteurs, ce n'est pas un pays mais une ville qui organise les Jeux, et il sera possible de circuler librement… dans Moscou »… mais sans en sortir !

Fier de ses réalisations, le COJO, le comité d'organisation, se situe dans l'histoire des JO :

« Si les Jeux de Rome méritent le nom de Jeux de la musique, ceux de Tokyo de Jeux de la technique, ceux de Mexico de l'Art graphique, si les Jeux de Munich ont été ceux de l'architecture et les Jeux de Montréal les Jeux des crises (grève des ouvriers, retrait des Africains), les Jeux olympiques de Moscou seront les Jeux de l'Homme. »

« Oui, mais quel homme ? demandais-je à l'époque dans un article que j'avais rédigé pour le journal économique "Implantation d'entreprises". Les JO apporteront plus de changements que les accords d'Helsinki sur la coopération entre les blocs de l'Ouest et de l'Est durant la guerre froide. C'est la première fois que les Jeux seront organisés dans un pays socialiste. Les dirigeants du Kremlin ont dû réfléchir longtemps avant d'ouvrir leurs frontières à une vague de champions mais aussi de journalistes et de touristes, et sans doute briser des réticences des "durs" du régime. Cette ouverture des frontières débouche inévitablement sur une ouverture d'esprit qui devra s'affranchir des lourdeurs bureaucratiques. Cela commence à se voir dans certains compartiments de la vie quotidienne. Au restaurant on n'attend plus deux heures, en écoutant le pianiste jouer et rejouer "Tico Tico par-ci, Tico Tico par-là", le tube de Dalida, avant de voir arriver le maître d'hôtel pour prendre la commande, et les serveurs savent aussi se dépêcher. Seul point noir actuellement : il est quasiment impossible de manger du caviar, il paraît qu'on le stocke en vue des Jeux. Avec mes confrères de la télévision suisse nous avions pourtant une belle combine pour en déguster à tous les repas, à bon prix : ils achetaient des roubles à Zurich à un cours cinq fois inférieur au cours officiel de Moscou et nous menions la vie de château ! Il fallait quand même se méfier. Un jour l'un de nos techniciens a acheté une boîte de 250 g de caviar à un cuisinier de l'hôtel, mais quand il l'a ouverte à Paris il y avait une petite couche de caviar sur une belle boîte de… cirage noir !

Les athlètes soviétiques aussi se préparent. Depuis leur arrivée dans le concert olympique en 1952, ils ont obtenu dans les Jeux d'été 683 médailles, 258 or, 221 argent, 204 bronze. Leur but est d'en décrocher un maximum pour montrer au monde mais surtout à l'opinion publique intérieure la supériorité de l'URSS et de son système. »

Le libéral Mikhail Gorbatchev est arrivé au pouvoir cinq ans plus tard et le communisme s'est effondré dix ans après des Jeux qui ont joué leur rôle dans cette évolution… ne serait-ce que parce qu'ils ont permis aux jeunes moscovites de découvrir en 1980 le Coca-Cola !

Pour fixer la date des Jeux, rien n'avait été laissé au hasard, les organisateurs ont demandé au « Comité de recherche scientifique pour l'information hydro-météorologique » de procéder à des études sur une période d'un siècle et la quinzaine optimale se situait du samedi 19 juillet au dimanche 3 août, avec une température moyenne de 19 degrés et pas de pluie. Et pas de JO pour moi puisque le Tour de France de Zoetemelk se terminait le 20 juillet !

Yves et moi, nous sommes rentrés à Paris avec une chapka, des matriochkas (poupées gigognes en bois peint) et Michka, l'ourson, emblème des Jeux.

15

MOSCOU 1980 – SAMARANCH PRÉSIDENT

L'objectif était limpide, chaque image des Jeux, diffusée par les médias internationaux, devait montrer l'URSS sous un jour positif. La mécanique était bien huilée, le prosélytisme était prêt à fonctionner, mais c'était oublier que le rapport de force entre les puissances ne se jouait pas seulement sur les terrains de sport… Six mois avant l'ouverture de la compétition, dans la nuit de Noël 1979, les troupes soviétiques entraient en Afghanistan sous prétexte de soutenir le régime procommuniste du pays face à des mouvements rebelles. La guerre froide était relancée et le président des États-Unis, Jimmy Carter, demanda aussitôt au CIO d'enlever l'organisation des Jeux à Moscou, et à ses alliés, de menacer de boycotter la compétition. En vain. L'URSS n'a pas retiré ses troupes d'Afghanistan et le CIO a maintenu les Jeux dans la capitale russe. Le 12 avril le comité olympique américain (USOC) réuni à Colorado Springs a décidé à une majorité des 2/3 de ne pas aller à Moscou : « En raison des déclarations du président des États-Unis selon lesquelles les événements internationaux menacent la sécurité du pays, l'USOC a décidé de ne pas envoyer d'équipes aux JO d'été de Moscou. Au cas où la situation internationale évoluerait et que notre pays ne serait plus menacé, le Comité olympique enverrait ses athlètes aux Jeux d'été. » On sentait bien la décision prise à contrecœur, on voyait bien que les sportifs ne voulaient pas être les otages des politiques, on devinait bien aussi chez Jimmy Carter des arrière-pensées de politique intérieure. Il voulait affirmer son autorité, face au péril communiste, six mois avant l'élection présidentielle. Peine perdue : il a été battu par l'ancien acteur républicain, Ronald Reagan.

Dans la foulée, une trentaine de pays comme la RFA, le Canada, l'Argentine, le Chili, Israël, le Kénya ou le Japon ont annoncé qu'ils boycotteraient les Jeux. En France le président Giscard d'Estaing, le Premier ministre Raymond Barre et le gouvernement se sont intelligemment rangés à l'avis du ministre des Sports Jean-Pierre Soisson de laisser les instances sportives, les fédérations et le Comité olympique présidé par le judoka Claude Collard, décider elles-mêmes d'envoyer ou non des athlètes à Moscou. Seules trois fédérations ont refusé de participer : l'équitation, le tir et la voile.

La cérémonie d'ouverture s'est déroulée en grande pompe au stade Lénine dans l'immense parc Loujniki avec plusieurs milliers de danseurs, un spectacle en l'honneur de « l'amitié entre les peuples » et avec des spectateurs qui dessinent dans les tribunes le gigantesque symbole de la faucille et du marteau.

Pendant quinze jours il y a eu des compétitions qui n'avaient pas tout à fait la même saveur, surtout en athlétisme et natation, mais les lauréats restent au palmarès de vrais champions olympiques.

On ne va pas discuter les victoires des Anglais, présents contre l'avis de Mme Thatcher, Steve Ovett au 800 m et Sebastian Coe au 1 500 m, du boxeur poids lourd cubain Téofilo Stevenson, champion olympique pour la troisième fois consécutivement après Munich et Montréal, ni du gymnaste russe Aleksandr Dityatin qui a fait une razzia de 8 médailles, 3 or, 4 argent, 1 bronze

Bon, il y a eu un peu de folklore comme la victoire du Zimbabwe en hockey sur gazon féminin : les Africaines avaient été repêchées au dernier moment pour que l'URSS et la Tchécoslovaquie ne soient pas les seules participantes, et elles ont gagné !

Il y a eu de la politique dans le stade au saut à la perche, quand le vainqueur le Polonais Wladyslav Kozakiewicz a fait un bras d'honneur au public qui le sifflait, à chacun de ses essais, dans son duel avec le Russe Volkov. En cette même année en Pologne le mouvement Solidarnosc faisait lui aussi un bras d'honneur au gouvernement communiste. Le perchiste passera à l'Ouest quatre ans plus tard et il prendra la nationalité allemande.

Si à vaincre sans péril on peut quand même triompher, l'URSS a été la meilleure avec une belle moisson de 195 médailles, dont 80 en or.

Quant à la France, 8e nation, elle est restée à son niveau habituel avec 14 médailles, 3 bronze, 5 argent et 6 titres olympiques, 2 en judo avec Angelo Parisi et Thierry Rey, et 4 en escrime avec Pascale Trinquet au fleuret individuel et les équipes de fleuret et d'épée masculines, et de fleuret féminine. Un seul escrimeur français est rentré bredouille de Moscou, le sabreur Jean-François Lamour qui se vengera quatre ans plus tard.

Une nouvelle ère s'ouvre pour l'olympisme, après l'Antiquité d'avant 1914, le Moyen Âge de l'entre-deux-guerres, la Renaissance des Trente Glorieuses, voici le Sport-business, il faut vivre avec son temps. Un nouveau président du CIO vient d'être élu, il s'appelle Juan Antonio Samaranch, ambassadeur d'Espagne en URSS, il a fêté ses 60 ans le jour de son élection. C'est lui finalement le grand vainqueur des Jeux de Moscou, celui dont on retient le nom. Jamais aucun président n'aura autant de charisme et de pouvoir, plus que Coubertin lui-même, il imposera avec tact et fermeté toutes les innovations. Pendant vingt ans il incarnera le CIO, sera le pape de l'olympisme, dans son Château de Vidy à Lausanne comme le Saint-Père au Vatican, avec des prérogatives d'un chef d'État.

C'est sur TF1, en exclusivité mondiale, qu'avant les Jeux de 84, JAS m'a déclaré que « désormais les Jeux seront ouverts à tous les athlètes sans distinction entre amateurs et professionnels ».

Et quand quelque chose bouge dans le monde moderne, c'est dans la Silicon Valley, c'est dans l'ouest des États-Unis, que cela se passe, rendez-vous donc dans la Cité des Anges. Pour faire encore mieux qu'en 1932.

Quand j'ai débarqué à LA à la fin du mois de juillet 1984, quand je suis sorti de l'aéroport, quand j'ai vu les gigantesques affiches où Carl Lewis et Edwin Moses vantaient les mérites de Kodak, Coca-Cola et McDonald's, j'ai eu une pensée pour Jules Ladoumègue qui avait été privé de son rêve olympique, au même endroit, treize olympiades plus tôt, pour une bouchée de pain ! Comme on aimerait parfois réécrire l'histoire !

À la fin de l'année 1981, j'avais découvert, avec le maire de LA, en faisant un reportage sur la préparation des Jeux, l'efficacité américaine. J'avais rendez-vous avec Tom Bradley le 24 décembre à 10 heures, je pensais en avoir pour une heure et je devais prendre un avion vers 13 heures pour rejoindre ma femme et ma fille en vacances à Hawaï pour fêter Noël. À 10 heures sa secrétaire vient m'annoncer que le maire aura un peu de retard. Je commence à supprimer quelques questions de mon interview pour gagner du temps. À 11 heures il n'était toujours pas là et je me préparais déjà à passer Noël tout seul. 11 h 05, Tom Bradley arrive, souriant, sympathique, il nous demande à mon cameraman et moi ce que nous voulons boire, il sert un whisky, je le bois cul sec pour gagner du temps, il croit que j'aime ça, il m'en remet une dose, l'interview commence et, au bout de vingt minutes, il m'a dit l'essentiel, je le remercie avec une seule idée foncer vers l'aéroport. Il m'arrête : « Encore un petit whisky ? » Je lui explique alors que j'étais attendu à Hawaï, et il éclate de rire, me tape sur l'épaule et fait un signe à sa secrétaire. Il avait tout prévu : un hélicoptère m'attendait sur le toit de l'hôtel de ville pour m'emmener à l'aéroport. Il m'a déposé au pied de l'avion. Les formalités étaient déjà faites. J'ai pu embarquer.

Thank you Mister Bradley!

16

LOS ANGELES 1984 – CARL LE MAGNIFIQUE

Les JO de 1984 avaient été attribués à Los Angeles sans qu'aucune autre candidature ne se fasse connaître. On ne peut pas rivaliser avec LA. On l'avait déjà vu en 1932, ce sera la même chose pour 2028 après l'accord passé avec Paris 2024. À l'heure du libéralisme effréné du président Reagan, ce sont les « sponsors » qui ont tout financé, sans faire appel aux deniers publics.

Et les droits télévisés ont commencé à s'envoler. Je faisais partie du groupe « Sport » de l'Eurovision et j'étais au cœur des négociations des droits que les télévisions doivent payer pour les grands événements sportifs. Jusqu'à Rome en 1960, les Jeux olympiques étaient gratuits, il est vrai que la télévision était encore balbutiante. Pour pouvoir retransmettre les JO de Rome la chaîne américaine CBS a payé 394 000 dollars. Seize ans plus tard, ABC a payé 7,5M dollars pour Montréal 76 et 225M pour Los Angeles 84 ! Et c'est à LA que l'Eurovision a payé aussi, pour la première fois, 30M de dollars. Aujourd'hui on parle de milliards de dollars. Sur ces montants, 60 % vont au Comité d'organisation des Jeux, le COJO, et 40 % au CIO qui en garde 7 % et répartit le reste entre les fédérations internationales et les 200 Comités olympiques nationaux. Les Jeux olympiques financent une bonne partie du sport mondial.

Dans le business des Jeux, les droits TV représentent environ 50 %, les sponsors 40 % et la billetterie 10 %.

Quand la télévision finance, elle impose ses règles en contrepartie. Les Américains, les principaux payeurs, demandent des horaires de compétition compatibles avec leurs fuseaux horaires, il faut rentabiliser les investissements. Dans les années 1980, on a commencé aussi à demander à diverses fédérations, volley-ball, escrime, tennis, ski, équitation, tir à l'arc, pentathlon, de modifier leurs calendriers, leurs horaires, leurs règles même pour s'adapter aux exigences d'un spectacle sportif, avec un principe : plus vite, plus court, plus simple. Et le beach-volley en a rajouté avec « plus sexy ! ».

Les Jeux olympiques et la télévision, l'image en mouvement, grâce à Coubertin et aux frères Lumière, ont démarré en même temps à la fin du XIXe siècle, ils sont restés depuis inséparables : il n'y a pas de sport sans télévision et la plupart des meilleures audiences de la télévision viennent du sport.

Audimat, sponsors, prime time sont des mots nouveaux qui sont arrivés dans ces années 1980, avec de nouvelles technologies et de nouvelles chaînes et une répartition des rôles. Canal+ est né en novembre 1984 avec une priorité pour le football, le sport le plus populaire. TF1 a été privatisée en 1987 et s'est focalisée sur les grands événements qui attirent de riches partenaires comme l'équipe de France et la Coupe du monde de football, et la Formule 1. Quant au service public, avec ses deux chaînes, il peut diffuser les feuilletons comme Roland-Garros, le Tour de France, les grands championnats du monde et d'Europe, et les Jeux olympiques. Et le 22 mai 1991 à 19 h 30 dans un studio de la rue Cognacq-Jay à Paris, j'ai eu la joie de décompter 5, 4, 3, 2, 1, 0… et Eurosport a démarré, et pour la première fois en 1992 à Barcelone, les JO ont été diffusés vingt-quatre heures sur vingt-quatre pendant quinze jours. Il y a tellement de belles choses à montrer aux Jeux olympiques.

Et il y a tellement de stades à Los Angeles qu'il n'a fallu construire qu'une piscine et un vélodrome pour les Jeux.

Les magasins *7 Up* ont financé le Dominguez Hills vélodrome et *McDonald's* la piscine olympique en l'offrant après les Jeux à l'université de Californie. Son directeur marketing m'avait expliqué que le coût correspondait à un cent, un centime, prélevé sur chaque Mac vendu en une année aux États-Unis. Et il avait même ajouté : « Comme il y a beaucoup d'étrangers qui fréquentent les *McDo*, l'opération ne coûte même pas un cent par sandwich aux Américains ! »

Business is business : alors que les précédents Jeux avaient gentiment endetté les pays hôtes, ceux de Los Angeles laisseront un bénéfice de plus de 200 millions de dollars. Bravo M. Peter Ueberroth, proclamé « Homme de l'année 84 » par *Time Magazine*, dont la fille Heidi, présidente de NBA international, me proposera la direction Europe et Moyen-Orient de la ligue US de basket quand j'ai décidé de quitter Eurosport en l'an 2000.

Sur le plan « JOpolitique », la réponse du berger à la bergère était attendue : deux mois avant le début des épreuves, l'URSS a décidé de ne pas venir en prétendant que ses athlètes ne seraient pas en sécurité à Los Angeles. Une douzaine de pays communistes seulement lui ont emboîté le pas, alors que la République populaire de Chine, au contraire, décidait de participer pour la première fois aux JO d'été avec 200 athlètes.

Les Jeux de Los Angeles ont donné de l'Amérique l'image qu'elle souhaitait offrir au monde : celle d'une éternelle fête où l'argent est roi. Le village olympique, sur un campus universitaire, est devenu un « quatre-étoiles » avec tout le confort, des cuisines de chaque continent, des salons de coiffure, des boutiques, des ordinateurs dotés de messageries intranet pour que les athlètes communiquent entre eux…

Au Memorial Coliseum de 1932 rénové, qui porte bien son nom, la cérémonie d'ouverture a donné lieu à un spectacle hollywoodien à la gloire du sport et de l'histoire des États-Unis. Des milliers de danseurs, choristes, musiciens, majorettes nous ont entraînés du Dixieland à Gershwin en passant par les negro spirituals, 84 pianistes en smokings noirs ont interprété la *Rhapsodie in Blue* sur des pianos à queue vernis noirs, un homme-fusée s'est envolé dans les airs par la magie d'un réacteur dorsal de la Nasa, les drapeaux de toutes les nations se sont déroulés dans les tribunes grâce à des cartons que les spectateurs avaient trouvé sur leur siège en arrivant et qu'ils brandissaient, et Lionel Richie a parachevé la fête avec *All Night Long*. C'est la petite fille de Jesse Owens qui est entrée dans le stade avec la flamme et l'a transmise à Rafer Johnson, l'ancien médaillé d'or du décathlon en 1960, qui a embrasé la vasque et mis le feu à cinq gigantesques anneaux sous les acclamations de la foule et des milliers d'athlètes mêlés dans la joie sur la pelouse, alors que Ronald Reagan « déclarait ouverts les Jeux de Los Angeles célébrant la XXIIIe olympiade de l'ère moderne ».

C'était la plus grandiose cérémonie de l'histoire, il faisait beau, les pom-pom girls étaient belles, les athlètes étaient prêts.

L'Amérique avait besoin d'un héros pour ses propres Jeux, elle l'a vite trouvé.

Pour qu'un événement sportif soit un succès il faut qu'il y ait un enjeu, un héros, un drapeau et un show. À Los Angeles on a été servis. Une médaille olympique, c'est le plus envié des enjeux. En héros Carl Lewis s'est quadruplement imposé. Le drapeau, la bannière étoilée, est monté 83 fois au mat central. Quant au show, il était partout sur les stades depuis cette somptueuse cérémonie d'ouverture jusque dans la ville où l'on se déplaçait en coupés décapotables baignés de soleil et de country music, sans l'énervement des embouteillages, sur de vastes avenues tranquilles, où tout le monde se souriait. « *Hi! How are you today? Fine, and you? Bye…* »

Seule ombre au tableau, pour la première fois on a entendu parler d'un nouveau truc bizarre, *aids* en anglais… au secours, à l'aide ? On ne savait pas que cela voulait dire sida.

Comme Jesse Owens à Berlin, Carl Lewis a remporté 4 médailles d'or aux 100 m, 200 m, saut en longueur et relais 4 × 100 m. Il a dominé le 100 m en 9,99 secondes avec 2 m d'avance sur le deuxième. Il s'est assuré la médaille d'or en longueur avec un saut de 8,54 m, c'était assez pour gagner, il a pu se payer le luxe de renoncer à ses autres essais. Il s'est imposé sur 200 m en 19,8 secondes en surclassant tout le monde et a parachevé en beauté l'œuvre de ses trois copains dans le relais 4 × 100 m.

« Dans son regard qui illumine son visage, on voit son âme », souligne ma femme, Catherine Bels, portraitiste, qui a le sens du détail essentiel.

Et cette âme est celle d'un garçon tranquille qui ne bombe pas le torse, qui ne s'excite pas sur la ligne de départ pour perturber ses adversaires, non il reste concentré, dans sa bulle, presque timide. Sur le stade, car en dehors il est victime de son entourage et de ceux qui rêvent d'en faire un autre Michaël Jackson, chanteur ? acteur ? athlète d'abord, il doit jouer à « Carl Lewis superstar ». Il a déjà signé des contrats faramineux avec Coca, Kodak. Il est en gros plan sur des affiches immenses dans toute la ville. Cinq cents journalistes ont assisté à sa conférence de presse avant le début des Jeux où il nous a dit « qu'il s'était tellement bien préparé qu'il n'y avait aucune raison pour qu'il ne fasse pas aussi bien que Jesse Owens ».

Il adore les belles voitures et sur la plaque arrière de la sienne il a fait inscrire une devise qui résume ses ambitions :

« La vie n'a pas de ligne d'arrivée. »

Toute l'Amérique l'attendait et il a répondu présent :

« Ma première épreuve, le 100 m, c'est la course la plus risquée, tout se joue en sortant des starting-blocks, il faut jaillir, se relever, accélérer, ne pas se contracter. Je me suis bien éjecté et j'ai tout de suite compris que ça allait marcher. Je l'avais répétée 50, 60 fois cette course dans ma tête, et elle se déroulait comme je l'avais souhaité. J'avais mis toutes les chances de mon côté pour rester parfaitement concentré et j'avais choisi de m'installer avec ma famille et mon entraîneur dans une villa plutôt qu'au village olympique pour être au calme et ne pas me disperser. La préparation mentale, c'est 3 ou 4 % de la réussite, mais ça peut faire la différence. »

Sur cette première médaille d'or la différence a été nette, son accélération foudroyante des trente derniers mètres lui a permis de montrer qu'il y avait « Lui » et le reste du monde loin derrière. C'était un peu l'idée qu'avaient d'eux-mêmes les Américains.

Je l'ai croisé Carl, à Los Angeles, à Séoul, à Barcelone, à Atlanta, j'ai assisté à toutes ses courses et tous ses sauts et ce sont ses cuisses qui m'ont toujours impressionné, avec leurs muscles longs, saillants dans l'effort, l'archétype du sprinter. Avec aussi cette cambrure des reins qui lui permettait de garder le buste droit et la tête haute quand les autres sont penchés vers l'avant dans l'effort. Et son regard à la fois perçant et doux… qui dévoile son âme !

Il n'avait que 23 ans, il était écrit qu'il ne s'arrêterait pas là…

Il a remporté 2 nouvelles médailles d'or à Séoul, 2 autres à Barcelone et encore 1 à Atlanta, de quoi en faire « l'athlète du siècle ».

Les champions américains ont rempli leur contrat vis-à-vis de leur télé ABC et de ses 225M de dollars, et leurs 174 médailles, 83 d'or, ont rempli de joie leurs supporters, fanatiques de tout ce qui est américain et rien d'autre. Quand un Américain était éliminé dans une compétition, ABC n'attendait pas le résultat final et passait à autre chose, abandonnait l'athlétisme pour le tir à la carabine à air comprimé féminin dans l'espoir, souvent couronné de succès, de célébrer une nouvelle médaille.

Mary Lou Retton, une gymnaste de 16 ans, coachée par Béla Károlyi, l'entraîneur de Nadia Comaneci, leur en a donné l'occasion, elle a fait pleurer de joie l'Amérique profonde, avec ses 5 médailles, même s'il n'y en avait que 1 en or.

Le plongeur Greg Louganis aussi avec son doublé au tremplin de 3 m et à la plate-forme de haut-vol à 10 m. Il récidivera quatre ans plus tard à Séoul.

Au vélodrome, Mark Gorski, le blanc, a battu, en finale de la vitesse, Nelson Vails, le noir, et ils ont effectué ensemble un tour d'honneur drapés dans la bannière étoilée. C'était quand même plus beau et plus olympique que deux poings levés, gantés de noir.

Les nageuses américaines ont profité de l'absence des Allemandes de l'Est pour truster 9 des 12 médailles d'or attribuées, alors que les nageurs poursuivaient leur habituelle razzia avec 11 médailles d'or sur 15 épreuves. Il y avait de l'ambiance au *McDo Swimming pool* ! Et sur ABC avec Mark Spitz comme commentateur.

La fameuse « Dream Team » de basket de Barcelone est née à Los Angeles avec les jeunes Pat Ewing, Chris Mulin, Alvin Robertson et… Michael Jordan qui nous en mettaient plein la vue. Et je me disais que le basketteur préféré de mon enfance, Jacques Perrier de l'Hirondelle des Coutures et des

Jeux de 1948, aurait bien voulu être à mes côtés au Forum d'Inglewood.

La bannière étoilée est montée aussi dans le ciel de Mission Viejo pour célébrer la victoire de Connie Carpenter-Phinney qui inaugurait le palmarès du cyclisme olympique féminin. Mais là c'est notre drapeau tricolore qui aurait dû flotter. En préparant le sprint, dans le groupe des 6 échappées, notre Jeannie Longo nationale a cassé son dérailleur et elle a terminé 6ᵉ ! Elle attendra douze ans pour enfin se parer d'or à Atlanta.

Pour la première fois aussi, il y avait un marathon féminin et les Angelinos se sont déchaînés en suivant la folle chevauchée triomphale de leur compatriote Joan Benoit qui s'était échappée dès le départ et a fait toute la course en tête.

On avait parfois l'impression d'assister aux championnats des États-Unis. Mais c'était tellement beau que je n'avais qu'un regret : les distances étaient tellement longues d'un stade à un autre qu'on ne pouvait pas tout voir et qu'il fallait faire des choix.

J'avais fait le bon choix d'aller au Coliseum le jour du 400 m haies féminin, je ne l'avais peut-être pas fait exprès, mais j'ai pu assister à la première médaille d'or olympique d'une femme africaine, la Marocaine Nawal El Moutawakel, qui a fait dans son pays autant pour la cause des femmes que pour le sport, et que je reverrai souvent par la suite. Elle associait parfaitement la tête et les jambes et cette professeur d'éducation physique, formée à l'université américaine de l'Iowa, est devenue ministre de la Jeunesse et des Sports et, encore aujourd'hui, membre influente du CIO.

Les athlètes français ont donné beaucoup de travail aux reporters de TF1 en s'attribuant 28 médailles. Il y a longtemps que cela n'était pas arrivé. Mais nous étions en force en Californie. Je faisais mon retour en Olympie puisque le Tour de France victorieux de Laurent Fignon avait eu la bonne idée de se terminer une semaine avant le début des Jeux. J'étais en compagnie de Christian Vella, Alain Escoubé, Philippe Houy, Pierre Toret, Alain Jouin, Georges Dominique, Alain Teulère, Jean Raynal, Jean-Pierre Draczuck, Jean-Michel Leulliot et du chef de production Alain Le Goater.

La France a remporté pour la première fois – et la dernière à ce jour – le tournoi olympique de football. Les professionnels étaient admis mais il ne fallait pas qu'ils aient disputé une Coupe du monde. Platini, Giresse, Tigana se sont contentés cette année-là de leur titre de champions d'Europe. Notre équipe olympique comptait dans ses rangs de très bons joueurs comme Thouvenel, Bibard, Touré, Ayache ou Daniel Xuereb qui ont battu l'Égypte et la Yougoslavie, avant de triompher du Brésil en finale 2-0. Ce n'était peut-être pas la Coupe du monde mais c'était « le Brésil » et pour nous, ce jour-là, c'était tout comme.

Je me moquais plus haut de la télévision américaine qui abandonnait l'athlétisme au milieu d'une épreuve pour suivre la victoire de miss Spurgin au tir à la carabine à air comprimé mais nous avons bien été heureux, nous Français, de comptabiliser la médaille d'or de Philippe Héberlé… au tir à la carabine à air comprimé ! Aux Jeux, toutes les médailles comptent.

Au saut à la perche, on attendait Thierry Vigneron, il s'est contenté de la 3e place, et c'est Pierre Quinon qui a été couronné d'or. Il avait été l'année précédente à Cologne le premier athlète à tenter de franchir 6 m après avoir battu le record du monde avec un saut de 5,82 m. C'était un garçon discret qui aimait peindre et qui vendait des poulets rôtis à Hyères dans le Var quand il a mis fin à ses jours à 49 ans. Il faisait partie de cette belle école des perchistes français souvent formés par Jean-Claude Perrin : Patrick Abada, 4e à Montréal, Philippe Houvion, 4e à Moscou, Jean Galfione, 1er en 1996… en attendant Renaud Lavillenie.

Depuis que j'ai vibré à l'unisson de Jean-Claude Magnan et de sa finale qu'il n'aurait jamais dû perdre à Tokyo en 1964, je ne rate jamais les grands moments de l'escrime et je ne l'ai pas regretté. Le radiologue boute-en-train Philippe Boisse, imprégné des traditions des salles de garde, pour un escrimeur c'est normal (!), à l'épée, et le futur et sérieux ministre des Sports, Jean-François Lamour au sabre, ont entretenu les bonnes traditions olympiques de notre escrime qui nous a rapporté aussi 2 médailles d'argent et 3 de bronze.

Que ceux que j'oublie me pardonnent mais de 1984 on garde avant tout le souvenir de la ville, de la cérémonie d'ouverture, des tribunes où des amitiés spontanées se nouaient et de cette image d'une Amérique triomphante. Comme au Japon en 1964, on se retrouvait au cœur d'une évolution du monde. Dans cette Amérique où tout semblait possible, on pressentait le monde nouveau en train de naître dans la Silicon Valley, on découvrait les ordinateurs, « Apple », on s'apprêtait à croquer « la pomme ».

Les Jeux olympiques aussi inauguraient une ère nouvelle.

17

SÉOUL 1988 – QUINZE JOURS DE BONHEUR ET 9"79 DE DÉSHONNEUR

Pour moi les Jeux de Séoul 1988 ont démarré six ans plus tôt

Dans les premières années « mitterrandiennes », 1981-1983, pour échapper à l'ambiance du service des sports de TF1 dirigé par un journaliste spécialiste de la natation, j'ai effectué une série de grands reportages à travers le monde pour faire découvrir aux Français des sports, numéros un dans leurs pays respectifs, mais peu connus chez nous : le hockey sur glace, sport national au Canada, le sumo et le keirin japonais, le foot américain au travers des 49ers de San Francisco et du plus célèbre quarterback de tous les temps, Joe Montana. J'avais profité de ce voyage californien pour aller à LA voir comment les Américains préparaient leurs Jeux hollywoodiens. Mon reportage était passé au mois de février, un dimanche après-midi, dans *Sport dimanche.* Le lendemain matin à mon bureau de la rue Cognacq-Jay, je reçois un coup de téléphone de l'ambassadeur de Corée du Sud à Paris qui avait apprécié l'émission et me propose de faire le même type de reportage dans son pays, organisateur des Jeux suivants en 1988.

Fin avril je débarquais à Séoul pour réaliser le reportage idéal, dans des conditions de travail uniques, à faire rêver tous les grands reporters. J'avais placé la barre très haut, vantant l'accueil du maire de Los Angeles et du président du Comité d'organisation Peter Ueberroth, et Son Excellence avait confié l'organisation de notre voyage au Dr Kim, richissime président de Korean Air. Voyage en première classe, suite dans le plus bel hôtel de Séoul, voiture avec chauffeur pour les tournages autour de la capitale, hélicoptère ou jet privé pour les plus longs déplacements, *Les Jeux du matin calme*, titre de cette émission, ont fait découvrir le vrai visage d'un pays que l'on ne connaissait que par « la guerre de Corée » et le 38e parallèle qui l'avait coupé en deux en 1953 à Panmunjeom, un pays qui allait être « la grande révélation » économique de la fin du XXe siècle. Si j'avais rapporté le football américain de mon voyage à Los Angeles, c'est mon reportage qui a lancé ce sport en France, je suis rentré de Corée avec son sport national, le taekwondo, inconnu en Europe il y a quarante ans et qui allait devenir olympique sous l'impulsion d'un autre richissime Dr Kim, alors président de la fédération internationale de taekwondo et de l'AGFIS, l'Association générale des fédérations internationales.

Je goûtais au plaisir d'être partie prenante de la vie du sport grâce au média respecté que je représentais, TF1. J'apportais ma pierre à l'édifice olympique, d'autant plus que depuis un an je faisais partie du groupe… Bouygues.

Et j'allais continuer encore trois ou quatre ans plus tard à la tête d'Eurosport. J'ai programmé chaque semaine le sumo japonais, c'était du différé et j'envoyais une cassette à l'Élysée à Jacques Chirac, un fan, avant la diffusion jusqu'au jour où Bernadette Chirac m'a demandé d'arrêter : « Mon mari passe tous ses dimanches après-midi à regarder ce sumo, ça suffit ! » Tous les lundis soir à 23 heures il y avait du snooker, une sorte de billard très prisé des Anglais et des Belges, dans le piège duquel mon père était tombé et qui l'entraînait jusqu'à 1 heure du matin. En football, Eurosport ne pouvait pas diffuser les grands championnats alors j'ai acheté les droits de la CAN, la

Coupe d'Afrique des nations, et toute l'Europe a découvert ce football champagne avec beaucoup de buts. Il n'y avait alors qu'une cinquantaine de footballeurs africains en Europe, ils sont des milliers aujourd'hui. Le plus bel exemple reste celui du biathlon. C'est le sport d'hiver le plus populaire en Allemagne… où Eurosport faisait ses meilleures audiences. C'est aussi un sport parfait pour la télévision avec un suspense ménagé jusqu'à la fin, la dernière séance de tir peut bouleverser le classement. Il n'était pas connu en France, Eurosport en a fait une attraction, bien aidé il est vrai, ensuite, par Martin Fourcade.

La Corée s'est fait connaître par les Jeux qui lui ont permis de rivaliser avec le Japon, et d'entrer dans le club des grands pays industrialisés. La Corée a longtemps été occupée par son voisin comme la France par l'Allemagne en 1940, et les Coréens se comparent aux Français entre les Chinois, genre anglais, et les Japonais, type allemand. Les Jeux de 1988 ont confirmé la relation entre la puissance économique et la réussite sportive puisque la petite Corée du Sud a pris une étonnante 4e place au classement des nations, avec deux fois plus de médailles que la France tout en étant deux fois plus petite.

Au pays du Matin calme, Séoul, qui signifie « capitale » en coréen et se prononce « so-oul », est toute vibrante de chaque côté du fleuve Han que bordent des temples et lieux sacrés de la dynastie Shilla qui entretiennent l'héritage culturel coréen. C'est une vaste métropole de 10 millions d'habitants. Myeong-dong est le quartier chic de la ville avec ses grands magasins comme le *Lotte* qui ouvrent à 9 heures, où vous êtes accueillis par tous les employés qui forment une haie et vous saluent, vous souhaitent la bienvenue avec de larges sourires. Des arcades en sous-sol alignent des centaines de boutiques, faisant de la capitale une ville à deux niveaux, sans doute pour se protéger d'une éventuelle attaque des frères ennemis du Nord qui sont à moins de 100 km. Itaewon est le quartier commerçant et d'antiquités qui attire tous les visiteurs. On y trouve de tout. Un jour j'ai décidé de m'y habiller de la tête aux pieds : lunettes de soleil, polo, veste légère, pantalon de toile, chaussettes, baskets… j'en ai eu pour 20 euros. J'avais rapporté des perles du Japon en 1964, plusieurs vases et bijoux en jade ont rempli mes bagages coréens en 1988.

La cuisine coréenne exaspère des saveurs oubliées, saveur de poisson cuit dans un bouillon d'algues, arôme d'une viande agrémentée de grains de sésame et saisie au barbecue, soupes fumantes, kimchi et alcool de riz. Et on a découvert les vertus du ginseng. Mais on allait aussi au Club France au 15e étage de l'hôtel *Riviera* pour ne pas oublier les cuisines régionales françaises tout en jouissant d'une vue superbe sur la ville. J'avais lancé ce Club France l'année précédente à l'occasion des championnats du monde de ski à Crans-Montana pour ne pas laisser à la seule *Casa Italia* le monopole de la convivialité et de la gastronomie dans les grandes manifestations sportives. Il s'était rôdé aux Jeux d'hiver de Calgary et il avait été pris en main par le Comité olympique français à Séoul. Il existe toujours, c'est le lieu de rencontre incontournable pendant les Jeux, tout le monde s'y retrouve.

Alors que les Japonais sont plus réservés, les Coréens sourient, s'amusent, sont joyeux. Ils ont tellement souffert de la guerre qu'ils savent apprécier des plaisirs simples. Le monde entier s'est retrouvé à Séoul, il n'était plus question de boycott, sauf de la part des Coréens du Nord et de leurs amis communistes intransigeants de Cuba, Madagascar, Nicaragua, Éthiopie, Albanie, et… des Seychelles. Les records de participation étaient battus : 13 000 athlètes venus de 160 pays s'apprêtaient à se disputer 237 médailles d'or.

En 1988, rédacteur en chef du service des sports de TF1, je suis parti pour Séoul avec Christian Vella et trois autres journalistes pour réaliser trois résumés quotidiens de 6 heures à 7 h 30, de 13 h 20 à 13 h 30 et de 19 h 05 à 19 h 20. Nous ne faisions pratiquement pas de directs sauf pour les cérémonies d'ouverture et de clôture. J'en suis le spécialiste, je pense que je suis le journaliste qui a commenté le plus de cérémonies des Jeux en radio et en télé depuis 1964. C'est à chaque fois un show à l'image du pays, et là aussi il y a une compétition, chacun veut faire mieux que son prédécesseur. J'aime réécouter *One Moment in Time*, hymne au dépassement de soi, chanson olympique par excellence, que la sublime Whitney Houston avait interprétée au moment où la vasque olympique s'embrasait et que des colombes s'envolaient dans le ciel de Séoul.

Avec le décalage horaire, les épreuves se déroulaient entre 1 heure du matin et midi, heure française, des horaires qui ne convenaient pas à une chaîne commerciale comme TF1. France 2 et France 3 avaient donc la quasi-exclusivité du direct. Mais au quatrième jour des Jeux, les salariés de France Télévisions se sont mis en grève afin de protester contre les fortes disparités salariales au sein de l'entreprise et il nous a fallu couvrir l'ensemble des Jeux. Thierry Roland est arrivé en renfort. Nous n'étions que six envoyés spéciaux alors que France Télévisions avait prévu une équipe de quinze reporters.

Je présentais les émissions en studio, en passant d'un stade à l'autre selon les événements, et en commentant moi-même le cyclisme, l'escrime, le judo (j'étais ceinture bleue !). Thierry Roland couvrait l'athlétisme, la boxe, le football. Christian Vella a commenté neuf sports différents. On a travaillé quinze heures par jour mais les fous de micro que sont les téléreporters étaient ravis.

En rentrant à Paris, nous avons eu droit à une belle petite prime et aux félicitations du P-DG, Patrick Le Lay, qui, à sa manière et à son sens de l'efficacité qui ont fait le succès de

TF1, a ajouté : « Vous voyez bien que ce n'était pas la peine d'être quinze ! »

Je vais commencer par la fin, par mon plus beau souvenir sportif de Séoul, par la plus belle de nos six médailles d'or, le dernier jour. Vingt-quatre ans après Pierre Jonquères d'Oriola à Tokyo, un autre Pierre, Durand est devenu champion olympique de saut d'obstacles. Et Jappeloup est devenu encore plus populaire que Lutteur B.

Il n'avait pourtant pas été sympa quatre ans plus tôt à Los Angeles quand il avait refusé un obstacle et envoyé valdinguer son cavalier qu'il avait abandonné sur la piste en trottant directement vers son écurie. Il était petit, 1,58 m au garrot, et Durand se posait des questions à son sujet. Il avait même failli le vendre. Mais finalement ils avaient décidé de vieillir ensemble, et cette médaille d'or, c'était le couronnement de huit ans de vie commune.

À la sortie du stade, après la remise des médailles, après un dernier tour d'honneur, je commençais à interviewer Pierre quand Jappeloup nous a gratifiés d'un délicat crottin olympique que mon cameraman s'est empressé de filmer.

« Jappeloup, c'est mon ami, mon complice, a enchaîné Pierre, les yeux fermés pour masquer ses larmes de joie, il ne faut faire qu'un avec son cheval. Ce matin quand je suis allé le voir, je l'ai senti très vif, dans un bon jour. Il fallait que moi aussi j'aie l'air en forme pour le mettre en confiance. »

Durand-Jappeloup ont été les seuls à parcourir les deux manches de la finale sans commettre la moindre faute, tranquillement, sans prendre de risques, en dépassant légèrement le temps imparti. Pierre a reçu sa médaille d'or des mains de la princesse Anne, présidente de la Fédération équestre internationale, et de Juan Antonio Samaranch, président du CIO, médaille présentée par les plus jolies hôtesses que les

Jeux aient jamais connues, dans leurs robes traditionnelles aux couleurs chatoyantes.

Le soir, il est revenu pour un direct dans notre studio où Mireille Mathieu lui a offert une *Marseillaise* ensoleillée.

Plus tard, après que Jappeloup lui a dit au revoir, le syndic de faillite bordelais Pierre Durand est devenu président de la Fédération française d'équitation et il a même failli devenir ministre des Sports.

... Ce qu'a été Jean-François Lamour au début des années 2000 sous Jacques Chirac, avant que sa femme Isabelle ne devienne présidente de la Fédération française d'escrime. À Séoul, Jeff a cloué le bec à ceux qui prétendaient qu'il avait gagné à Los Angeles parce que les sabreurs de l'Est n'étaient pas là. Il a le cheveu ras et le visage émacié, une vingtaine de kilos de moins qu'aujourd'hui, il a 32 ans, il est déchaîné, parade-riposte-contre-attaque, comme à l'entraînement avec le maître hongrois du sabre László Szepesi qui lui a tout appris, et il conserve son titre olympique sans aucune contestation possible, en battant en finale le Polonais Janusz Olech, 10 touches à 4. Les Jeux avaient commencé depuis une semaine et c'était notre première médaille d'or. La France en a décroché une autre à l'épée par équipe devant des gradins à moitié vides, l'escrime ne passionnait guère les foules en Corée du Sud.

Le judoka Marc Alexandre, futur entraîneur de David Douillet, nous a apporté une quatrième médaille et les deux autres sont venues des voileux, les joyeux drilles Peponnet-Pillot en 470 et les sérieux Le Déroff-Hénard en tornado... à qui j'ai renouvelé mes excuses quand ils sont venus dans notre studio. Trois mois avant les Jeux, j'étais allé faire un reportage sur la semaine préolympique de voile d'Hyères. J'étais avec un cameraman dans un hélicoptère pour filmer la régate des tornados mais au moment du départ, on s'est approchés un peu trop et toute la flotte des catamarans a dessalé ! Nicolas Hénard triomphera encore avec Loday en 1992 à Barcelone avant de faire HEC et de devenir, plus tard, président de la Fédération française de voile. Les champions de Séoul s'impliquent dans leur sport.

Deux noms célèbres ont enrichi le palmarès de ces Jeux : Steffi Graf, beaucoup plus heureuse avec sa médaille d'or qu'avec n'importe quel autre trophée du grand chelem, et Sergueï Bubka, qui a apporté à l'URSS une médaille d'or qu'il n'arrivera jamais plus à renouveler avec l'Ukraine.

Il y a tellement d'épreuves en natation que les athlètes les plus médaillés sont encore des nageurs, l'Américain Matt Biondi, 7 médailles dont 5 en or, et surtout l'Allemande de l'Est Kristin Otto, qui avait réussi l'unique exploit de décrocher 6 médailles d'or dans 3 nages différentes, crawl, dos et papillon, et dont on aurait aimé faire la reine des Jeux si elle n'avait pas été suspectée de dopage quelques années plus tard. Elle était l'archétype de ces nageuses est-allemandes qui ont dominé leur sport dans les années 1980. La République démocratique allemande, la RDA, en fêtant ces médailles, ne se doutait pas que la chute du mur de Berlin, l'année suivante, allait la rayer de la carte du monde sportif. L'URSS, 132 médailles, et la RDA, 102, ont achevé leurs histoires sportives respectives sur un beau bilan olympique en prenant les deux premières places du classement des nations, loin devant les États-Unis et leurs 94 médailles.

Et le 24 septembre, Thierry Roland s'était égosillé pour rien en commentant « la » finale des Jeux, « le » moment de cette olympiade, « le 100 m du siècle », comme titrait *L'Équipe*, la défaite du favori Carl Lewis, couloir 3, incrédule et impuissant, battu de treize centièmes de seconde, plus de 1,50 m, par le maillot rouge du couloir 6, index droit fièrement pointé vers le ciel, avant même de franchir la ligne, le Canadien d'origine jamaïcaine, Ben Johnson, 9''79, record du monde, tout le monde époustouflé. Sur la piste, Lewis semble dévasté, humilié devant deux milliards de téléspectateurs. Il tente de se montrer beau joueur en allant féliciter le vainqueur mais il est évident que le cœur n'y est pas. De son côté, le Canadien n'a pas le triomphe modeste. Devant les médias, il pérore en répétant à qui veut l'entendre qu'il était bien au-dessus de ses concurrents. Avec son nouveau record du monde, il est vrai qu'il crève l'écran. Ce n'était qu'une illusion. Deux jours après la finale, la commission médicale du CIO a révélé que des traces de stéroïdes anabolisants avaient été détectées à l'issue du contrôle antidopage. Pour Ben Johnson… le glas, sa médaille lui sera retirée et donnée à Carl Lewis… et la vertu ! Après avoir quitté la Corée en se rendant à l'aéroport entouré de policiers comme un vulgaire voleur, Ben Johnson tentera de plaider son innocence mais personne ne le croira. Il sera suspendu deux ans. C'était la première fois qu'une telle star était ainsi prise la main dans le sac. La nouvelle a fait l'effet d'une déflagration dans le monde entier. Ben Johnson reconnaîtra finalement s'être dopé. Après avoir purgé sa suspension, il tentera un retour à la compétition… et sera de nouveau testé positif à la testostérone en 1993. Il sera cette fois exclu à vie par la Fédération internationale d'athlétisme. On l'a retrouvé plus tard comme entraîneur particulier d'un Diego Maradona en fin de carrière, préparateur physique du footballeur Al-Saadi Kadhafi, fils du dictateur libyen, ou encore manager d'un groupe de musique pop. Il n'a jamais eu peur de revenir sur le scandale des JO de Séoul : *« Les gens qui viennent au stade se foutent de savoir si nous sommes dopés ou pas. Ce qu'ils veulent, c'est que nous allions le plus vite possible. Ceux qui prétendent le contraire sont des hypocrites. Moi, j'ai fait comme tout le monde mais j'ai eu le malheur de me faire pincer. »*

Alors que dire des 21"34 en finale du 200 m de l'Américaine Florence Griffith-Joyner, quelques semaines après son record du monde supersonique au 100 m, 10''49 ? Ses 2 records du monde sont toujours extraordinairement vivants aujourd'hui mais « Flo-Jo », la « panthère noire », avec ses bodys fluo et ses longs ongles peints, est partie à l'âge de 38 ans, victime d'une attaque cardiaque et d'une crise d'épilepsie. Carl Lewis, qui la connaissait bien, avait émis des doutes sur ses records mais elle n'a jamais été contrôlée positive. Quant à Ben Johnson, à 60 ans, il se porte bien.

De Tokyo à Mexico pour la radio, et à l'inverse de l'Amérique à l'Asie, de LA à Séoul pour la télé, j'ai vécu ce qu'il y a eu de plus riche, de plus beau, de plus imprévu dans l'histoire des JO. Des exploits, des découvertes et une réalité, les Jeux olympiques sont des boosters du monde.

Il y a des JO dont on se souvient par les exploits, Owens à Berlin, Zatopek à Helsinki, d'autres par les villes qui ont su les accueillir, Rome, Barcelone, et d'autres enfin qui ont fait la synthèse de tout cela, Tokyo, Mexico, Los Angeles, Séoul en font partie avec en plus la belle rencontre de cultures, ancestrales ou d'avant-garde, avec l'olympisme.

Tokyo, mes premiers Jeux d'été de radioreporter, Séoul, mes derniers jeux d'été de téléreporter, mon cœur penche forcément vers l'Extrême-Orient ! Et soixante ans après, je regrette que Tokyo 2021 ne puisse pas s'épanouir pleinement.

Le Pays du matin calme avait placé ces Jeux sous le thème de « l'harmonie et du progrès de toute l'humanité » par-delà les barrières culturelles, raciales, idéologiques. Il les a merveilleusement bien réussis. Je n'ai jamais été aussi nostalgique qu'au soir de la cérémonie de clôture. Tout le monde a versé une larme. Hodori, le tigre coréen, a laissé la place à Cobi, la mascotte des Jeux de Barcelone.

Il ne faut surtout pas résumer les Jeux de Séoul au « scandale du dopé ».

18

VIP OLYMPIQUE DE BARCELONE À SYDNEY AVEC EUROSPORT

J'ai tourné la page et déposé le micro ! Je l'avais approché pour la première fois de mes lèvres, comme pour l'embrasser, tellement il me rendait heureux, le dimanche 13 novembre 1960 au cyclo-cross de Foëcy dans le Cher. Je l'ai quitté le samedi 22 février 1992 à l'issue du slalom masculin olympique des Menuires en Savoie, sans regrets, tellement ma nouvelle vie professionnelle à la direction d'Eurosport s'annonçait passionnante. Il y avait tout à créer.

Tout avait commencé le… 1er avril 1991 quand le P-DG du groupe TF1-Bouygues, Francis Bouygues, m'avait demandé d'aller le voir dans son bureau des Champs-Élysées :

« TF1, c'est parfait, nous sommes les premiers en France, mais je me sens un peu à l'étroit dans l'Hexagone, il n'y a pas de grandes possibilités de croissance. Alors j'ai réfléchi, l'Europe est en train de se construire, il faut qu'on y participe, et il y a deux domaines dans la télévision qui peuvent réunir les peuples d'Europe, la musique et le sport. Il y a déjà une chaîne musicale européenne, mais il n'y a rien en sport. Alors qu'est-ce qu'on peut faire ? »

J'y pensais moi aussi depuis longtemps à la création d'une chaîne sportive, surtout depuis l'arrivée des « Bouygues », Patrick Le Lay et Étienne Mougeotte, à la tête du nouveau TF1 privatisé, qui avaient relégué les émissions sportives après minuit et ne s'intéressaient qu'au football et à la Formule 1 pour faire de l'audience et de l'argent. C'est la raison d'être d'une chaîne commerciale. Avec des amis j'avais même créé en 1987 une société d'audiovisuel, de gestion d'athlètes, d'organisations sportives, nous avions lancé le premier Sportel, rencontre de tous les acteurs du sport, qui existe toujours, et nous avions baptisé cette société… Eurosport. Le nom était déposé, pour la France, au tribunal de commerce de Nice.

Je ne l'ai pas dit à Francis Bouygues. L'Eurovision avait esquissé une chaîne Eurosport en 1989 avec des partenaires anglais qui venaient de se retirer. Il y avait une place à prendre, TF1 l'a prise avec le management et 34 % des parts, associée à Canal+, 33 %, et aux Américains d'ESPN, 33 %, qui avaient leur chaîne sportive depuis dix ans et voulaient se développer en Europe. Ils pensaient bien d'ailleurs, avec leur expérience, s'emparer rapidement d'Eurosport, ils sont en fait partis six ans plus tard. Eurosport est vite devenue rentable, c'est un principe chez Bouygues, et s'est imposée avec les nouvelles technologies, au premier rang mondial. J'aimais bien cette position de leader que j'avais connue à France Inter entre 1964 et 68, puis à TF1 à partir de 1975. Et comme la terre tourne, ce sont… des Américains de Discovery qui ont racheté Eurosport en 2015 pour un milliard de dollars.

Après avoir quitté le micro, je me suis donc retrouvé directeur des programmes, puis de l'antenne, puis directeur général adjoint de ce bébé qui avait commencé à balbutier le mercredi 22 mai 1991 à 19 h 30, ou plutôt de cette usine à gaz qui avait l'ambition d'offrir un programme commun à toute l'Europe avec des commentaires en 3, puis 4, puis 15 langues différentes. Heureusement il y avait un brillant polytechnicien, Cyrille du Peloux, pour orchestrer tout cela.

J'avais même failli me retrouver à la tête d'une équipe cycliste quand Francis Bouygues, encore, voulait « gagner le Tour de France avec une équipe TF1 en direct sur Antenne 2 ».

« Au bord des routes du Tour, m'avait-il encore dit dans son bureau des Champs-Élysées, il y a 15 millions de spectateurs, ce sont les mêmes qui regardent TF1, il faut aller à leur rencontre et il n'y a rien de mieux que le Tour de France. » J'ai trouvé en vingt-quatre heures un directeur sportif, Guimard, une équipe à reprendre, Toshiba, présidée par mon ami Alain Prenat, j'ai organisé un rendez-vous avec le directeur du Tour, Jean-Marie Leblanc... et Patrick Le Lay, le DG de TF1, est vite rentré de vacances pour arrêter tout cela, dans une logique financière.

Ma première préoccupation à Eurosport a été de nouer des liens étroits avec le Comité international olympique. Juan Antonio Samaranch nous a tendu les bras et m'a ouvert les portes de la famille olympique en me remettant l'ordre olympique, qu'une vingtaine de Français seulement ont reçu depuis sa création en 1974.

À partir des Jeux de Barcelone, à l'été 1992, je n'étais plus au micro, mais j'étais aux premières loges, VIP et même VVIP ! Tout en supervisant les équipes d'Eurosport je pouvais profiter pleinement des Jeux et j'ai grappillé plein de souvenirs...

Barcelone, c'était la victoire du Catalan Samaranch sur la France à qui il avait fait obtenir les Jeux d'hiver à Albertville pour éliminer Paris des Jeux d'été ! Barcelone, c'était un choix judicieux qui a complètement métamorphosé la ville qui s'est ouverte sur la mer, avec ses nouvelles plages, le soleil, les Ramblas, les tapas, la Sagrada Família, la Plaça de Catalunya, la fondation Miró, le musée Picasso. Et la colline de Montjuïc où les principaux sites olympiques, le stade, la piscine étaient regroupés près du nouveau Palau Sant Jordi, le palais des sports du grand architecte japonais Arata Isozaki.

C'était tellement beau, je ne les vivais pas comme les autres, ces Jeux, j'étais moins ému qu'à Séoul, mais c'était la vraie fête, il n'y avait plus le moindre boycott, l'Allemagne était réunifiée, l'Afrique du Sud était de retour, le monde entier s'était donné rendez-vous sur la Rambla des fleurs. Et il y avait tellement de choses à raconter que TF1 m'a demandé de reprendre le micro pour commenter la K7 officielle, 90' de bonheur, où j'ai fait comme si j'étais en direct, j'ai laissé libre cours à mon enthousiasme. Dans toute ma vie de reporter, je n'ai jamais réécouté mes reportages, quand c'est fini, c'est fini, je passais à autre chose, mais là c'est différent et je la revois régulièrement cette K7 et je revis tous ces grands moments…

La cérémonie d'ouverture, le 25 juillet, sous le ciel étoilé du Parc olympique de Montjuïc a été un hymne à la Méditerranée, berceau de la civilisation et de l'olympisme. L'histoire est tellement belle et tellement symbolique de ce que nous étions en train de vivre.

La légende d'Hercule, héros parmi les héros, est celle de l'aventure humaine. Sous la protection du soleil, source de vie, Hercule part en expédition dans le but de connaître les limites du monde. Ce voyage entre l'Occident et l'Orient constitue la première course olympique. Vainqueur de la compétition, le héros fixe les limites entre le ciel et la terre, le bien et le mal, la vie et la mort à l'aide de deux colonnes. Deux continents se séparent et surgit alors une source qui devient la Méditerranée, mer olympique et mer de la civilisation. L'aventure humaine peut commencer. Protégés par l'esprit d'Hercule, les hommes prennent la mer sur un navire avec pour seules armes leur intelligence, leur courage et leur culture. Vainqueurs des forces du mal, ils célèbrent leur bonheur en créant une ville… Barcelone ! Et Hercule revient réunir les deux colonnes transformées en phare, lumière éternelle pour guider les hommes.

Comme la vasque olympique embrasée par la flèche enflammée décochée par le champion paralympique du tir à l'arc Antonio Rebollo, qui avait répété mille fois son geste, et qui va illuminer la ville, symbole de la force purificatrice de l'idéal olympique.

On y pensera après le 10 000 m féminin remporté par l'Éthiopienne Derartu Tulu devant la Sud-Africaine Elana Mayer, quand les deux athlètes, l'une noire, l'autre blanche, un an après la fin de l'apartheid, se sont embrassées, enlacées et donné la main pour faire ensemble un tour d'honneur sous leurs deux drapeaux associés, après s'être échappées dès le sixième kilomètre dans un coude à coude entre une athlète débordant d'élégance et une autre avec un tee-shirt trop grand sous son maillot rouge et vert victorieux.

Tout avait commencé par une chanson, *Barcelona*, interprétée par Montserrat Caballé et Freddie Mercury, enregistrée et diffusée sur un grand écran car le rocker de Queen avait eu la mauvaise idée de s'éclipser six mois plus tôt, victime du sida. Il y avait eu Whitney Houston à Séoul, il y aura Jessye Norman et Céline Dion à Atlanta dans *The Power of the Dream*, Kylie Minogue à Sydney, Muse et les Spice Girls à Londres. Autant de stars que les héros des Jeux replongeaient aussitôt dans l'anonymat.

5 août vers minuit sur le port de la Barceloneta. Avec ma femme et mes filles nous venons de dîner, le restaurant s'apprête à fermer, le patron nous emmène au premier étage pour nous montrer une exposition de peinture. Arrive un serveur qui lui demande s'il peut encore accepter un groupe qui vient de s'installer en terrasse. « Elles disent qu'elles sont françaises, mais regardez elles sont noires. » Je me penche par la fenêtre, c'étaient Marie-Jo Pérec et ses copines antillaises

du relais, avec leur entraîneur Jacques Piasenta. L'après-midi Marie-Jo avait remporté le quatre cents mètres. J'ai fait rouvrir les cuisines. En rentrant à notre hôtel, nous tombons sur Patrick Bruel et Yannick Noah qui cherchaient Marie-Jo partout pour fêter sa victoire. Ils ont filé vers la Barceloneta. Elle faisait connaissance avec la gloire.

On n'avait plus revu cela en France depuis Kiki Caron. Tous les journaux, tous les magazines, toutes les télévisions se l'arrachaient. « La gazelle » avait fait chavirer de bonheur des millions de téléspectateurs, ses longues jambes, sa chute de reins et sa silhouette féline avaient de quoi rendre jalouse Naomi Campbell.

« Quand je suis sur un stade, j'aimerais bien qu'on ne me photographie que de face ! »

Marie-Jo n'appréciait que modérément quand des inconnus dans la rue se précipitaient vers elle pour l'embrasser. Elle aimait bien quand même grimper les marches du Festival de Cannes ou défiler pour Paco Rabanne. Mais rien ne valait pour elle le soleil de ses Antilles, de Nouméa ou de la Réunion où elle était allée en vacances chez Colette Besson.

Vingt-quatre ans déjà, le 18 octobre 1968, Colette Besson devenait championne olympique du 400 m, au couloir 5, après une dernière ligne droite de rêve. 5 août 1992, au même couloir 5, Marie-Jo nous a fait peur. Elle était championne du monde, elle partait favorite et au bout de 200 m elle n'était que 3e ou 4e. Comme Colette, elle a mis le turbo en marche dans le virage, dépassé tout le monde dans la ligne droite et le regard de biche apeuré qu'elle a lancé vers sa gauche en se jetant sur le fil s'est transformé tout de suite en un radieux sourire, la Russe Olga Bryzgina, sa grande rivale, la championne de Séoul, était à deux bons mètres.

Marie-José Pérec, championne olympique !

« La Divine », a titré *L'Équipe* qui l'a couronnée « championne des champions 1992 » à la fin de l'année, ce qui a permis à Alain Billouin de lui déclarer sa flamme… olympique :

« Marie-Jo ? Une Marilyn au corps d'ébène. Ligne magique et voluptueuse. Silhouette ondoyante glissant comme une sirène gracieuse dans son univers bleuté. Consacrée star, mais antistar… Marie-Jo n'a pas oublié son enfance à Basse-Terre en Guadeloupe. Elle était si effacée alors, si timide. Aujourd'hui encore, pas si simple de trouver les clés de ses passions cachées. Marie-Jo est comme "l'inaccessible étoile" de Jacques Brel. Elle a la prunelle veloutée et langoureuse des femmes des Caraïbes, un brin nonchalante, insouciante. Puis soudain, impétueuse, *provoc girl.* Femme jusqu'au bout des ongles, elle l'est aussi, Marie-Jo, coquette, libertine, moderne, désinvolte. »

C'était seulement la dixième médaille d'or de l'athlétisme français aux Jeux après Théato (marathon 1900), Guillemot (5 000 m 1920), El Ouafi (marathon 1928), Ostermeyer (poids et disque 1948), Mimoun (marathon 1956), Besson (400 m 1968), Drut (110 m haies 1976) et Quinon (perche 1984). Depuis il n'y a eu que les perchistes : Galfione en 1996 et Lavillenie en 2012, et encore Marie-Jo en 1996.

Avant de courir, Marie-Jo avait joué au basket et elle s'est régalée, moi aussi, quand elle a pu aller au palais des sports.

Michael Jordan, Magic Johnson et Charles Barkley, les trois stars, et aussi Larry Bird, Scottie Pippen, Karl Malone, David Robinson ou Pat Ewing ne jouaient plus les uns contre les autres comme en NBA, mais tous ensemble sous la bannière étoilée. La « Dream Team » a marqué plus de cent points dans tous ses matchs en s'amusant, ce n'était plus du sport, c'était du spectacle, et marqué à jamais la légende olympique, on avait l'impression d'avoir atteint la perfection. La magie des Jeux avait encore opéré, jamais « Magic » n'avait semblé aussi heureux.

Leur merveilleux récital n'a eu d'égal que celui des trois ténors, Pavarotti, Carreras et Placido Domingo. C'était à la fin de la cérémonie de clôture, on ne pouvait pas faire mieux, il n'y avait plus qu'à dire : « *Muchas gracias Barcelona.* »

Quand Magic Johnson et Carl Lewis, qui venait de s'offrir deux médailles d'or de plus, se sont enveloppés tous les deux dans le drapeau américain, les photographes ont fixé l'image du bonheur. Le plus beau sourire des Jeux nous entraînait déjà vers la nouvelle olympiade, de l'autre côté de l'Atlantique.

En 1996, on espérait Athènes pour fêter les 100 ans des Jeux, on a eu At… lanta, et le coca à la place de l'ouzo. On aurait pourtant bien aimé rester en Méditerranée. En dehors de quelques bars sympas dans le quartier de Buckhead avec des étudiantes qui se faisaient un peu d'argent de poche dans de gentils strip-teases, il n'y avait pas beaucoup d'ambiance entre les gratte-ciel. Sauf au parc olympique, la fan zone, où une statue de Pierre de Coubertin rappelait que nous étions en train de célébrer le centenaire des Jeux. Le Parc du centenaire est gratuit et ouvert à tout le monde avec des écrans géants pour suivre des compétitions, des jeux, des animations, des spectacles, des restaurants. Au cœur des Jeux, le samedi 27 juillet peu après minuit, en plein concert rock, une bombe explose, une touriste américaine est tuée, cent dix personnes sont blessées. Mon hôtel était tout proche, je venais de rentrer après avoir assisté au match de basket entre les États-Unis et la Chine. C'était la panique, des centaines de policiers, des sirènes, des cris, on ne savait pas ce qui se passait. Le Parc a été fermé quarante-huit heures, la sécurité a encore été renforcée, les Jeux ont continué.

Cet attentat non revendiqué venait s'ajouter à tout un tas de détails d'organisation qui clochaient, non, ce n'était pas la joie.

Le choix d'Atlanta, où se trouve le siège de Coca et le musée World of Coca-Cola, avait été critiqué mais le sentimentalisme doit laisser sa place aux réalités économiques : les jeux d'Atlanta comme ceux de Los Angeles ne coûteront rien aux contribuables et Coca est depuis longtemps un important partenaire du mouvement olympique. Alors pourquoi ne pas renvoyer l'ascenseur ? Et il n'y avait pas que cela.

Si c'est à Atlanta qu'un pharmacien, M. Pemberton, a inventé la fameuse boisson gazeuse en 1888, la capitale de la Géorgie peut aussi s'enorgueillir d'être la ville de Martin Luther King, Jimmy Carter, Jane Fonda, Ray Charles, Jessye Norman, de la romancière Margaret Mitchell, et de mon actrice préférée Julia Roberts.

Si Paris vaut bien une messe, ces prestigieux parrains méritent bien les Jeux ! Et une parole de Martin Luther King a resurgi lors de la cérémonie d'ouverture… qui aurait pu être de Coubertin : « Je rêve qu'un jour sur les collines rouges de la Géorgie les fils d'anciens esclaves et les fils d'anciens propriétaires d'esclaves puissent s'asseoir ensemble à la table de la fraternité. »

Les records de participation ont encore été pulvérisés avec 197 pays, 10 700 athlètes dont 3 700 femmes et 15 000 journalistes. La cérémonie a rendu hommage, en français et en anglais, les deux langues officielles de l'olympisme, aux 23 villes qui ont accueilli les Jeux avant Atlanta, et aux principaux héros de ce siècle d'olympisme que je n'ai plus besoin de vous présenter puisque vous avez lu ce livre ! Si, il y en a deux dont il faut reparler. Vous vous souvenez de ce beau et fort jeune homme de 18 ans qui rendait Michel Jazy jaloux quand sa médaille d'or flirtait avec les trois médailles d'or d'une sublime athlète de 20 ans, dans la discothèque du village olympique de Rome en 1960 ? Wilma a été emportée par un cancer à 54 ans, un an et demi avant les Jeux. C'est elle qui a ouvert la voie de l'espoir par le sport à toutes les jeunes filles noires américaines. Le triomphant Cassius, lui, a laissé un Mohamed Ali affaibli porter la flamme sur le stade d'Atlanta. Tout de blanc vêtu, l'ancien boxeur trottinait jusqu'à la vasque, une petite brise déviait la flamme, c'était aussi la maladie de Parkinson, que le monde découvrait avec stupeur, qui faisait trembler sa main, la vasque n'arrivait pas à s'allumer, le public retenait son souffle, ou peut-être ne le retenait plus… la vasque s'embrasait enfin, et tout le stade avec, une ovation comme Cassius Ali n'en avait jamais connu ! Jessye Norman a entonné *Faster, Higher, Stronger*, chanson spécialement écrite en l'honneur de Coubertin, et Bill Clinton a déclaré ouverts les Jeux.

Sur les stades il y a eu un nouveau festival d'exploits auxquels les Français ont largement participé, 37 médailles, 9 pour le vélo, 7 pour l'escrime, 6 pour le judo, 15 en or, on trinquait au bourbon tous les jours sauf le dimanche où la vente d'alcool est interdite en Géorgie. Et j'ai encore pris beaucoup de plaisir à commenter à nouveau la K7 officielle des Jeux.

Je passe rapidement en athlétisme, aussi vite que lui, sur Michael Johnson, le buste raide, nouveau roi de la piste qui a réussi le doublé 200 et 400 m en battant un record du monde ou en laissant ses concurrents à une dizaine de mètres. Il se baladait et Carl Lewis l'admirait, lui qui ne courait plus assez vite à 35 ans mais sautait encore loin, en longueur, pour s'octroyer une dernière médaille d'or, sa neuvième !

Au tennis, victoire d'Andre Agassi pour faire aussi bien que Steffi Graf à Séoul, ils se connaissaient bien, ils étaient amis, il était marié à Brooke Shields, elle vivait avec un coureur automobile allemand et ils ne savaient pas encore qu'ils allaient tomber amoureux et unir en 2001 leurs deux médailles d'or.

Au basket, Shaquille O'Neal, Hakeem Olajuwon, John Stockton et le toujours vert Charles Barkley ont fait aussi bien que la Dream Team de Barcelone.

On était en Amérique et les Américains se régalaient.

Moi aussi avec Miguel Indurain, champion olympique contre la montre un mois après avoir raté son sixième maillot jaune, et toutes les médailles d'or de mes amis cyclistes : Florian Rousseau au kilomètre, Nathalie Even-Lancien dans la course aux points, Félicia Ballanger en vitesse, Capelle, Ermenault, Moreau, Monin qui fait aujourd'hui partie de la direction du Tour, en poursuite par équipes, et… Jeannie Longo, enfin !

À Peachtree Road, Jeannie était aux anges après avoir été félicitée par le président Chirac sur le téléphone portable du ministre des Sports Guy Drut. À 37 ans elle devenait enfin championne olympique, elle qui depuis quinze ans dominait le cyclisme mondial, qui avait battu le record de l'heure, qui avait remporté des dizaines de championnats de France et du monde, mais qui avait cassé son dérailleur à 500 m de l'arrivée à Los Angeles, qui s'était blessée avant Séoul, qui n'avait pu terminer que 2e à Barcelone. Je l'ai rarement vue aussi radieuse même si, comme toujours, elle apportait un bémol à son triomphe : « J'en rêvais bien sûr, mais en même temps je n'y croyais pas trop, tellement le circuit me semblait facile. Heureusement que la pluie a durci la course ! »

Et plus c'est dur, mieux c'est pour Jeannie qui s'était intelligemment préparée en altitude à Colorado Springs.

Il y a eu aussi la future ministre des Sports Laura Flessel, qui découvrait les Jeux et est repartie avec 2 médailles d'or, en individuel à l'épée, et par équipes avec Valérie Barlois-Mevel et Sophie Moressée-Pichot, la responsable de LCL sur le Tour de France. On l'appelait « la guêpe », Laura, elle piquait souvent ses adversaires au pied.

Au saut à la perche, Jean Galfione est devenu champion olympique à 25 ans, en franchissant 5,92 m, avant de se trouver une nouvelle passion pour la voile, lui qui aurait pu faire du décathlon, qui est le neveu du champion olympique d'escrime Jean-Claude Magnan, mais qui un jour a vu sauter Sergueï Bubka et a voulu en faire autant. Pour s'amuser !

Adisson et Forgues ont triomphé en canoë-kayak C2 alors que la médaille de bronze en C1 revenait à Patrice Estanguet qui montrait le chemin à son petit frère Tony. Et Jean-Pierre Amat a remporté le tir à la carabine.

Plus star que jamais, la porte-drapeau de la délégation française, Marie-Jo Pérec, s'est offert le même doublé, le même jour, que Michael Johnson chez les hommes en dominant l'aborigène australienne Cathy Freeman sur 400 m en un temps record de 48''25, et la merveilleuse Jamaïcaine Merlene Ottey sur 200 m. Sur le podium on se serait cru à un défilé de mode. On avait le droit de vanter les charmes féminins en cette fin du XXe siècle et elle était tellement belle Merlene qu'on avait tous envie d'aller la consoler, elle qui l'aurait mérité au moins une fois, mais qui n'a jamais réussi à devenir championne olympique. Marie-Jo la gazelle, à 28 ans, au sommet de son art, affichait le visage épanoui d'une jeune femme bien dans sa peau.

Bien dans sa peau, il l'était aussi David Douillet. Triple champion du monde de judo, il était attendu sur la plus haute marche du podium des poids lourds, à 25 ans il a réalisé son rêve et il a donné l'exemple en remportant la première médaille d'or de la délégation française à Atlanta.

Il a mérité d'en être le porte-drapeau à Sydney où, sur les plages, on retournera voir le beach-volley qui a fait son apparition aux Jeux d'Atlanta, avec un « fesse… tival » des Brésiliennes ! Ah ! M. de Coubertin, votre centenaire olympique, ne s'est jamais senti aussi jeune !

Quarante-quatre ans après ceux de Melbourne, les Jeux sont de retour sur le sol australien, à Sydney, un port comme Barcelone, c'est toujours bon signe, un opéra que l'on voit sur toutes les cartes postales, un pays sportif, un village olympique au cœur des Jeux, la plupart des athlètes peuvent aller à pied sur leur lieu de compétition. Je suis logé avec le CIO, j'ai une voiture à ma disposition, la belle vie ! J'avais décidé de quitter Eurosport le 31 décembre 1999, juste avant le changement de siècle et de millénaire pour devenir consultant, un métier à la mode où mon carnet d'adresses faisait merveille. Patrick Le Lay, le P-DG de TF1 et d'Eurosport, m'avait réengagé pour une année supplémentaire pour former mes successeurs.

C'était dans l'hémisphère Sud le printemps… en septembre quand Cathy Freeman, dans sa superbe combinaison en lycra blanc, s'est avancée dans l'eau d'un bassin, la torche olympique à la main, et a surpris les 110 000 spectateurs de la cérémonie d'ouverture, quand elle s'est penchée pour allumer la vasque immergée et qu'elle s'est retrouvée baignée dans les éclats d'une lumière violet, bleu et or derrière une chute d'eau circulaire qui l'enveloppait comme un rideau. L'exploit pyrotechnique donnait l'image d'une Australie moderne mais attachée à ses traditions. Cathy Freeman, l'aborigène, était le symbole de cette fraternité entre les Européens, nouvellement arrivés en Australie, et les indigènes qui vivent depuis des millénaires dans l'état-continent. Tout comme le défilé, main dans la main, des athlètes de Corée du Sud et du Nord réunis dans la même délégation.

« C'est ma plus belle cérémonie d'ouverture », me dira Juan Antonio Samaranch dont c'étaient les derniers Jeux.

Et Cathy Freeman, l'athlète à la capuche, a rempli son rôle à la perfection en décrochant la médaille d'or sur 400 m. Tout le monde était heureux. Marie-Jo n'était pas là, perdue dans le mystère de sa fin de carrière.

Encore un symbole comme s'en nourrissent les Jeux : le Grec Kostas Kenteris, médaillé d'or aux 200 m, a offert un titre olympique en athlétisme à son pays, qui n'en avait plus conquis depuis… 1896 !

Et si vous en voulez un autre symbole de cette fête quadriennale du printemps humain, il faut me suivre à la piscine. Éric Moussambani, un nageur (?) de Guinée équatoriale, avait obtenu son ticket pour les Jeux grâce à un article du règlement stipulant que les pays qui ne disposent pas d'infrastructures sportives peuvent envoyer des athlètes aux JO sans passer par les qualifications habituelles. Le jeune homme de 22 ans a véritablement appris à nager quelques mois avant la compétition mais sans jamais voir une piscine de 50 m. À Sydney, alors qu'il participait aux séries du 100 m nage libre, il s'est retrouvé seul après la disqualification de ses deux concurrents pour faux départs. Éric Moussambani a plongé et s'est mis à nager laborieusement, de la vraie nage libre. D'abord surpris, le public l'a ovationné jusqu'à ce qu'il termine en 1 minute et 52 secondes, plus du double du temps moyen de l'épreuve, mais il a été déclaré vainqueur de sa série. Et il est devenu une petite vedette sauf chez lui, en Guinée équatoriale où sa performance a été considérée comme une honte nationale. Pourtant l'essentiel c'est de participer !

Organiser c'est aussi une bonne chose et l'Australie l'a montré en prenant une étonnante 4e place au classement des nations derrière les États-Unis, la Russie et la Chine, un trio de tête pas seulement dans le domaine du sport.

À la tête des médaillés australiens on retrouve un nageur, un gamin de Sydney, Ian Thorpe, dit « Thorpedo » ou « la Torpille », international à 14 ans, champion du monde à 15 ans, et qui, à 17 ans, va remporter 3 médailles d'or et 2 médailles d'argent. Il s'offrira 2 en or en plus à Athènes quand il aura atteint sa maturité avec son 1,96 m et ses « 0 tonne 104 », comme disait Léon Zitrone quand on lui demandait son poids. Son palmarès, 5 titres olympiques et 11 mondiaux, et son charisme en ont fait le champion australien le plus célèbre, l'un des plus riches aussi, il a signé de multiples contrats avec Adidas, Armani, il a ses lignes de bijoux, de sous-vêtements, il fait du cinéma, de la télévision, et il est aussi célèbre aux États-Unis et au Japon qu'en Australie.

Et du côté français ? C'est encore mieux qu'en 1996 avec 38 médailles, et encore une fois grâce au cyclisme, à l'escrime et au judo, mais avec un peu moins d'or, 13 au lieu de 15, on s'en contentera.

Je suis allé encourager le petit, par la taille, Miguel Martinez et lui communiquer les écarts au bord du parcours, quand il a été le grand, par le talent, vainqueur du VTT. Son père, Mariano, était l'un des meilleurs coureurs français des années 1970. J'ai passé beaucoup de temps au vélodrome pour applaudir Félicia Ballanger et Florian Rousseau qui ont ajouté chacun 2 médailles d'or à leur collection d'Atlanta.

Dans la même catégorie de poids que Miguel Martinez, le poids mouche Brahim Asloum a mis fin à la disette olympique des boxeurs français qui n'avaient pas remporté de médaille d'or depuis 1936.

Et comme les extrêmes se rejoignent, la France a célébré le plus léger et le plus lourd des champions olympiques de Sydney, les 48 kg d'Asloum, et les 130 de David Douillet.

Avant le début des Jeux, le géant normand n'était pas très rassuré, il avait mal au dos, il traînait cela depuis un accident de moto en 1996, et même au coude depuis quelques jours, et il n'avait pratiquement pas fait de compétition depuis un an. Mais un Douillet porte-drapeau de l'équipe tricolore n'a pas le droit de l'être… douillet ! Il s'est préparé comme un fou, il a fait des tas de sacrifices, il sait que son corps est fatigué et que ce sont ses derniers Jeux, il a peur de faire le combat de trop mais il a toute la délégation française derrière lui, c'est un moment exceptionnel pour un athlète qui veut conserver son titre olympique, il aime ça, ces défis, alors il y va.

Après avoir éliminé le Turc Selim Tataroglu par ippon, le Belge Harry van Barneveld par disqualification et l'Estonien Indrek Pertelson encore par ippon, il se retrouve en finale face au champion du monde, le Japonais Shinichi Shinohara. J'ai suivi tous ses combats le vendredi 22 septembre.

David Douillet, 31 ans, 3 enfants, 1,96 m, 135 kg, kimono blanc. Shinichi Shinohara, 27 ans, 1,90 m, 130 kg, kimono bleu, qui avait eu une demi-finale difficile contre un Russe. Tout de suite en agrippant son kimono, Douillet avait senti qu'il était crispé. Et puis un Japonais sur un tatami olympique, il a tout le poids de tout un pays sur ses épaules. C'est ce qu'on appelle la pression. David le savait, il n'a pas pris de risque mais il a su prendre le dessus plus mentalement que physiquement et sur une dernière attaque il a été déclaré vainqueur. C'était son dernier combat, il a levé les bras, il était heureux, et le judo français se disait qu'il serait bien difficile de lui trouver un successeur.

Personne n'avait encore entendu parler d'un certain Teddy Riner…

… Mais on avait découvert au canoë un certain Tony Estanguet, médaillé d'or en slalom C1 et dont on reparlera.

CONCLUSION

… Sur la route de Paris 2024

J'ai effectué mon dernier reportage sur TF1 le 22 février 1992 aux Menuires à l'occasion du slalom spécial masculin, l'ultime épreuve des Jeux olympiques d'hiver d'Albertville.

C'est par les Jeux d'hiver d'Innsbruck en février 1964 que ma saga olympique avait commencé à la radio. C'était la belle époque du ski français, Jean-Claude Killy, les sœurs Goitschel.

J'ai fait beaucoup pour le ski à la télévision dans les années 1970, 1980, 1990, quand « j'étais aux affaires ». J'avais même lancé l'hiver, pendant la trêve que respectait alors le football, *Téléski* sur TF1, aux horaires de *Téléfoot*, le dimanche à midi avec de superbes audiences. J'ai fait connaître le ski de bosses que le journaliste-réalisateur Jean-Louis Guillermou avait rapporté des États-Unis, j'ai incité la Fédération à organiser des slaloms parallèles en nocturne pour accroître l'audience. Le Critérium de la première neige à Val-d'Isère, c'étaient les 24 Heures du Mans, le Roland-Garros du ski. Tout le monde s'y retrouvait. Aujourd'hui le ski est cantonné sur un Eurosport payant dont l'audience s'est considérablement diluée et le meilleur skieur du monde Alexis Pinturault est plus connu en Autriche qu'en France, alors que Martin Fourcade a profité de la chaîne L'Équipe, gratuite, pour donner ses lettres de noblesse au biathlon.

À la télévision à partir de 1970, pour compléter mes reportages cyclistes de l'été, je suis devenu le commentateur des sports d'hiver, ski, patinage artistique, hockey sur glace. J'ai eu la chance de dévaler les pistes le matin des compétitions, de me retrouver dans la cabane de départ de la descente de Kitzbühel et de ressentir le stress de la Streif. J'ai découvert les doubles axels d'Alain Calmat, les triples boucles piquées de Katarina Witt, les quadruples sauts de Surya Bonaly et les fascinants yeux verts de Peggy Fleming, l'impératrice des Jeux de Grenoble si Jean-Claude Killy en a été le roi.

J'ai commenté dix JO d'hiver.

Ils avaient un charme différent, ils étaient plus intimes au XXe siècle, les premiers avaient été organisés à Chamonix en 1924, depuis ils souffrent aussi de gigantisme. Ils avaient lieu tous les quatre ans la même année que les Jeux d'été mais quand ils ont commencé à coûter cher aux télévisions, à partir de 1994, on les a séparés et intercalés pour équilibrer les budgets.

Mes premiers Jeux d'hiver en 1964 à Innsbruck m'ont fait découvrir les beautés et les traditions du Tyrol autrichien. J'y ai réalisé l'interview du prince Karim Al-Hussaini dit Karim Aga Khan IV qui allait devenir le chef spirituel des ismaéliens. Il était sélectionné dans l'équipe de ski d'Iran et s'était classé 53e du spécial et 67e du géant. J'ai pu lui en reparler quarante ans plus tard à Bamako où son empire industriel cohabite avec sa fondation humanitaire et où j'organisais le Tour cycliste du Mali.

J'ai été heureux de revoir le Tyrol et ses chalets fleuris à Innsbruck en 1976. C'était du sport à l'état pur, le ski est le sport national en Autriche.

J'ai retrouvé cette simplicité naturelle à Lillehammer en 1994 où l'une des patinoires était une véritable grotte, construite dans la roche. Mes filles Aigue-Marine et Jade qui venaient d'arriver avec ma femme en Norvège ont rencontré le président du CIO Juan Antonio Samaranch dans une librairie et lui ont demandé un autographe. J'avais rendez-vous le soir même avec lui. Il avait eu des problèmes avec des médias norvégiens et il m'a raconté qu'il y avait quand même des enfants qui lui demandaient des autographes. Quand je lui ai dit que c'étaient mes filles, il leur a fait faire une accréditation VIP et elles ont suivi les Jeux aux côtés du prince Albert et des membres du CIO !

J'ai aimé les Jeux simples de Sarajevo en 1984 avant la dislocation de la Yougoslavie et la guerre de Bosnie. C'était une petite ville grise avec ses petits marchés artisanaux. J'ai acheté, sans savoir pourquoi, une collection de moulins à poivre en cuivre. Il n'y avait rien d'autre à faire qu'à suivre les compétitions sportives. Pas même un restaurant. Je me souviens aussi qu'il y avait beaucoup de policiers. On sentait qu'il allait se passer quelque chose.

De Lake Placid au nord-est des États-Unis je garde l'image de cette barre montagneuse et de sa forêt de sapins avec trois larges saignées, les trois pistes de ski. C'était l'époque du seigneur du slalom, l'impassible Suédois Ingemar Stenmark et de la reine de la descente, l'amusante Autrichienne Annemarie Moser-Pröll qui fêtait ses victoires au schnaps. J'ai vécu un moment historique à la patinoire où une équipe de jeunes universitaires américains déchaînés a privé la grande équipe d'URSS de son cinquième titre olympique consécutif. C'était pourtant « la *dream team* » du hockey sur glace, cette formation soviétique que je connaissais par cœur pour commenter alors toutes les grandes compétitions, il y avait du hockey en direct sur la une ou la deux en ce temps-là. Le coach Viktor Tikhonov dirigeait des joueurs de légende, le gardien Tretiak, les arrières Fetissov et Vassiliev, les attaquants KLM Kharlamov, Lebedev, Maltsev et l'autre trio, Petrov, Makarov, Krutov.

C'est un autre Américain, Eric Heiden, qui a été le héros de ces Jeux en remportant toutes les épreuves du patinage de vitesse, du 500 m au 10 000 m, comme si Usain Bolt gagnait les 100, 200, 1 500, 5 000 et 10 000 m ! Cinq médailles d'or en huit jours. Il m'avait dit alors que son rêve était de devenir coureur cycliste et de disputer le Tour de France. C'est ce qu'il a fait en 1986, après avoir été champion des États-Unis. Nous reparlions de Lake Placid le matin avant le départ des étapes, mais ses 85 kg n'ont pas pu aller jusqu'au sommet de l'Alpe d'Huez. Sa sœur cadette Beth, patineuse elle aussi, avait fait mieux : six mois après sa médaille de bronze de Lake Placid, elle est devenue championne du monde de cyclisme à Sallanches en 1980, l'année de Bernard Hinault. Eric terminera ensuite ses études de médecine et il soignera Lance Armstrong, son ami, quand le septuple vainqueur du Tour de France a souffert d'un cancer des testicules.

À Calgary en 1988, j'ai découvert le téléphone portable. Il ne tenait pas au creux de la main, c'était un appareil avec une batterie de 7 ou 8 kg que j'ai utilisé pour la première fois, sur un télésiège, pour appeler mon père en France. Cela tenait du miracle, il y a tout juste trente ans. J'ai sympathisé avec Albert Grimaldi, le pilote du bob monégasque, et son coéquipier Gilbert Bessi. Nous logions dans le même hôtel et tous les soirs nous passions de longs moments au bar. L'amitié que me porte Son Altesse le prince Albert de Monaco ne s'est pas démentie depuis. L'Aga Khan, le prince de Monaco… et le roi d'Espagne ! Mon ami japonais Masalu Suzuki, venu escalader le Mont-Blanc et qu'une Chamoniarde, Martine, avait convaincu de rester en France, venait de lancer en Europe la marque nippone de vêtements de sport d'hiver « Descente ». Il m'avait invité au showroom de son hôtel pour m'offrir le dernier manteau de sa collection, un manteau révolutionnaire avec des résistantes chauffantes dans le dos. Il faisait froid à Calgary ! J'arrive au moment où il sortait de son bureau avec le roi Juan Carlos d'Espagne. Je me présente : « Daniel Pautrat… TF1 » et le roi me répond en me tendant la main : « Juan Carlos ! » J'attends encore : « Roi d'Espagne ! » De toute façon il est maintenant trop tard. Nous étions cinq à porter ce manteau à Calgary, le roi, le prince, le président du CIO Juan Antonio Samaranch, le président de la Fédération internationale de ski, le Suisse Marc Hodler, et moi !

Franck Piccard a remporté le premier titre olympique de Super-G et connu la trouille de sa vie, moi aussi, quand nous sommes rentrés en hélico des montagnes vers nos studios, au milieu d'un orage épouvantable.

De Sapporo je vous ai déjà parlé de Koto, la reine des massages qui nous faisait oublier la déroute de nos skieurs. Il ne faisait pas beau, la neige était lourde. Je me suis consolé en rentrant par la Nouvelle-Calédonie, Tahiti et Las Vegas.

À Nagano en 1998, ce n'était guère mieux, pas très gaie la ville.

Et l'on se disait que décidément c'était à Grenoble, trente ans plus tôt, que nous avions vécu nos meilleurs Jeux d'hiver. À la gloire et à la grandeur de la France, ils avaient été « déclarés ouverts » avec le ton martial qui convenait par le général de Gaulle, on l'entend encore. Alain Calmat, patineur, futur chirurgien, avait porté la dernière flamme et allumé la vasque après avoir escaladé un long escalier, 96 marches, ses battements de cœur résonnaient dans le stade silencieux et tout le monde avait le cœur battant. En réalité, pour éviter toute panne de micro, c'était un enregistrement, chut ! personne ne l'a su.

Il y a pourtant eu plein de ratés à Grenoble mais il y avait une âme dans une ville et une région qui ont gagné quinze ans dans leur développement, avec de nouveaux équipements, autoroutes, aéroport, gare, hôtels, village olympique, palais des sports avec piste cycliste, anneau de patinage de vitesse, Grenoble est devenue la capitale européenne des sports d'hiver. Et c'était la fête toutes les nuits sur les pistes de danse du Drac ouest. On découvrait le whisky-coca. Bon, le tremplin de saut de Saint-Nizier-du-Moucherotte a coûté cher et il n'a plus beaucoup servi. Il est devenu un lieu de pèlerinage pour voir Grenoble d'en haut. C'est vrai, l'Alpe d'Huez était la seule station du Dauphiné où il n'aurait pas fallu construire la piste de bob. Dans la journée, sous le soleil, c'était un ruisseau et pas une piste de glace. Les compétitions ont dû se dérouler entre 4 et 8 heures avec Gérard et Jacques Christaud en bob à 2. Et puis il y a eu le brouillard de Chamrousse, Jean-Claude Killy ne s'en plaint pas, il est passé au travers et a réussi le triplé historique qui a fait sa gloire et sa fortune, slalom, géant, descente.

Il y avait eu surtout, à la veille de l'ouverture, le décès de celui à qui je dois tout, qui a changé ma vie en m'engageant à la radio, Georges Briquet, l'inventeur du radioreportage, le jour de son 70e anniversaire.

Dans les décennies qui ont suivi, quand les journalistes, qui peuvent faire aussi la pluie et le beau temps, parlaient de Grenoble, c'était en levant des yeux pétillants de bonheur et en se souvenant du restaurant du centre de presse où tous les jours un grand chef, coiffé de sa toque au liseré tricolore, venait proposer un menu gastronomique accompagné des meilleurs crus français.

Albertville pour la Savoie, comme Grenoble pour le Dauphiné, ont transformé avec bonheur leur région, mais il y avait une trop grande dispersion des sites en Savoie et les deux présidents Jean-Claude Killy et Michel Barnier ne buvaient que de l'eau.

Oui, c'était mon dernier direct sur TF1 ce slalom spécial des Menuires où Tomba « la bomba », l'un des plus grands personnages de toute l'histoire du ski, a raté sa première manche et laissé le titre au Norvégien Finn Christian Jagge.

Mais mon dernier souvenir de téléreporter ne date pas de ce jour, il remonte au mardi 18 février à Méribel. Pour faire vivre leurs exploits et faire battre le cœur des auditeurs ou téléspectateurs, il faut se sentir proche des athlètes et partager leurs passions. Il y avait eu Killy et les sœurs Goitschel à Chamrousse, il y avait Carole Merle à Méribel. Elle était la star du ski français, la favorite du Super-G, elle avait 28 ans. Je la connaissais depuis longtemps par l'intermédiaire de son oncle, Yvan Michel, mon ami notaire dans le Var. Elle devait avoir 14 ou 15 ans quand je l'ai rencontrée pour la première fois et que ses parents m'avaient raconté qu'elle allait plus vite que les garçons de son âge, chez elle, au Sauze, dans les Alpes du Sud. Quand elle est arrivée en équipe de France, trois ans plus tard, elle était forcément ma chouchoute, j'ai été invité à son mariage, et je manquais absolument d'objectivité quand je commentais ses courses.

Dans le Super-G, Carole était en tête, il ne restait plus que trois ou quatre concurrentes dont sa principale rivale la Suédoise Pernilla Wiberg. Ça y est, elle est partie Pernilla, qu'est-ce qu'elle skie bien, elle attaque, elle la veut sa médaille d'or, elle prend tous les risques... et elle tombe ! En direct je pousse un « ouf » de soulagement, celui du reporter-supporter, je n'avais pas pu m'en empêcher, mais ce n'était pas très gentil pour Pernilla, et j'ai reçu un message de l'ambassadeur de Suède qui trouvait mon commentaire « fort regrettable ». Pernilla s'est vengée en remportant le slalom géant le lendemain et Carole a finalement été battue par l'Italienne Deborah Compagnoni, future Mme Benetton, qui utilisait des skis Rossignol, ce qui m'a permis de rajouter une petite couche de fierté nationale, je n'appelle pas cela du chauvinisme (!), en vantant la qualité de « ce matériel français sur une superbe neige et sous un soleil comme on n'en trouve que dans les montagnes françaises ! ».

Fermez le ban ! J'avais cru le faire avec humour, cette fois-ci c'est *Le Canard enchaîné* qui m'a volé dans les plumes. Cocorico ! Et Carole aussi s'est vengée en devenant championne du monde l'année suivante au Japon.

Avec le XXIe siècle, les Jeux olympiques retournent aux origines, à la lettre A d'Athènes où tout avait commencé, et l'on se promène dans le monde en confortant le boom économique chinois à Pékin, mais aussi les traditions, la cérémonie d'ouverture a débuté le 8 août 2008, le soir, à 8 h 8'8", le 8 est symbole de prospérité et d'infini dans la culture chinoise ; en retrouvant l'esprit sportif à Londres sous la houlette du champion olympique Sebastian Coe ; en regrettant que Rio, qui faisait découvrir les Jeux à l'Amérique du Sud, n'en ait pas mieux profité et en maudissant ce virus à couronne qui n'est pas de laurier, qui nous a déclaré la guerre et qui a, pour la première fois, modifié le cycle d'une olympiade. Que je suis triste pour le Japon ! La trilogie qui s'annonçait avait de l'allure : Tokyo… Paris… Los Angeles !

Les stars de ces Jeux font encore partie de l'histoire contemporaine, ils entreront vite dans la légende.

Dans la lignée de Jesse Owens et Carl Lewis, et encore plus de son époque, voici Usain Bolt. Il ne s'est pas contenté de battre des records et de collectionner des médailles d'or, 8 aux JO, 11 aux championnats du monde, il a aussi créé un personnage et il a rempli des stades de spectateurs venus seulement pour le voir exécuter son signe de l'Éclair avant ou après un one man show de moins de 10", précédé d'un signe de croix. Il détient les records du monde du 100 m en 9"58 et du 200 m en 19"19. C'était un artiste. « Lightning Bolt », « La Foudre », 1,95 m, 90 kg, a régné sur le sprint à Pékin, Londres et Rio. Comme figure emblématique, ambassadeur de la Jamaïque, il a succédé à Bob Marley qui était un très bon footballeur… ce que n'a pas réussi à devenir Usain dans sa reconversion.

Le plus titré s'appelle Michael Phelps. Ce sont ses 23 médailles d'or, récoltées en 4 olympiades de 2004 à 2016, ses 8 victoires de Pékin, record olympique absolu, qui lui ouvrent les portes de la légende : il a fait mieux que le héros des héros antiques, Léonidas de Rhodes. Sans chercher à se faire remarquer, sauf une fois pour une conduite en état d'ivresse, il mène une belle vie. Il a épousé miss Californie 2010 qui lui a déjà donné trois enfants, il a tourné dans une série télé, un jeu vidéo porte son nom, et ses divers contrats lui rapportent plusieurs millions de dollars par an.

Stupéfiants les progrès du cyclisme britannique aux Jeux de Londres et ensuite ! Vous vous souvenez de Jacques Goddet à Londres en 1948 qui avait découvert toutes les potentialités du cyclisme britannique. Il a fallu attendre soixante ans pour qu'elles se concrétisent. Mais quel festival : 8 médailles d'or, 2 d'argent, 2 de bronze. Bradley Wiggins est devenu champion olympique de la course contre la montre un mois après avoir été le premier Anglais vainqueur du Tour de France. C'était un pistard à l'origine et il avait déjà glané 3 médailles d'or en poursuite individuelle et par équipes en 2004 et 2008. Il en remportera une autre par équipes, en 2016. Christopher Froome s'est contenté de la médaille de bronze contre la montre avant d'inscrire quatre fois son nom au palmarès du Tour. Et le vainqueur du Tour 2018, Geraint Thomas, pistard lui aussi à l'origine, s'est offert une deuxième médaille d'or en poursuite par équipes après celle de 2008. Mais la vedette a encore été l'Écossais sir Christopher Hoy, le sprinter sur piste au physique de 2e ligne de rugby, 36 ans, porte-drapeau de la délégation britannique, anobli par la reine après les Jeux de Pékin et qui a ajouté 2 nouvelles médailles d'or à une collection qui en comptait déjà 4, ce qui fait de lui le sportif britannique le plus titré de tous les temps.

Qui l'eût cru il y a seulement vingt ans ?

Laure Manaudou restera pour toujours la première nageuse française championne olympique. Le 15 août 2004 à Athènes, elle s'est emparée d'une partie de la gloire de Kiki Caron… qui n'est pas du tout jalouse et plaisante :

« D'accord elle a eu une médaille d'or sur 400 m mais au 100 dos elle n'est que troisième, moi j'étais deuxième, et j'avais un an de moins qu'elle ! »

Elle aussi colle à son époque et elle a, sans forcer sa nature, alimenté à la fois les rubriques people et sportives. Ses changements d'entraîneurs, de clubs et de… fiancés ne lui ont pas permis de confirmer son talent à Pékin et à Londres où elle s'est fait remarquer en bondissant au bord du bassin pour féliciter son petit frère Florent, vainqueur du 50 m nage libre. Il y avait de l'or partout, dans « Laure » comme dans « Florent », chez les Manaudou. Et ils ont éclipsé les autres champions de cette étonnante génération de nageurs français : Alain Bernard, premier et seul Français champion olympique de l'épreuve reine, le 100 m nage libre, qui a su se faire un nom de ses deux prénoms, Yannick Agnel du haut de ses 2,02 m, qui a couvert 99 fois sa taille pour se parer d'or au 200 m nage libre de Londres, et Camille Muffat, partie trop tôt dans un accident d'hélicoptère, qui n'a pas pu profiter de sa médaille d'or du 400 m nage libre de 2012.

Teddy Riner a la chance de posséder un nom qui résonne, facile à retenir et qui correspond à son personnage, 2,04 m et 130, 140, 150 kg, c'est variable. « Tedyyy Rineeer ! » Il y a « règne » dans ce nom, le roi du judo est resté invaincu pendant dix ans de 2010 à 2020, 154 victoires de suite ! Il y a aussi « eddy », comme Merckx le « Cannibale » qui voulait tout gagner. « La » référence. Derrière, ou plutôt devant Anton Geesink et David Douillet, Teddy Riner a réussi à nous faire oublier les origines japonaises du judo.

Un couple pas comme les autres, Tony Yoka et Estelle Mossély, tous les deux champions olympiques à Rio, Estelle le jour de son anniversaire. J'espère qu'il n'y aura pas chez eux trop de scènes de ménage.

L'équipe de France de handball a réussi à médiatiser son sport avec les générations successives des Bronzés, des Barjots, des Costauds, des Experts et son doublé olympique de 2008 et 2012. Derrière l'équipe il y avait, il y a des individualités, les Karabatic, Guigou, Mahé, Martini, Richardson, Thierry Omeyer, et d'autres tout aussi talentueux.

Et puis un certain Tony Estanguet. Il ne peut pas prétendre à la gloriole d'un athlète, d'un nageur ou d'un cycliste, son sport est le canoë-kayak. Alors il lui faut d'autres qualités et d'autres ambitions, malgré ses 3 médailles d'or : l'homme, plus que le canoéiste, est devenu membre du CIO et président du comité d'organisation de Paris 2024.

Tous, ils sont devenus des idoles, des exemples grâce aux Jeux olympiques qui leur ont ouvert les portes du monde. Oui, le monde a besoin de l'olympisme, de ce rendez-vous quadriennal du printemps humain qui propose à l'individu de s'épanouir dans la joie par une pratique du sport jointe à un développement de la volonté et de l'esprit.

Paris 1900 a humilié Coubertin, Paris 1924 n'a pas fait beaucoup mieux, Paris 2024 se doit d'être exemplaire.

On aimerait que Paris, grâce aux Jeux olympiques, redevienne la plus belle ville du monde.

Et qu'au « *fluctuat nec mergitur* », du baron Haussman, « battu par les flots mais ne sombre pas », on préfère, ou on associe, fièrement, le temps d'une olympiade, et même un peu plus… « *Citius, altius, fortius* », « plus vite, plus haut, plus fort », d'un autre baron à qui l'on dit merci, Pierre de Coubertin.

ANNEXES

LE COMITÉ INTERNATIONAL OLYMPIQUE
THE INTERNATIONAL OLYMPIC COMMITTEE
A CONFÉRÉ
CONFERS
L'ORDRE OLYMPIQUE
THE OLYMPIC ORDER
A
UPON
Daniel Pautrat
Décembre 1999
JUAN-ANTONIO SAMARANCH
PRESIDENT

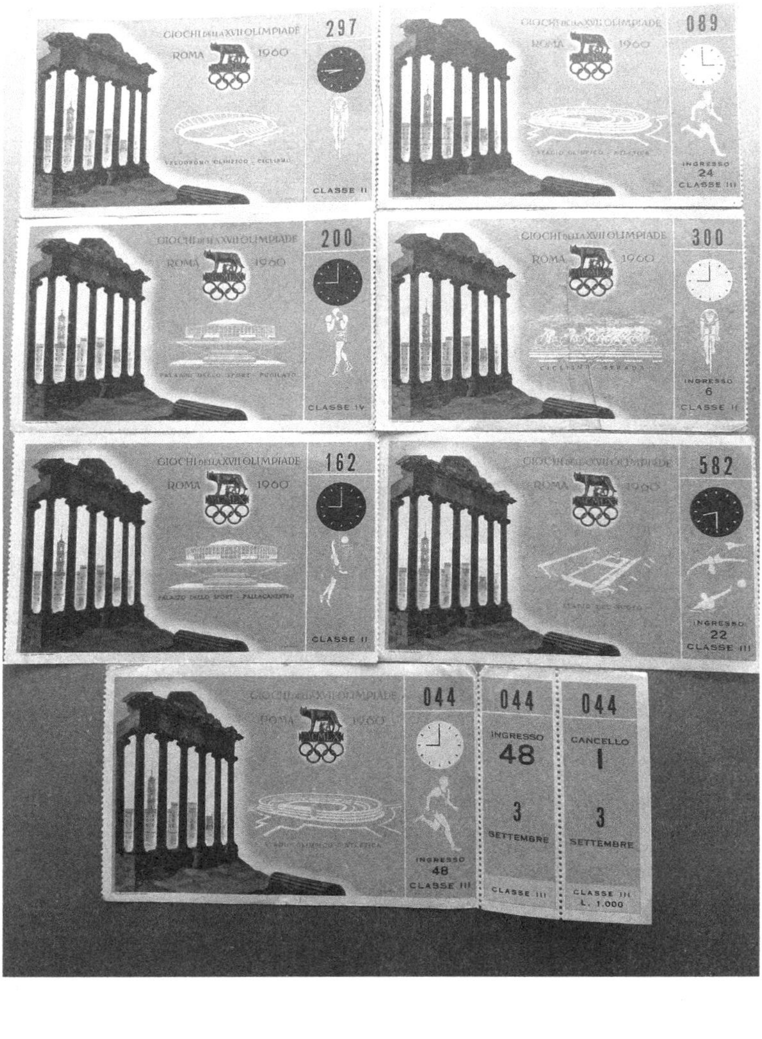
GIOCHI DELLA XVII OLIMPIADE
ROMA 1960
297
CLASSE II
GIOCHI DELLA XVII OLIMPIADE
ROMA 1960
089
INGRESSO
24
CLASSE III
GIOCHI DELLA XVII OLIMPIADE
ROMA 1960
200
CLASSE IV
GIOCHI DELLA XVII OLIMPIADE
ROMA 1960
300
INGRESSO
6
CLASSE II
GIOCHI DELLA XVII OLIMPIADE
ROMA 1960
162
CLASSE II
GIOCHI DELLA XVII OLIMPIADE
ROMA 1960
582
INGRESSO
22
CLASSE III
GIOCHI DELLA XVII OLIMPIADE
ROMA 1960
044
INGRESSO
48
CLASSE III
044
INGRESSO
48
3
SETTEMBRE
CLASSE III
044
CANCELLO
1
3
SETTEMBRE
CLASSE III
L. 1.000

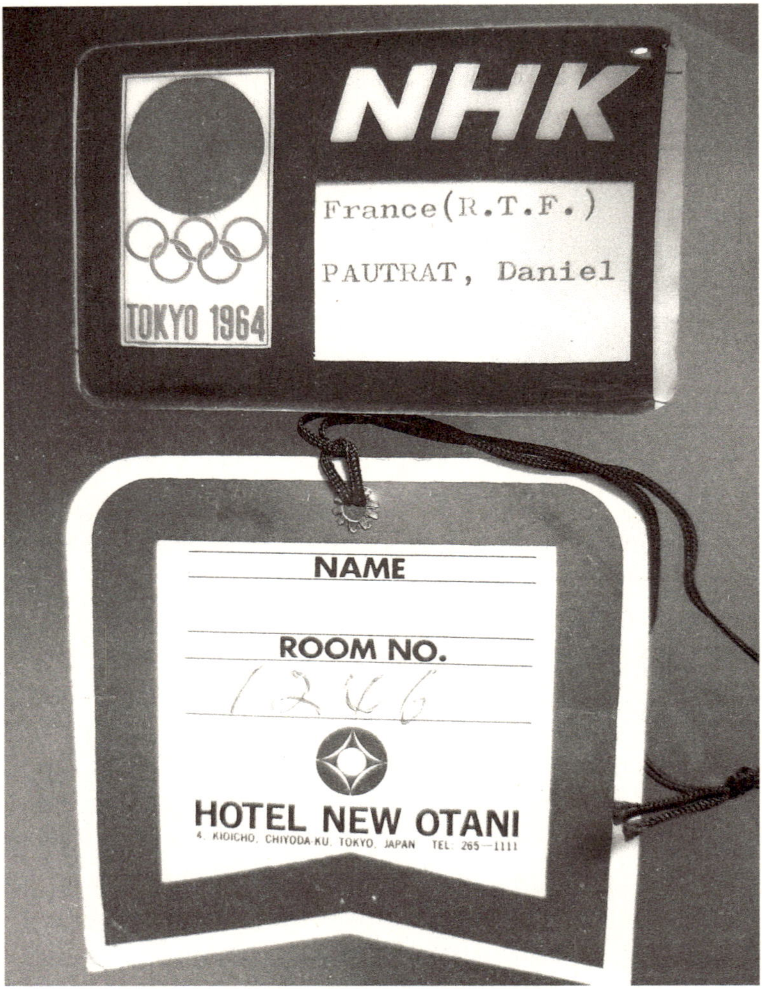

Composition et mise en pages
Nord Compo à Villeneuve-d'Ascq

Achevé d'imprimer en mai 2021 par Corlet Imprimeur — 14110 Condé-en-Normandie
Dépôt légal : mai 2021 — N° d'imprimeur : 21050508 — *Imprimé en France*